utb 6237

Eine Arbeitsgemeinschaft der Verlage

Brill | Schöningh – Fink · Paderborn
Brill | Vandenhoeck & Ruprecht · Göttingen – Böhlau · Wien · Köln
Verlag Barbara Budrich · Opladen · Toronto
facultas · Wien
Haupt Verlag · Bern
Verlag Julius Klinkhardt · Bad Heilbrunn
Mohr Siebeck · Tübingen
Narr Francke Attempto Verlag – expert verlag · Tübingen
Psychiatrie Verlag · Köln
Ernst Reinhardt Verlag · München
transcript Verlag · Bielefeld
Verlag Eugen Ulmer · Stuttgart
UVK Verlag · München
Waxmann · Münster · New York
wbv Publikation · Bielefeld
Wochenschau Verlag · Frankfurt am Main

Susanne A. Benner (Prof. Dr. iur.) ist Professorin für Rechtswissenschaft mit Schwerpunkt Familienrecht und lehrt seit 2008 im Studiengang Soziale Arbeit an der Alice Salomon Hochschule Berlin, wo sie auch wissenschaftliche Leiterin des MA-Studienganges »Biografisches & Kreatives Schreiben« ist. Sie promovierte an der Universität Potsdam, war selbstständige Rechtsanwältin und ist Autorin mehrerer juristischer Lehr-/Studienbücher.

Susanne A. Benner

Familienrecht in der Sozialen Arbeit

transcript Verlag, Bielefeld

Bibliografische Information der Deutschen Nationalbibliothek
Die Deutsche Nationalbibliothek verzeichnet diese Publikation in der Deutschen Nationalbibliografie; detaillierte bibliografische Daten sind im Internet über https://dnb.dnb.de abrufbar.

utb-Bandnr. 6237
Print-ISBN 978-3-8252-6237-2
PDF-ISBN 978-3-8385-6237-7

Einbandgestaltung: siegel konzeption | gestaltung
Umschlagabbildung: Figuren von Maria Arndt, Bielefeld; Waage von hartini / Adobe Stock

Lektorat: Mark Schäfers, Bielefeld
Satz: Michael Rauscher, Bielefeld
Druck: Elanders Waiblingen GmbH, Waiblingen

Gedruckt auf alterungsbeständigem Papier mit chlorfrei gebleichtem Zellstoff.

Inhalt

Legende der Icons

- Exkurs/Vertiefungshinweise
- Beispiel
- Fragen
- Lösungen/Lösungshinweise
- Gesetzestext
- Definitionen

Zu diesem Buch

Wer Soziale Arbeit studiert und/oder in diesem Feld beruflich tätig ist, bewegt sich nicht nur auf einem »Rechtsteppich«, sondern muss die zugrunde liegenden Normen (=Gesetze) sowie relevante gerichtliche Entscheidungen kennen, da sie letztlich festlegen, was man tun darf und/oder muss.

Dieser »Rechtsteppich« wird allerdings, zumindest in Teilen, des Öfteren neu gewebt, was man insbesondere bei der Beschäftigung mit dem Familienrecht erkennt. Denn gerade auch hier mussten und müssen die das Leben regelnden Gesetzestexte aufgrund der sich verändernden Lebenswirklichkeit bzw. der sich verändernden gesellschaftlichen Vorstellung von Zusammenleben immer wieder angepasst werden.

So wurden innerhalb der letzten Jahre zahlreiche familienrechtsrelevante gesetzliche Neuerungen in das Bürgerliche Gesetzbuch (BGB) eingearbeitet, z.B. die **Eheschließungsvoraussetzungen** betreffend: seit dem 1.10.2017 ist das Eingehen einer Ehe für gleichgeschlechtliche Paare möglich und mit Wirkung zum 22.7.2017 wurde das Ehemündigkeits-Alter hochgesetzt, mit der Folge, dass minderjährige Personen keine Ehe eingehen können[1].

Auch Änderungen in Bezug auf die rechtliche **Eltern-Kind-Zuordnung** sind erfolgt (vgl. § 1600d BGB) und weitere angekündigt. Die Thematik der **elterlichen Sorge** unterlag ebenfalls Veränderungen, indem sie zugunsten von Kindern mit Varianten der Geschlechtsentwicklung eingeschränkt wurde (vgl. § 1631e BGB). Darüber hinaus wurde mit Wirkung zum 1.1.2023 das **Vormundschafts-, Betreuungs- und Pflegschaftsrecht** weitreichend umgestaltet.

---

1 Vgl. zur Thematik der Kinderehen mit Auslandsbezug die Entscheidung des BVerfG vom 1.2.2023 (1 BvL 7/18): https://www.bundesverfassungsgericht.de/SharedDocs/Entscheidungen/DE/2023/02/ls20230201_1bvl000718.html

All dies hat unmittelbar oder mittelbar **Einfluss auf den sozialarbeiterischen Alltag** und ist v.a. im **Beratungskontext** und im Rahmen der **Zusammenarbeit mit** dem **Familiengericht** zu berücksichtigen.

Dieses Buch wendet sich an all diejenigen, die sich mit Familienrecht, insbesondere im Sachzusammenhang mit Sozialer Arbeit beschäftigen und dabei auch ein grundlegendes Verständnis von Recht erhalten und/oder ausbauen möchten.

Entsprechend erfolgt der Einstieg in das Thema mit der **Einordnung des Familienrechts in das Gesamtsystem des Rechts**, sodann folgt die **Erläuterung der Bedeutung des Familienrechts für die Soziale Arbeit**.

Um die Leser:innen für ihren Praxis-Alltag aus juristischer Sicht zu wappnen, wird im Anschluss kurz erklärt, welcher **Arbeitsmethode** sich Jurist:innen **bei der Bearbeitung privatrechtlicher Fälle** bedienen, bevor die einzelnen Abschnitte des Familienrechts im BGB rund um die Bereiche: **Ehe**, **Verwandtschaft** (genetisch/sozial/rechtlich) und **Schwägerschaft**, **Kindschaftsrecht** (u.a. mit **elterliche**r Sorge, **Umgangsrecht** und **Unterhalt**) sowie **Vormundschaft, rechtliche Betreuung** und **Pflegschaft** (für Minderjährige und sonstige Pflegschaft) behandelt werden.

Nach den **inhaltlichen Grundlagen** werden **verfahrensrechtliche Besonderheiten in Familiensachen** vermittelt und dabei auch das **Zusammenwirken von Jugendamt und Familiengericht** beleuchtet.

Die einzelnen Themen werden u.a. durch **Fallbeispiele** und **Formulare aus der Praxis** veranschaulicht sowie anschließend durch **Fragen und Lösungshinweise** vertieft, sodass auch der eigene Wissenstand überprüft werden kann.

Die familienrechtlichen Inhalte wurden ganz bewusst dargelegt, ohne ausführlich auf rechtswissenschaftliche Meinungsstreits einzugehen, die für die sozialarbeiterische Praxis nicht relevant sind.

Für all diejenigen, die sich mit bestimmten familienrechtlichen Themen intensiver auseinandersetzen möchten, finden sich **weiterführende Literaturhinweise in den Fußnoten**, insbesondere wird hier auch auf Textpassagen in **juristischen Kommentaren** verwiesen. Es empfiehlt sich insofern, sich mit juristischen Kommentaren vertraut zu machen, als sich hierin **Erläuterungen zu** den einzelnen **Paragrafen** und/oder **Verweise auf Gerichtsentscheidungen** finden lassen, die eine essentielle Arbeitsgrundlage in Jugendämtern und Gerichten darstellen. Entsprechend oft sind sie auch dort und nicht nur in Bibliotheken verfügbar sowie evtl. auch online über Hochschulen, die z.B. einen juris-Zugang abonniert haben. Gewöhnungsbedürftig ist, dass in einigen Kommentaren, wie z.B. im Grüneberg-Kommentar zum BGB, die Kommentierungen fast nur aus Abkürzungen bestehen.

Sinnvoll wäre es, die **aufgeführte**n **Paragrafen zu lesen** und zwar jeweils **bis zum Ende** bzw. **ggf. auch** noch die **nachfolgende Norm**. Es entspricht nämlich der Gesetzessystematik, dass am Ende des jeweiligen Absatzes oder im nächsten Absatz der Norm bzw. in der folgenden Vorschrift die **Ausnahme zum Grundsatz** enthalten sein kann, auf die es im Beratungskontext womöglich gerade ankommt.

In den Exkursen/Vertiefungshinweisen ↗ finden sich ergänzende Erklärungen und Informationen, wie z.B. Hinweise zur früheren Rechtslage, da der aktuelle Gesetzestext manchmal erst vollständig verstanden werden kann, wenn die frühere rechtliche Situation bekannt ist.

Um den Lesefluss zu erhalten, werden in diesem Buch nicht alle **juristische**n **Termini** unmittelbar bei der Verwendung erklärt, sondern dann – wenn sie nicht »an Ort und Stelle« erläutert werden – mit *Unterstrich und kursiv* hervorgehoben und im **Glossar** definiert.

Durch die strukturierte Behandlung der **familienrechtliche**n **Fragestellungen** sowie durch die Einbeziehung der angrenzenden Rechtsgebiete, insbesondere auch des **Kinder- und Jugendhilferecht**s (SGB VIII) sowie des **Verfahrensrecht**s (FamFG, ZPO), werden die Leser:innen nach der Lektüre und Arbeit mit diesem Buch in der Lage sein, sich auf dem familienrechtsrelevanten »Rechtsteppich« – selbst wenn er an einigen Stellen von Zeit zu Zeit neu geknüpft wird – sicher zu bewegen und die maßgeblichen Normen finden, verstehen und anwenden zu können.

Aus Gründen der besseren Lesbarkeit bzw. Verständlichkeit konnte in den komplexen juristischen Zusammenhängen nicht immer eine **gendersensible Schreibweise** gewählt werden.

An den Stellen, an denen dies m.E. ohne Verständlichkeitsverlust möglich war, habe ich mich zumeist für den sogenannten Gender:Doppelpunkt entschieden, da er mir leser:innenfreundlich und inkludierend scheint, zumal er von einigen Sprachausgabeprogrammen wiedergegeben werden kann. Selbst wenn Leser:innen für sich andere Selbstbezeichnungen wählen würden, hoffe ich, dass sie sich durch die gewählte Schreibweise nicht ausgeschlossen fühlen.

Bei Hinweisen und Verbesserungsideen erreichen Sie mich über die Alice Salomon Hochschule Berlin unter: benner@ash-berlin.eu.

Für wertvolle Anregungen und die unermüdliche Hilfe bei den (Korrektur-)Arbeiten danke ich Elisabeth Böhm-Christl sehr herzlich.

Viel Erfolg und Freude bei der Arbeit mit diesem Buch!

Berlin, 30. Juni 2023 *Susanne A. Benner*

A Das Familienrecht in der Systematik des Rechts

Das **Familienrecht** wird in **materieller Hinsicht**, also in Bezug darauf, welche inhaltlichen Bestimmungen derzeit Geltung haben, in Deutschland im Wesentlichen im Bürgerlichen Gesetzbuch **(BGB)** geregelt und ist folglich dem **Privat- oder Zivilrecht** zuzuordnen.

Wie familienrechtliche Konflikte (z.B. Eheaufhebung/-scheidung, elterliche Sorge-/Umgangskonflikte oder Unterhaltsanspruchsfragen) letztlich in **verfahrensrechtlicher Hinsicht** gelöst werden, wird vorwiegend durch das Gesetz über das Verfahren in Familiensachen und in den Angelegenheiten der freiwilligen Gerichtsbarkeit **(FamFG)** bestimmt. Ergänzend gelten die Zivilprozessordnung **(ZPO)**, vgl. § 113 FamFG (oder auch § 232 III FamFG) sowie in Bezug auf die sachliche Gerichtszuständigkeit das Gerichtsverfassungsgesetz **(GVG)**.

Abbildung 1: Materielles Recht und Verfahrens-/Prozessrecht

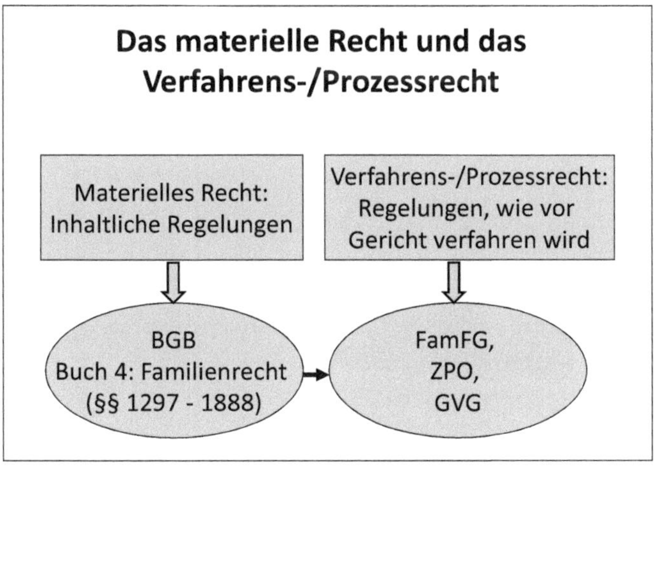

Die Rechtsgebiete werden nicht nur danach kategorisiert, ob sie **inhaltliche Regelungen** enthalten oder das **Vorgehen vor Gericht** betreffen, sondern insbesondere auch danach, um wen oder was es in Bezug auf die Regelung der Rechtsverhältnisse geht bzw. wer beteiligt ist. Entsprechend erfolgt die Einteilung in öffentliches Recht und privates Recht (Zivilrecht) aus dem Blickwinkel heraus, ob Rechtsverhältnisse betrachtet werden, bei denen der **Staat involviert** ist **(öffentliches Recht)** oder ob Rechtsverhältnisse zu beurteilen sind, an denen **lediglich Bürger:innen beteiligt** sind **(Privatrecht)**.

Das folgende Schaubild gibt einen Überblick, welche Gesetze, wo einzuordnen sind.

Abbildung 2: Rechtsordnung

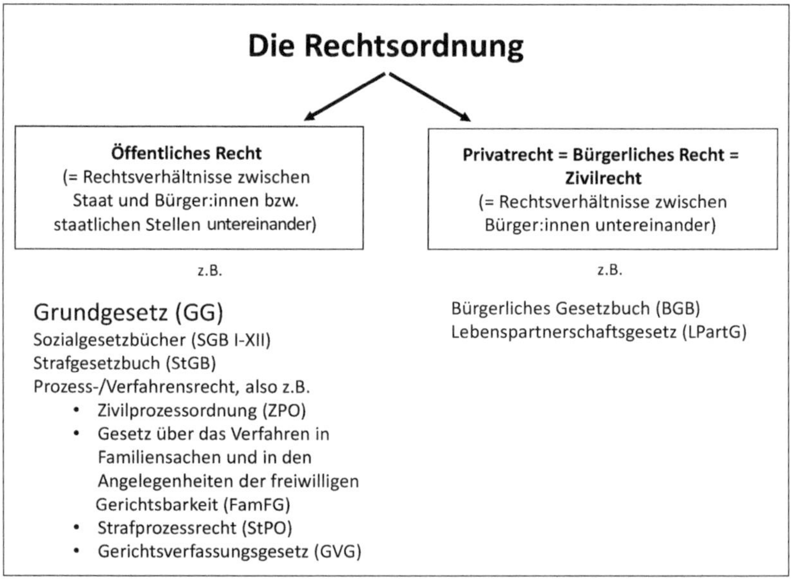

Neben den Regelungen zum Familienrecht im 4. Buch des BGB sind **weitere zivil- und öffentlich-rechtliche Gesetze familienrechtsrelevant**.

Für den **privatrechtlich**en Bereich z.B.

- (noch) das Lebenspartnerschaftsgesetz **(LPartG)**, das es gleichgeschlechtlichen Paaren vom 1.8.2001 bis zum 30.9.2017 ermöglichte, eine eingetragene Lebenspartnerschaft einzugehen, bevor am 1.10.2017 die Eheschließungsvoraussetzungen geändert wurden,
- das Gewaltschutzgesetz **(GewSchG)**,
- das Gesetz über die religiöse Kindererziehung **(RelKErzG)**,
- das Einführungsgesetz zum Bürgerlichen Gesetzbuche **(EGBGB)**, bei Fällen mit internationalem Bezug

sowie für den **öffentlich-rechtlich**en Bereich, z.B.

- das Grundgesetz **(GG)**,
- das Personenstandsgesetz **(PStG)**,
- das Mutterschutzgesetz **(MuSchG)**,
- das Bundeselterngeld- und Elternzeitgesetz **(BEEG)**,
- das Unterhaltsvorschussgesetz **(UhVorschG)**,
- das Adoptionsvermittlungsgesetz **(AdVermiG)**,
- das 8. Buch des Sozialgesetzbuches **(SGB VIII)**, in dem die kinder- und jugendhilferechtlichen Regelungen enthalten sind und auch
- die Europäische Menschenrechtskonvention **(EMRK)**.

Darüber hinaus können bei Fällen mit Auslandsbezug als Rechtsquellen Staatsverträge, wie die **Haager Abkommen** im Bereich der Sozialen Arbeit relevant werden (so z.B. das Haager Kinderschutzübereinkommen oder das Haager Adoptionsübereinkommen[1]).

Die verschiedenen Rechtsgebiete erfordern sehr unterschiedliche Herangehensweisen, selbst wenn sie im beruflichen Alltag ineinander greifen (können). So kann z.B. die **Grundlage einer Beratung** in den §§ 17, 18 **SGB VIII** zu finden sein, während die der Beratung zugrunde liegenden **Inhalte im 4. Buch des BGB (Familienrecht)** enthalten sind.

Das SGB VIII ist dem öffentlichen Recht zuzuordnen, da hierin u.a. Ansprüche von Bürger:innen normiert sind, die gegenüber dem Jugendamt als Teil der Exekutive des Staates durchsetzbar sind. Dagegen ist das BGB Teil

1 Grüneberg/Thorn, Einl. v. 3 EGBGB Rn. 6.

des Privatrechts, da die enthaltenen Regelungen Rechtsverhältnisse der Bürger:innen bzw. ihre Ansprüche untereinander betreffen.

Die verzahnten Rechtsgebiete wieder gedanklich voneinander zu trennen, kann schwierig sein, ist jedoch unabdingbar und zwar nicht nur, um die relevanten Rechtsgrundlagen in den einschlägigen Gesetzen auffinden, sondern auch, um im (Berufs-)Alltag adäquat handeln zu können.

I Die Bedeutung des Grundgesetzes für das Familienrecht

Um bestimmte politische Diskussionen und gesetzgeberische Prozesse verstehen zu können, muss man sich den Zusammenhang des Familienrechts mit dem Grundgesetz – als dem in der bundesdeutschen Hierarchie der Normen am weitesten oben stehenden Gesetz – vor Augen führen. Das Grundgesetz, also die Verfassung der Bundesrepublik Deutschland, enthält – neben organisatorischen Regelungen – die **Grundrechte (vgl. Art. 1–19 GG)**, die nicht nur festgeschriebene und **garantierte individuelle Rechte** darstellen, sondern auch **objektive Werteentscheidungen** beinhalten, weshalb sie z.B. auch für die **Auslegung** von Normen des **Familienrechts im BGB** und **des im SGB VIII geregelten Kinder- und Jugendhilferechts** maßgeblich sind. Für das Familien- sowie das Kinder- und Jugendhilferecht, mithin auch für die sozialarbeiterische Praxis, stellt Art. 6 GG ein besonders wichtiges Grundrecht dar.

Gesetzestext

Art. 6 GG

(1) Ehe und Familie stehen unter dem besonderen Schutze der staatlichen Ordnung.

(2) Pflege und Erziehung der Kinder sind das natürliche Recht der Eltern und die zuvörderst ihnen obliegende Pflicht. Über ihre Betätigung wacht die staatliche Gemeinschaft.

(3) Gegen den Willen der Erziehungsberechtigten dürfen Kinder nur auf Grund eines Gesetzes von der Familie getrennt werden, wenn die Erziehungsberechtigten versagen oder wenn die Kinder aus anderen Gründen zu verwahrlosen drohen.

(4) Jede Mutter hat Anspruch auf den Schutz und die Fürsorge der Gemeinschaft.

(5) Den unehelichen Kindern sind durch die Gesetzgebung die gleichen Bedingungen für ihre leibliche und seelische Entwicklung und ihre Stellung in der Gesellschaft zu schaffen wie den ehelichen Kindern.

Es fällt auf, dass in Art. 6 GG (wie auch in anderen Grundrechten) bestimmte Rechte und Pflichten postuliert werden, dabei aber im Sinne einer *Generalklausel* weite Formulierungen gewählt wurden, ohne konkret zu werden.

Aus Art. 6 GG lässt sich mithin nicht herauslesen,

- wer genau eine Ehe eingehen kann,
- wer in rechtlicher Hinsicht als Elternteil qualifiziert wird,
- wie beispielsweise der besondere staatliche Schutz aussehen soll,
- was unter Pflege und Erziehung zu verstehen ist oder auch
- was das staatliche Wächteramt, also das Wachen der staatlichen Gemeinschaft in concreto bedeuten soll.

Die Konkretisierung dieser verfassungsrechtlichen Regelung erfolgt u.a. durch das BGB mit seinen Regelungen zum Familienrecht und durch das SGB VIII mit seinen Regelungen zur Kinder- und Jugendhilfe. Da sich die Lebenswirklichkeiten ebenso wie die gesellschaftlichen Vorstellungen von Zusammenleben fortwährend ändern, müssen die das Leben regelnden Gesetzestexte (nicht aber zwingend das Grundgesetz) angepasst werden, was sich insbesondere auch im Familienrecht zeigt.

II Das Familienrecht als Indikator gesellschaftlicher Veränderungen

Der Anstoß zu einer Gesetzesänderung kann das Ergebnis einer »freiwilligen« politischen Diskussion sein oder aber durch das Bundesverfassungsgericht gewissermaßen »erzwungen« werden, was im Familienrecht in den letzten Jahren des Öfteren der Fall war. **Aufgabe des** in Karlsruhe ansässigen **Bundesverfassungsgerichtes** (BVerfG) ist es, **über die Einhaltung des Grundgesetzes** der Bundesrepublik Deutschland **zu wachen**. Entsprechend können sich Bürger:innen i.S.d. Art. 93 I Nr. 4a GG grundsätzlich mit einer Verfassungsbeschwerde an das Bundesverfassungsgericht wenden, wenn sie der Ansicht sind, durch die öffentliche Gewalt in einem ihrer Grundrechte (oder grundrechtsgleichen Rechte) verletzt worden zu sein, etwa durch eine gerichtliche Entscheidung. Auch **Fachgerichte** können über Art. 100 I GG im Wege eines **konkreten Normenkontrollverfahrens** ein für die jeweilige Entscheidung erhebliches Gesetz auf seine Verfassungsmäßigkeit überprüfen lassen[2].

Das **BVerfG** ist kein Teil des Gerichts-Instanzenzuges, da es nicht, wie die Berufungs-/Beschwerde- bzw. Revisionsgerichte die angegriffene Entscheidung in tatsächlicher und/oder rechtlicher Hinsicht **überprüft**, sondern lediglich eine Aussage darüber trifft, **ob** die **angegriffene Entscheidung bzw. das jeweilige Gesetz im Einklang mit dem Grundgesetz steht** oder nicht. Sofern das BVerfG zu dem Ergebnis kommt, dass eine Verfassungswidrigkeit gegeben ist, wird die verfassungswidrige Entscheidung aufgehoben und die Sache an das zuständige Gericht zurückverwiesen bzw. das in Rede stehende Gesetz für nichtig erklärt. **Entscheidungen des BVerfG** sind **unanfechtbar**

---

2 https://www.bundesverfassungsgericht.de/DE/Verfahren/Wichtige-Verfahrensarten/Konkrete-Normenkontrolle/konkrete-normenkontrolle_node.html;jsessionid=769974E698F180ADAFC43E2028988E96.1_cid329

und damit **für alle übrigen Staatsorgane bindend**[3]. Das BVerfG kann letztlich also auch eine Gesetzesänderung bewirken.

Wenn auf politischer Ebene die Entscheidung fällt, einen bestimmten Bereich in rechtlicher Hinsicht zu aktualisieren (sei es als Ergebnis einer gesellschaftlichen bzw. politischen Debatte oder angestoßen durch das Bundesverfassungsgericht), wird i.d.R. ein Artikelgesetz erlassen, um alle Gesetze, die den neu zu regelnden Bereich betreffen, gleichzeitig erfassen zu können. Auf die Namen der Artikelgesetze wird dann oftmals in Fachartikeln rekurriert, obschon die darin aufgeführten Regelungen direkt in die einzelnen Fachgesetze eingehen.

Definition

Ein **Artikelgesetz** ist ein Gesetz, mit dem gleichzeitig mehrere Gesetzestexte geändert werden und/oder ein Gesetz gänzlich neu eingeführt wird, wobei zur Systematisierung der zu ändernden oder zu erlassenden Gesetze jeweils gesonderte Artikel vergeben werden.
Als Bundesgesetz muss das Artikelgesetz dann im Bundesgesetzblatt (BGBl.) verkündet werden, um Gültigkeit erlangen zu können, vgl. Art. 82 I GG.

Entsprechend wurde das BGB seit seiner Einführung am 1. Januar 1900 durch zahllose Artikelgesetze modernisiert, angepasst und verändert. Sofern nicht bestehende Regelungen umformuliert werden, ist an den Buchstaben, die einigen Paragrafen hinten angestellt sind, zu erkennen, dass es sich um nachträglich (durch Artikelgesetze) eingefügte Normen handelt. So ist das BGB z.B. in jüngerer Vergangenheit durch das Gesetz zum Schutz von Kindern mit Varianten der Geschlechtsentwicklung vom 12.5.2021 verändert worden[4]. Dieses Gesetz, mit dem der Schutz intersexueller Kinder besser gewährleistet werden sollte, ist ein Artikelgesetz.

3 Zum Einfluss der Entscheidungen des EGMR auf Deutschland als Vertragsstaat vgl. Gernhuber/Coester-Waltjen, FamR, §5 Rn. 6f.

4 BGBl. 2021 I Nr. 24 S. 1082: https://www.bgbl.de/xaver/bgbl/start.xav#__bgbl__%2F%2F*%5B%40attr_id%3D%27bgbl121s1082.pdf%27%5D__1663571957134

- Es ordnet in Artikel 1 an, nach § 1631d BGB, den vollständig ausformulierten § 1631e BGB einzufügen.
- In Art. 2 enthält es die im EGBGB vorzunehmenden Änderungen und
- in Art. 3 die des FamFG usw.

Ein anderes Beispiel: das Gesetz zur Reform des Vormundschafts- und Betreuungsrechts vom 4.5.2021, das am 1.1.2023 in Kraft getreten ist[5], enthält z.B.

- in Artikel 1 die Neustrukturierung und -formulierung des BGB im 3. Abschnitt des 4. Buches zur Vormundschaft, Pflegschaft und rechtlichen Betreuung,
- in Artikel 3 die Änderung des Personenstandsgesetzes,
- in späteren Artikeln dann noch die Änderung der ZPO (Art. 7), des FamFG (Art. 8), des Betreuungsorganisationsgesetzes (Art. 9), des Vormünder- und Betreuervergütungsgesetzes (Art. 10) und verschiedener Bücher des SGB, wie z.B. auch des SGB VIII (Art. 12).

Nach Inkrafttreten der Neuregelungen ist das **Artikelgesetz in der Praxis** letztlich **nicht mehr von Belang**, da die Verlage/Rechtsinformationsdienste die Änderungen in die aktuellen Gesetzestexte einarbeiten bzw. rechtzeitig eingearbeitet haben.

III Die Bedeutung des Familienrechtes für die Soziale Arbeit

Das (Familien-)Recht begleitet Sozialarbeiter:innen in der Kinder- und Jugendhilfe in ihrer täglichen Arbeit. So haben **Mütter und Väter** – unter der Prämisse, dem **Kindeswohl bestmöglich gerecht** zu **werden** – im Rahmen der Jugendhilfe nach § 17 SGB VIII einen **Beratungsanspruch** in Fragen

- der Partnerschaft,
- Trennung und
- Scheidung.

---

5 BGBl. 2021 I Nr. 21 S. 882.

Zudem hat das Jugendamt im familienrechtlichen Kontext Beratung und Unterstützung zu den Themenbereichen:

- **Personensorge**,
- **Umgangsrecht**,
- **Vaterschaftsfeststellung**,
- **Unterhalt,**
- **Kindesannahme** (Adoption)

anzubieten, vgl. §§18, 52a, 55 SGB VIII, sowie

- **Vormünder:innen und Pfleger:innen** zu unterstützen, vgl. §53a SGB VIII.

Das **Jugendamt hat** darüber hinaus bei allen Maßnahmen, die die Sorge für die Person von Kindern und Jugendlichen betreffen, sowie bei Fragen der Kindesannahme **mit** dem **Familiengericht zusammenzuarbeiten**, vgl. §§50, 51 SGB VIII.

Im sozialarbeiterischen Alltag ist es von daher insbesondere auch im familienrechtlichen Kontext wichtig, sich mit den einschlägigen Gesetzestexten, also insbesondere mit dem **BGB** als **materiell-rechtliche Grundlage** und dem **SGB VIII**, in dem die **Beratungs- und Unterstützungspflichten** normiert sind, sowie dem **FamFG** als **verfahrensrechtliche Basis** vertraut zu machen und stets mit den jeweils aktuellen Gesetzesfassungen zu arbeiten. Hier kann z.B. folgender online verfügbarer juristischer Informationsdienst hilfreich sein: https://dejure.org/, der u.a. über Links den Direktzugriff auf Normen ermöglicht, auf die verwiesen wird, und auch Hinweise auf Gerichtsentscheidungen enthält. Ältere (evtl. noch in Papierform vorhandene) Gesetzestextversionen, sollten nicht verwendet werden, da sie z.T. überholte Informationen enthalten und entsprechend die Gefahr besteht, Klient:innen falsch zu beraten.

B Das materielle Familienrecht

Das materielle Familienrecht, also die inhaltlichen Regelungen zum Familienrecht, finden sich v.a. im BGB. Das BGB entspricht in Bezug auf seine Systematik bzw. seinen Aufbau anderen Gesetzen. Ebenso wie z.B. das SGB und das StGB enthält das BGB vorn einen allgemeinen Teil mit Regelungen, die für die darauffolgenden Bücher/Teile Bedeutung haben.

So finden sich

- im **1. Buch (Allgemeiner Teil)** wesentliche Grundregeln für das zweite bis fünfte Buch des BGB;
- im **2. Buch (Recht der Schuldverhältnisse)** sind u.a. Regelungen zu Verträgen sowie *deliktischen* Schadensersatzansprüchen i.S.d. §§ 823 ff. BGB enthalten;
- im **3. Buch (Sachenrecht)** Regelungen zu Eigentum und Besitz;
- im **4. Buch** die wesentlichen Regelungen über **Ehe und Familie** und abschließend
- im **5. Buch (Erbrecht)** die Regelungen zu Testament, Erbfolge und Erben.

Das Familienrecht im 4. Buch des BGB (§§ 1297 bis 1888 BGB) ist in die folgenden drei Abschnitte gegliedert:

1. **Bürgerliche Ehe** (§§ 1297–1588 BGB),
2. Verwandtschaft (§§ 1589–1772 BGB),
3. Vormundschaft, **Pflegschaft für Minderjährige, rechtliche Betreuung, sonstige Pflegschaft** (§§ 1773–1888 BGB).

I Die rechtswissenschaftliche Arbeitsmethode im Privatrecht

Um sich mit familienrechtlichen Fällen systematisch auseinandersetzen zu können, sollte man sich vor Augen führen, wie die rechtswissenschaftliche Arbeit am konkreten Fall vonstatten geht. Im Familienrecht geht es, wie auch sonst im BGB, insbesondere um Personen, die gegenüber anderen Personen Ansprüche geltend machen. Das Kind verlangt z.B. von seinen Eltern Unterhalt oder umgekehrt. Es ist hilfreich, sich als Einstieg in eine Anspruchsprüfung im Privatrecht folgende Fragewörter für den Prüfungseinstieg (den sog. Obersatz) einzuprägen:

- **wer?**
- **von wem?**
- **was?**
- **woraus?** (Welche Anspruchsgrundlage passt von ihrer Rechtsfolge her zum jeweiligen Verlangen?)

Auf diese Weise erhält man – insbesondere, wenn mehrere Personen beteiligt sind – Klarheit darüber, wer im konkreten Fall gegen wen vorgehen möchte. Z.B. könnte in der sozialarbeiterischen Praxis eine Klientin um Auskunft bitten, die Unterhaltszahlungen erhalten möchte und dabei klarstellt, dass sie explizit nur gegen ihre Mutter, nicht aber gegen ihren Vater vorgehen will.

Die dreischrittige Prüfung:
Sinnvoll ist es, bei jeder Anspruchsprüfung (Beispiel 1) bzw. auch für einzelne Fragestellungen (Beispiel 2) folgende dreischrittige Prüfung einzuhalten:

1. Schritt: Mit Hilfe des Merksatzes den sog. Obersatz bilden.
2. Schritt: Voraussetzungen für die Beantwortung und Definitionen nennen.
3. Schritt: Subsumtion (= Vergleich der abstrakten Voraussetzungen mit dem konkreten Fall) vornehmen und
sodann das **Ergebnis** (conclusio) formulieren.

Beispiel 1

1. Schritt: Fraglich ist, ob Konstanze (K) von ihrer Mutter (M) Unterhalt nach §1601 BGB verlangen kann.
2. Schritt: Dies setzt zunächst voraus, dass K und M i.S.d. §1601 BGB in gerader Linie verwandt sind. Nach §1589 BGB ist eine Person, die von einer anderen abstammt, mit ihr in gerader Linie verwandt.
3. Schritt und Ergebnis: K stammt als Tochter der M von M ab, sodass sie mit ihr in gerader Linie verwandt ist und ein Unterhaltsanspruch aus §1601 BGB grundsätzlich in Betracht kommen kann.

Beispiel 2

Für eine Fragestellung ohne Anspruchsgegner:in
Die 12-jährige Tina (T) erfährt von ihrer Mutter Frida (F) und deren Ehemann Klaus (K), dass sie aufgrund einer Samenspende entstanden ist und will wissen, ob K, der mit F seit 20 Jahren verheiratet ist, gar nicht ihr Vater im rechtlichen Sinne ist.
1. Schritt: Fraglich ist, ob K der Vater der T ist.
2. Schritt: Nach §1592 Nr. 1 BGB ist derjenige Mann Vater eines Kindes, der zum Zeitpunkt der Geburt mit der Mutter des Kindes verheiratet war.
3. Schritt und Ergebnis: F und K sind seit 20 Jahren miteinander verheiratet, waren es mithin auch zum Zeitpunkt der Geburt der T.
Folglich ist K der Vater der T.

Um **Klarheit über** einzelne **Termini bzw. Definitionen** zu erhalten, damit überhaupt erst eine Subsumtion durchgeführt werden kann, ist es möglich bzw. z.T. nötig, **juristische Kommentare heranzuziehen**, um Erklärungen zu den einzelnen Paragrafen und Verweise auf passende Gerichtsbeschlüsse/-urteile zu erhalten.

II Verlöbnis, Ehe und Partnerschaft

Abbildung 3: Übersicht – BGB Familienrecht I

BGB – 4. Buch: Familienrecht
§§ 1297–1888 BGB

- **Bürgerliche Ehe (§§ 1297–1588)**
- Verwandtschaft (§§ 1589–1772)
- Vormundschaft, Pflegschaft für Minderjährige, rechtliche Betreuung, sonstige Pflegschaft (§§ 1773–1888)

Das 4. Buch: Familienrecht beginnt mit Regelungen zum Verlöbnis als Vorstufe einer Ehe. Man könnte meinen, dass dies mit dem sozialarbeiterischen Alltag nichts zu tun hätte, tatsächlich könnte es im Rahmen einer Klient:innen-Beratung zu Trennung und Scheidung i.S.d. § 17 SGB VIII jedoch hilfreich sein, zu wissen, welche partnerschaftlichen Beziehungen das BGB kennt.

1 Verlöbnis

Die familienrechtliche Verbindlichkeit beginnt nicht erst, wenn zwei Personen heiraten. Da den eherechtlichen Bestimmungen (ab §§ 1303 ff. BGB) Verlöbnis-Regelungen vorangestellt sind, vgl. §§ 1297 ff. BGB, bestehen bereits durch den Tatbestand des Verlobt-Seins im Vorfeld der Ehe rechtliche Konsequenzen.

Unter einem **Verlöbnis** versteht man das **ernsthafte wechselseitige Versprechen zweier Personen** verschiedenen oder gleichen Geschlechts, **künftig die Ehe miteinander eingehen zu wollen**, wodurch ein **familienrechtliches Gemeinschaftsverhältnis** begründet wird[1].

1 Vgl. dazu: BGH NJW 1992, 427 = JZ 1992, 1023; Grüneberg/Götz, Einf. v. §1297 Rn. 1; vgl. auch Rn. 97.

Zwar werden unterschiedliche Ansichten darüber vertreten, ob ein Verlöbnis als Vertrag i.S.d. §§145 ff. BGB zu qualifizieren ist[2] bzw. welcher Rechtsnatur ein Verlöbnis ist[3], dies ist jedoch letztlich für den sozialarbeiterischen Alltag nicht wirklich von Belang. **Wichtig** zu wissen ist vielmehr, dass mit einem **Verlöbnis**, selbst wenn es nicht zwingend in eine Ehe münden muss, vgl. §1297 I, II BGB, auch außerhalb des BGB **bestimmte Rechtswirkungen** einhergehen.

Zwei zentrale Wirkungen bestehen darin, dass

- den Verlobten sowohl im Zivil- als auch im Strafprozess ein **Zeugnis- und Eidesverweigerungsrecht** zusteht, vgl.: §383 I Nr. 1 ZPO und §52 I Nr. 1, 61 Nr. 2 StPO, und
- die **Verlobten Angehörige** im Sinne des §11 Nr. 1a) StGB **sind** und entsprechend zwischen ihnen eine **Garantenstellung** zur Beistandsleistung in Notfällen besteht.

Exkurs/Vertiefung

Sofern jemand eine **Garantenstellung** inne hat, ist er/sie für eine andere Person in besonderer Weise verantwortlich. Sie/er hat rechtlich dafür einzustehen, eine Rechtsgutsbeeinträchtigung der anderen Person zu verhindern[4] und damit ihr Wohl zu garantieren.

Tut sie/er dies nicht, so kann dies zivilrechtliche und strafrechtliche Folgen haben (→ **Seite 113**).

---

2 So die hM: RGZ 61, 267; MüKo/Roth, §1297 Rn. 4 f.; Gernhuber/Coester-Waltjen, FamR, §8 Rn. 5; Grüneberg/Götz, Einf. v. §1297 Rn. 1, mit der Folge, dass die Vorschriften des allgemeinen Teils des BGB daher grundsätzlich anwendbar sind und auch die Geschäftsfähigkeit i.S.d. §§104 ff. BGB zur Eingehung eines Verlöbnisses gegeben sein muss. Aufgrund der Höchstpersönlichkeit des Verlöbnisses sollen die Stellvertreterregelungen der §§164 ff. BGB allerdings z.B. nicht gelten.

3 Vgl. dazu: Benner, Klausurenkurs FamR und ErbR, Rn. 113 ff. m.w.N.; Thalmann/May/Benner, Praktikum des FamR, Rn. 11.

4 Fischer, StGB §13 Rn. 7 ff.

Das Verlöbnis wird aufgelöst durch

- **Eheschließung**,
- **Tod**,
- **einverständliche Aufhebung** oder
- einseitige formlose, empfangsbedürftige **Rücktrittserklärung**,

wobei dies Schadensersatzansprüche gemäß §§ 1298, 1299 BGB bzw. einen Herausgabeanspruch in Bezug auf die Geschenke nach § 1301 BGB nach sich ziehen kann.

2 Eheschließung, Ehewirkungen und Beendigung einer Ehe

In Bezug auf die im BGB normierten Eheschließungsvoraussetzungen hat sich im Jahr 2017 Grundlegendes geändert. Zum einen waren vor dem 22.7.2017 noch Ausnahmen in Bezug auf Minderjährigen-Ehen vorgesehen, was nun abgeschafft ist. Zum anderen befand sich im BGB vor dem 1.10.2017 keine Bestimmung dazu, ob die Ehe nur zwei Personen verschiedenen Geschlechts offenstehen sollte oder auch gleichgeschlechtlichen Paaren.

Wie bereits erwähnt, stellt das GG in Art. 6 lediglich die Ehe als solche unter besonderen staatlichen Schutz und konkretisiert nicht, wer sie eingehen kann und wer nicht. Das BVerfG hatte früher jedoch diesbezüglich entschieden, dass eine Ehe lediglich von zwei Personen verschiedenen Geschlechts eingegangen werden könne[5], weshalb das BGB vor der Neuregelung des § 1353 BGB noch so interpretiert wurde.

Die heutige Formulierung stellt ausdrücklich klar, dass die **Ehe** von **zwei Personen verschiedenen oder gleichen Geschlechts** geschlossen werden kann.

Exkurs/Vertiefung

Gleichgeschlechtliche Paare konnten vom 1.8.2001 bis zum 30.9.2017 gemäß § 1 a.F. LPartG lediglich eine **eingetragene Lebenspartnerschaft** eingehen.

5 Vgl. z.B.: BVerfG NJW 1993, 643; siehe auch: BVerfG Urt. v. 17.7.2002, 1 BvF 1/01 – Rn. 1, 79 m.w.N., in: https://www.bundesverfassungsgericht.de/SharedDocs/Entscheidungen/DE/2002/07/fs20020717_1bvf000101.html

Seit dem 1.10.2017 ist dies nicht mehr möglich, vgl. §1 LPartG[6].
Gleichgeschlechtliche Paare, die eine Lebenspartnerschaft nach dem LPartG eingegangen sind, können bei den Standesämtern mit ***ex tunc Wirkung*** ihre Lebenspartnerschaft i.S.d. §20a LPartG in eine Ehe umschreiben lassen. Lebenspartner:innen, die keine Ehe eingehen wollen, können ihre Lebenspartnerschaft weiter fortführen.

Selbst wenn die Formulierung des §1353 BGB »verschiedenen oder gleichen Geschlechts« vom Wortlaut her **intersexuelle Personen**, deren Geschlechtseintrag i.S.d. §22 III PStG offengelassen wurde, nicht unbedingt explizit erfassen sollte, ist diese Norm insoweit dennoch anwendbar (zumindest *analog*), da durch die Neuregelung gerade die Diskriminierung aufgrund des Geschlechts und der sexuellen Orientierung im Hinblick auf Art. 3 III GG verhindert werden sollte[7]. Sofern der Geschlechtseintrag nicht offengelassen, sondern die Angabe **divers** gewählt wurde, stellt sich diese Frage nicht mehr, denn dann existiert ja ein Geschlechtseintrag im Sinne eines dritten Geschlechts.

Exkurs/Vertiefung

Im Jahr 2018 ist §22 III PStG angepasst worden, da das BVerfG die bis dato geltende Regelung, nach der für Menschen, die sich dauerhaft weder dem männlichen noch dem weiblichen Geschlecht zuordnen lassen, kein alternativer Geschlechtseintrag vorgesehen war, als verfassungswidrig einstufte[8].
Während im **(Familien-)Recht grundsätzlich** ein **binäres Geschlechtermodell** zugrunde gelegt wird, kennt das **PStG** seit 2018 auch das Geschlecht: **»divers«** und nicht nur das **»unbestimmte Geschlecht«**.

6 Die neue Fassung des §1 sowie §20a LPartG ist am 22.12.2018 in Kraft getreten und wurde durch das Gesetz zur Umsetzung des Gesetzes zur Einführung des Rechts auf Eheschließung für Personen gleichen Geschlechts vom 18.12.2018 (BGBl 2018 I Nr. 48 S. 2639) eingeführt.

7 Vgl. auch: Jauernig/ Budzikiewicz, §1353 Rn.1; Dethloff, §3 Rn. 13 m.w.N.

8 Vgl.: BVerfGE 147, 1–31 = BVerfG FamRZ 2017, 2046 ff. = NJW 2017, 3643 ff. und Gesetz zur Änderung der in das Geburtenregister einzutragenden Angaben vom 18.12.2018, BGBl 2018 I Nr. 48 S. 2635, in Kraft getreten am 22.12.2018. Und zur vorherigen Änderung personenstandsrechtlicher Vorschriften: Personenstandsrechts-Änderungsgesetz – PStRÄndG vom 7.5.2013, BGBl 2013 I Nr. 23 S. 1122, in Kraft getreten am 1.11.2013.

Aufgrund des für 2023 geplanten **Selbstbestimmungsgesetz**es (SBGG)[9], welches das in wesentlichen Teilen verfassungswidrige Transsexuellengesetz (TSG) ersetzen wird, soll es intergeschlechtlichen, nichtbinären Menschen und Transpersonen ermöglicht werden, sowohl ihren Geschlechtseintrag im Personenstandsregister als auch ihre Vornamen durch eine Erklärung beim Standesamt ändern zu lassen, ohne dass dafür (wie bisher) die Vorlage eines ärztlichen Attests oder die Einholung von Gutachten in einem Gerichtsverfahren erforderlich sind[10].

a) Eheschließungsvoraussetzungen

Eine Ehe ist bereits wirksam geschlossen, wenn sich:

1. **zwei volljährige Personen** verschiedenen oder gleichen Geschlechts (vgl. §§ 1303, 1353 BGB)
2. **vor einem mitwirkungsbereiten Standesbeamten**
3. **gegenseitig den Eheschließungswillen erklären** (vgl. §§ 1310, 1311 BGB).

Nur wenn elementare Voraussetzungen einer Eheschließung fehlen, also wenn eine:r der Ehepartner:innen unter 16 Jahre alt wäre oder sich die beiden Ehepartner:innen nicht vor einem mitwirkungsbereiten Standesbeamten ihren Eheschließungswillen erklärt hätten, würde eine sog. Nichtehe vorliegen, die keinerlei Rechtswirkungen zwischen den Beteiligten begründete[11]. Die Tatsache, dass in Deutschland die **Ehemündigkeit** nun **ausnahmslos mit Volljährigkeit** gegeben ist – also mit vollendetem 18. Lebensjahr, vgl. § 2 BGB – ist auf das (Artikel-)Gesetz zur Bekämpfung von Kinderehen zurückzuführen, das am 22.7.2017 in Kraft getreten ist und aufgrund dessen § 1303 BGB entsprechend geändert wurde[12].

---

9 https://www.bmj.de/SharedDocs/Pressemitteilungen/DE/2023/0509_Selbstbestimmung.html

10 Die Änderung des Geschlechtseintrages i.S.d. §§ 45b, 22 PStG ist nach Ansicht des BGH bisher nur für intersexuelle Menschen möglich: BGHZ 225, 166 ff. (Beschluss vom 22. April 2020 – XII ZB 383/19).

11 Vgl. auch: Dethloff, FamR, § 3 Rn. 42.

12 Eine andere im Gesetz zur Bekämpfung von Kinderehen enthaltene Norm (nämlich Art. 13 III Nr. 1 EGBGB), die nach inländischem Recht unwirksame Auslandskinderehen betrifft, hat das BVerfG in seiner Entscheidung vom 1.2.2023 (1 BvL 7/18) für grundrechts-

Exkurs/Vertiefung

Während eine **Ehe**, die **mit** einer **Person** geschlossen wurde, die **das 16. Lebensjahr** noch **nicht vollendet** hat, in Deutschland **unwirksam** ist und damit als nicht existent angesehen wird, ist eine **Ehe**, die im Ausland **mit** einer **Person** geschlossen wurde, **die das 16., aber** noch **nicht das 18. Lebensjahr vollendet** hat, **wirksam, aber aufhebbar**, vgl. dazu: § 1314 I Nr. 1 BGB.
So verhält es sich auch bei anderen Verstößen gegen das Eheschließungsrecht, wie beim Verstoß gegen das **Verbot der Doppelehe** i.S.d. § 1306 BGB oder gegen das **Verbot der Verwandtenehe** i.S.d. § 1307 BGB. Auch in diesen Fällen wäre die Ehe zunächst wirksam, aber i.S.d. § 1314 I BGB (mit ***ex-nunc***-Wirkung) aufhebbar.

b) Güterstandsunabhängige Rechtswirkungen der Ehe

Sofern ein Paar heiratet, tritt es, sofern es **ehevertraglich keine** abweichende **Regelung** getroffen hat, in den gesetzlichen Güterstand der **Zugewinngemeinschaft** ein (→ **Seite 42**), was **bestimmte Rechtswirkungen** mit sich bringt. Darüber hinaus existieren jedoch auch **allgemeine Rechtswirkungen**, die für alle Ehegatt:innen unabhängig vom Güterstand Geltung haben.

aa) Generalklausel des § 1353 I 2 BGB

Zu jenen allgemeinen Rechtswirkungen gehört für Ehegatt:innen z.B. die in § 1353 I 2 BGB formulierte *Generalklausel* im Sinne einer *»Treu und Glaubens«*-Vorschrift. Durch sie besteht eine Rechtspflicht zur ehelichen Lebensgemeinschaft und zu gegenseitiger Verantwortung.

Grundsätzlich steht es den Ehegatt:innen frei, sich nach ihren Vorstellungen über ihre persönliche Lebensgestaltung zu einigen. Sofern zwischen ihnen dazu aber keine Vereinbarungen getroffen wurden, lassen sich für die Frage, was zur ehelichen Lebensgemeinschaft gehören kann, diejenigen **Ehepflichten zugrunde legen**, die sich **im Laufe der Jahre** in Rechtsprechung und Lehre als essenziell **herausgebildet haben.**

Danach gehört zur Ehe insbesondere

---

widrig erachtet und dem Gesetzgeber aufgegeben, bis spätestens zum 30. Juni 2024 eine verfassungsgemäße Neuregelung zu treffen, die insbesondere Regelungen über die Folgen der Unwirksamkeit (z.B. Regelung von Unterhaltsansprüchen etc.) enthalten muss: https://www.bundesverfassungsgericht.de/SharedDocs/Entscheidungen/DE/2023/02/ls20230201_1bvl000718.html

- **Liebe und Achtung**[13],
- **eheliche Treue**[14],
- **Rücksichtnahme/Achtung des/der Anderen**[15],
- **Sorge für** die gemeinsamen **Kinder** und die in den Haushalt aufgenommenen Kinder[16],
- die **Benutzung der Ehewohnung und** der **Haushaltsgegenstände**[17],
- **grundsätzlich** auch **häusliche Gemeinschaft**[18],
- in finanzieller Sicht die beiderseitigen Belastungen gemeinsam zu vermindern; die **Zustimmung zur steuerlichen Zusammenveranlagung** nicht unberechtigt zu verweigern[19],
- über die Ehedauer hinaus, **Auskünfte zu erteilen**[20]
- sowie eine **allgemeine Beistandspflicht**[21].

Bei Verletzung der Pflichten aus §1353 I 2 BGB kann ein Ehegatte gegen den anderen grundsätzlich einen **Antrag auf Herstellung** des ehelichen Lebens stellen. **Im persönlichen Bereich** ist ein Herstellungsantrag wegen §120 III FamFG **nicht vollstreckbar.** D.h. also, dass man vom Gericht z.B. einen Beschluss erhalten könnte, nach dem der/die Andere verpflichtet wäre, seine/ihre Partner:in zu lieben und zu achten. Ein solcher kann jedoch nicht vollstreckt/durchgesetzt werden[22].

Bei Verletzung der ehelichen Treuepflicht mit einer/einem Dritten **in der gemeinsamen Ehewohnung** besteht dagegen ein **durchsetzbarer Unterlassungsanspruch** gegen den/die Ehepartner:in oder den/die Dritte:n, **da der »räumlich-gegenständliche« Bereich der Ehewohnung geschützt ist.**

---

13 RGZ 87, 56, 61.

14 Gernhuber/Coester-Waltjen, FamR, §17 Rn. 6ff. m.w.N.

15 Grüneberg/Siede, §1353 Rn. 10f. m.w.N.

16 RGZ 126, 173, 177.

17 BGHZ 12, 380; BGH NJW 1978, 1529.

18 RGZ 53, 337, 340; vgl. dazu aber: BGH FamRZ 2016, 1142; Grüneberg/Siede, §1353 Rn. 6.

19 BGH FamRZ 1988, 476.

20 BGH FamRZ 1983, 576; FamRZ 1984, 465.

21 Grüneberg/Siede, §1353 Rn. 9; zum Ganzen mit weiteren Beispielen: Grüneberg/Siede, §1353 Rn. 3ff.

22 Zur historischen Entwicklung/Begründung des Herstellungsbegehrens, vgl. Dethloff, FamR, §4 Rn. 12.

bb) Weitere Ehewirkungen

Neben der *Generalklausel* des § 1353 BGB existieren noch weitere spezifische Regelungen zur Ehe, die im Folgenden kurz aufgeführt werden.

(1) Regelung zur Pflichtenverteilung

In § 1356 BGB ist für Ehegatten grundsätzlich eine **freie Pflichtenverteilung in Bezug auf Haushaltsführung und Erwerbstätigkeit** konstatiert. Auch die Formulierung dieser familienrechtlichen Norm ist ein Indikator gesellschaftlicher Veränderungen, denn für viele scheint hier lediglich Selbstverständliches schriftlich normiert zu sein. Tatsächlich wies diese Regelung bis 1977 – der damaligen Zeit entsprechend von heterosexuellen Ehen ausgehend – allein der Frau die Haushaltsführung in eigener Verantwortung zu und die Erwerbstätigkeit sollte für sie nur möglich sein, soweit dies mit ihren Pflichten in Ehe und Familie vereinbar sei. Vor diesem Hintergrund erschien es angemessen, keine Zuweisung in Bezug auf die Pflichtenverteilung vorzunehmen.

(2) Ehename

Eine weitere Rechtswirkung, die mit der Eingehung einer Ehe einhergeht, betrifft die **Bestimmung des** (gemeinsamen) **Ehe- bzw. Familiennamens i.S.d. § 1355 BGB**, wobei die Ehegatt:innen auch ihren zum Zeitpunkt der Eheschließung geführten Namen behalten können. Bei Geburt eines Kindes müssten sie jedoch festlegen, welcher der beiden Namen zum Familiennamen werden soll, wobei der andere Name vor oder hinten angestellt werden kann, vgl. § 1355 BGB. Nach deutschem Eherecht können die Partner:innen also bisher keinen gemeinsamen Doppelnamen als Familiennamen bestimmen, wobei im April 2023 ein Referentenentwurf des Bundesministeriums der Justiz zeigt, dass eine gesetzliche Änderung des Ehenamens- und Geburtsnamensrechts in Planung ist[23].

---

23 Sofern der Gesetzentwurf umgesetzt würde und über ein Artikelgesetz Eingang ins BGB fände, wären z.B. Doppelnamen für Kinder und Ehegatten sowie geschlechtsangepasste Formen des Familiennamens möglich. Für minderjährige Kinder aus geschiedenen Ehen könnte die Namensänderung erleichtert werden, sodass sie denselben Namen führen könnten wie der Elternteil, bei dem sie leben. Zudem soll der Zwang zur Namensänderung nach einer Erwachsenenadoption aufgehoben werden. Vgl.: https://www.bmj.de/SharedDocs/Gesetzgebungsverfahren/DE/Namensrecht.html

(3) Mitberechtigung und -verpflichtung

Mit §1357 BGB soll die eheliche Haushaltsführung – unabhängig vom jeweiligen Güterstand – erleichtert werden. Im Sinne dieser Norm ist jede:r der Ehegatt:innen **berechtigt, Geschäfte zur angemessenen Deckung des Lebensbedarfs der Familie mit Wirkung auch für den:die andere:n Ehepartner:in** zu besorgen, ohne dass dazu die Bevollmächtigung bzw. irgendeine Mitwirkung des Partners/der Partnerin notwendig wäre. **Rechtsfolge** eines Rechtsgeschäftes, bei dem §1357 BGB zum Tragen kommt, ist zum einen grundsätzlich die **gesamtschuldnerische Verpflichtung beider Ehegatten** i.S.d. §§421ff. BGB, zum anderen die **gemeinschaftliche Berechtigung**.

Beispiel

Wenn Andrea Assner (A), die für ihre Frau Leila (L) und die beiden gemeinsamen Kinder viel backt, bei der Firma F eine Küchenmaschine für 200 € kauft und L damit nicht einverstanden ist, weil sie meint, ein Handrührgerät sei ausreichend und sie, L, werde sich jedenfalls nicht an der Zahlung beteiligen, ist diese Ansicht im Außenverhältnis unerheblich.

Die über §1357 BGB normierte Geschäftsbesorgungsmöglichkeit führt dazu, dass aus dem Rechtsgeschäft zur angemessenen Deckung des Lebensbedarfes, das eine:r der Ehegatt:innen tätigt, nicht nur der/die Handelnde, sondern auch die/der Andere verpflichtet (aber auch berechtigt) wird. Würde sich die Firma (F), bei der A die Küchenmaschine gekauft hat, an L wenden und Zahlung von 200 € verlangen, wäre L zur Zahlung verpflichtet.

Zum Lebensbedarf gehört dabei **nicht nur** das **zur Führung des Haushalts Notwendige**, sondern **auch** der **Familienunterhalt** nach den §§1360, 1360a BGB **im weiteren Sinne**. D.h. neben typischen Haushaltsgeschäften zur **unmittelbaren Bedarfsdeckung** der Familie (z.B. Anschaffung von Lebensmitteln und Kleidung, Mietzahlungen, Versorgung mit Strom, Gas, Telefon)[24] gehören **auch** weitere **Rechtsgeschäfte**, die einen **Bezug zur familiären Konsum- und Bedarfsgemeinschaft** aufweisen, wie z.B. der Kauf von Kosmetika,

24 BGH FamRZ 2004, 778.

Ausgaben für Genussmittel und Bücher sowie die Konsultation eines Arztes bzw. die Kosten für einen Krankenhausaufenthalt[25].

(4) Notvertretungsrecht

Im Zuge des am 1.1.2023 in Kraft getretenen Gesetzes zur Reform des Vormundschafts- und Betreuungsrechts[26] wurde in § 1358 BGB ein **Notvertretungsrecht unter Ehegatten in Angelegenheiten der Gesundheitssorge** eingefügt, das eine grundsätzliche gegenseitige Vertretung von Ehegatten in Angelegenheiten der Gesundheitssorge normiert. Zu den Ausschluss-Gründen solch einer Berechtigung, wie z.B. Getrenntleben der Ehegatten oder expliziter Widerspruch, siehe § 1358 III BGB und § 78a II Nr. 7 BNotO. Die gegenseitige Vertretung soll für sechs Monate ab entsprechender ärztlicher Bescheinigung (vgl. § 1358 IV BGB) möglich sein, wenn eine:r aufgrund von **Bewusstlosigkeit oder Krankheit** ihre/seine **Angelegenheiten der Gesundheitssorge** zeitweise **rechtlich nicht besorgen** kann.

Dazu gehört i.S.d. § 1358 I Nr. 1–4 BGB u.a.:

- die Einwilligung/Untersagung in gesundheitliche Untersuchungen und ärztliche Eingriffe,
- der Abschluss von Behandlungs-, Krankenhaus- oder Reha-Verträgen und
- die Entscheidung über freiheitsentziehende Maßnahmen nach § 1831 IV BGB (bis zu einer Dauer von sechs Wochen).

Sofern bereits im Vorfeld eine **rechtswirksame (Vorsorge-)Vollmacht** gemäß § 167 BGB erteilt wurde, **würde sie vorgehen**; d.h., dass das gesetzlich geregelte Notvertretungsrecht dann nicht eingreifen würde, sondern die in der Vollmacht niedergelegten Regelungen Geltung hätten.

(5) Haftungsmaßstab

Eine weitere Besonderheit, die innerhalb einer Ehe Geltung hat, ist der **Haftungsmaßstab des § 1359 BGB**: Danach ist unter Ehegatt:innen, in bestimmten Fällen die Haftung auf die eigenübliche Sorgfalt beschränkt (diligentia

25 BGH FamRZ 1985, 576; OLG Schleswig FamRZ 1994, 444; Wacke, NJW 1979, 2585, 2588; Grüneberg/Siede, § 1357 Rn. 10 ff.; Schlüter, FamR, Rn. 88 m.w.N.

26 Vgl. BGBl. 2021 I Nr. 21 S. 882.

quam in suis, vgl. § 277 BGB), was zum Beispiel relevant werden könnte, **wenn** im Rahmen der Haushaltsführung durch eine:n Ehepartner:in **ein Gegenstand zerstört wird, der dem/der anderen gehört.** In diesem Fall wäre der:die **schädigende Ehepartner:in** gegenüber dem:der anderen **von der Haftung für leichte Fahrlässigkeit befreit**. Sofern er:sie grob *fahrlässig* oder *vorsätzlich* handeln sollte, besteht keine Haftungsbeschränkung. **§ 1359 BGB** ist **grundsätzlich** nur **im häuslichen Bereich** anwendbar und insbesondere auch nicht bei der Teilnahme der Ehegatten am Straßenverkehr, da die Straßenverkehrsregeln keinen Spielraum für individuelle Sorglosigkeit lassen[27].

(6) Eigentums- und Gewahrsamsvermutung

Aus Gründen des *Gläubiger*schutzes stellen § 1362 BGB und § 739 ZPO eine **Eigentums- und Gewahrsamsvermutung** auf. D.h., dass – sofern eine Zwangsvollstreckung gegen eine:n verheiratete:n *Schuldner*:in im räumlichen Bereich der Ehepartner:innen durchgeführt wird – allein die:der schuldende Ehegatt:in als Eigentümer:in und Gewahrsamsinhaber:in der zu pfändenden Sachen gilt. Auf diese Weise werden Vermögensverschiebungen zwischen Eheleuten bzw. die Verschleierung der Eigentumsverhältnisse unterbunden, die die Zwangsvollstreckung vereiteln würden[28].

Fallbeispiel

Gegen Marita Meyer (M) ergeht ein rechtskräftiges Urteil, durch das sie verpflichtet wird, an Gabriel Götz Schadensersatz in Höhe von 6.000 € zu zahlen. Da M, die mit ihrem Ehemann Eric (E) in der Suarezstraße in Berlin wohnt, nicht zahlt, wird sie vom Gerichtsvollzieher vor Ort in der Ehewohnung aufgesucht. Der Gerichtsvollzieher pfändet dort ein wertvolles Bild, obwohl E einwendet, dass das Bild in seinem Alleineigentum stünde.

Tatsächlich ist der Gerichtsvollzieher dazu berechtigt, das Bild zu pfänden, da hier die Eigentumsvermutung des § 1362 BGB eingreift und die Vollstreckung aufgrund der Gewahrsamsfiktion des § 739 ZPO rechtmäßig ist. E kann also durch seinen Einwand, das Bild gehöre ihm, die Pfändung nicht verhindern. Es bleibt E nur, im Rahmen einer Drittwiderspruchsklage i.S.d. § 771 ZPO die Vermutung

27 BGHZ 53, 352, 354 f.; 63, 51, 57; BGH FamRZ 1988, 476, 477.

28 Vgl. Erman/Kroll-Ludwigs, § 1362 Rn. 1 m.w.N.

des § 1362 BGB zu widerlegen und zu beweisen, dass er Alleineigentümer des Bildes ist.

cc) Unterhaltsansprüche unter Ehegatt:innen

Mit Eingehung einer Ehe, entstehen zwischen den Eheleuten auch Unterhaltsansprüche (zu den einzelnen Voraussetzungen eines jeden Unterhaltsanspruches, → **Seite 148, 149**). Welchen Unterhaltsanspruch Eheleute jeweils innehaben, richtet sich nach der jeweiligen zeitlichen Phase, in der sich eine Ehe (oder auch eine eingetragene Lebenspartnerschaft i.S.d. LPartG) gerade befindet.

Es ist insoweit zu unterscheiden: zwischen

- **Familienunterhalt** i.S.d. §§ 1360, 1360a BGB bei bestehender häuslicher Gemeinschaft,
- **Trennungsunterhalt** nach § 1361 BGB für den Zeitraum zwischen Trennung und Scheidung und
- **nachehelichem Unterhalt** i.S.d. §§ 1569 ff. BGB für die Zeit nach rechtskräftiger Scheidung.

Zum Familienunterhalt

- Bei bestehender häuslicher Gemeinschaft hat jede:r Ehegatt:in – unabhängig vom Güterstand – einen Anspruch darauf, dass die/der Andere einen angemessenen Beitrag zum Familienunterhalt leistet, vgl. §§ 1360, 1360a BGB.
- Leben gemeinsame (minderjährige) Kinder in der Familie, sind ihre Unterhaltsansprüche erfüllt, wenn beide Eltern ihrer Pflicht zum Familienunterhalt beizutragen nachkommen. Tun sie dies nicht, muss das Kind seinen Unterhaltsanspruch nach §§ 1601 ff. BGB geltend machen, da sich zugunsten des Kindes aus § 1360 BGB kein eigenes Forderungsrecht herleiten lässt[29].
- **Art und Umfang** der Unterhaltsleistung richten sich **nach** der **Ausgestaltung der ehelichen Lebensgemeinschaft**, vgl. §§ 1360a, 1360 S. 2 BGB.

---

29 Vgl. dazu: Grüneberg/von Pückler, § 1360 Rn. 2 m.w.N.

Zum Trennungsunterhalt

- Bei Getrenntleben kann ein:e Ehegatt:in/Lebenspartner:in von der/dem anderen den nach den Lebensverhältnissen (Erwerbs- und Vermögensverhältnissen) der beiden Eheleute angemessenen Unterhalt verlangen, vgl. § 1361 BGB.
- **Zweck des Trennungsunterhaltes** ist es, zumindest für eine gewisse Zeit, möglichst den »**Status quo**« zu **halten** und einen wirtschaftlich bedingten sozialen Abstieg zu vermeiden, da trotz der Trennung das Eheband noch fortbesteht und nicht voraussehbar ist, ob die Ehe tatsächlich geschieden wird oder ob es zur Versöhnung kommt[30].
- Der/die nicht erwerbstätige Ehepartner:in kann nur unter den Voraussetzungen des § 1361 II BGB darauf verwiesen werden, seinen/ihren Unterhalt durch Erwerbstätigkeit selbst zu verdienen. Insoweit sind insbesondere auch Alter, Krankheit und ggf. Inanspruchnahme durch die Kinder zu berücksichtigen.
- Für die **Phase zwischen Trennung und womöglicher Scheidung** werden **andere Maßstäbe an** die **Eigenverantwortung** in Bezug auf die Erwirtschaftung des eigenen Unterhalts angelegt, **als** für die Zeit **nach** einer **Scheidung**. Im ersten **Trennungsjahr** trifft den/die vor der Trennung längere Zeit nicht Erwerbstätige:n jedenfalls **keine generelle *Erwerbsobliegenheit***, sofern die Ehe nicht nur von kurzer Dauer war[31].

Zum nachehelichen Unterhalt

- Für die Zeit nach der Scheidung geht der Gesetzgeber in § 1569 BGB grundsätzlich davon aus, dass die Ehegatt:innen ihren Unterhalt jeweils selbst erwirtschaften sollen. Das **Prinzip der wirtschaftlichen Eigenverantwortung** wird jedoch durch den **Grundsatz der nachwirkenden Mitverantwortung** bzw. der **nachehelichen Solidarität** eingeschränkt, sodass u.U. auch für die Zeit nach rechtskräftiger Scheidung ein Unterhaltsanspruch bestehen kann[32].
- Anders als früher (vor dem 1.1.2008) wird heute die Aufnahme einer Erwerbstätigkeit durch den Kinder betreuenden Elternteil zu einem wesent-

30 Vgl.: Grüneberg/von Pückler, § 1361 Rn. 1; dazu auch: Erman/Kroll-Ludwigs, § 1361 Rn. 1.

31 Grüneberg/von Pückler, § 1361 Rn. 13 m.w.N.

32 Vgl. Schlüter, FamR, Rn. 189 ff.

lich früheren Zeitraum für zumutbar gehalten, vgl. §1570 BGB. Ab Beginn des 4. Lebensjahres hat insofern eine Einzelfallprüfung zu erfolgen[33].

Zwar haben Ehegatt:innen aufgrund §§1408, 1585c BGB grundsätzlich die Möglichkeit, **durch notarielle Vereinbarungen** (vgl. §1410 BGB) für den Fall einer späteren Scheidung den nachehelichen Unterhalt oder sonstige versorgungs- und güterrechtliche Angelegenheiten **verbindlich zu regeln**, jedoch wird diese Vertragsfreiheit durch die §§134, 138 BGB begrenzt. In diesem Sinne hat der BGH zur Frage des **Unterhaltsverzichts in einem Ehevertrag** am 11. Februar 2004 klargestellt, dass eine zu einseitige Lastenverteilung unzulässig ist und **aufgrund von Sittenwidrigkeit zur Unwirksamkeit** der getroffenen Vereinbarung **führen kann.** Insbesondere müsse der »Kernbereich« der unterhaltsempfangenden Person ausreichend berücksichtigt werden[34].

Exkurs/Vertiefung

Bei der Berechnung eines nachehelichen Unterhaltsanspruches ist grundsätzlich i.S.d. §1578 BGB von den ehelichen Lebensverhältnissen auszugehen, mithin den **eheprägenden Einkünften**.
Sofern eine:r der Ehegatt:innen während der Ehezeit nicht berufstätig war, jedoch nach der Trennung bzw. Scheidung eine Erwerbstätigkeit aufgenommen oder ausgeweitet hat und sich diese quasi als Surrogat der Haushaltsführung darstellt (Monetarisierung der Haushaltsleistung), geht der BGH (zwischenzeitlich) grundsätzlich nach der sog. Differenzmethode vor[35]. Danach errechnet sich der zu zahlende Unterhalt aus der Differenz des bereinigten Nettoeinkommens des Pflichtigen und des Berechtigten, wobei der Erwerbstätigenbonus zu berücksichtigen ist. Dieser beträgt: 5%, vgl. dazu die Düsseldorfer Tabelle unter B. Ehegattenunterhalt I. 1. b)[36], nach der an die/den Unterhaltsberechtigte:n lediglich 45% und nicht 50% des Erwerbseinkommens auszuzahlen sind.
(Zur Düsseldorfer Tabelle, vgl. → **Seite 165**.)

33 Grüneberg/von Pückler, §1570 Rn. 1, 10.

34 Vgl.: BGH FamRZ 2004, 601; zum Ganzen: Schlüter, FamR, Rn. 219 m.w.N.

35 Vgl. dazu: BGH FamRZ 2001, 986ff.

36 https://www.olg-duesseldorf.nrw.de/infos/Duesseldorfer_Tabelle/Tabelle-2023/Duesseldorfer-Tabelle-2023.pdf

Beispiel: Felicitas (F) verdient nach der Trennung von ihrer Frau Amaris (A) 1.000 €; A ebenso wie während der Ehe 2.800 €. Sonstige Einkünfte sind weder auf Seiten von F noch von A vorhanden.

Lösung: Von A's Einkommen in Höhe von 2.800 € sind 1.000 € abzuziehen (F's Einkünfte). Von den 1.800 € sind dann nach der Düsseldorfer Tabelle B. I 1. b) 45 % zu errechnen.
Im Ergebnis besteht folglich zugunsten der F gegen A ein Unterhaltsanspruch in Höhe von: 810 €.

c) Güterrecht

Sofern sich Partner:innen für das Institut der Ehe entscheiden, wird das sog. Güterrecht relevant, das, je nach (gewähltem) Güterstand, unterschiedliche Rechtswirkungen bereithält.

Im BGB sind die folgenden Güterstände normiert:

1. als **gesetzlicher Güterstand** die sog. **Zugewinngemeinschaft** (vgl. § 1363 BGB),
2. als **subsidiärer gesetzlicher Güterstand** die **Gütertrennung** (vgl. § 1414 BGB),
3. als **reiner Wahlgüterstand** die **Gütergemeinschaft** (vgl. § 1415 BGB) und
4. die **Wahl-Zugewinngemeinschaft** (vgl. § 1519 BGB).

aa) Zugewinngemeinschaft

Die Zugewinngemeinschaft wird insofern als gesetzlicher Güterstand bezeichnet, als die Ehegatten, sofern sie nicht durch einen notariell geschlossenen Ehevertrag i.S.d. §§ 1408, 1410 BGB etwas Abweichendes vereinbart haben, qua Gesetz in der Zugewinngemeinschaft leben. Die Zugewinngemeinschaft basiert i.S.v. § 1363 BGB auf dem **Grundprinzip der Gütertrennung**, mit bestimmten Besonderheiten. Zum einen unterliegen die Ehepartner:innen im Rahmen der Zugewinngemeinschaft über §§ 1365, 1369 BGB gewissen **Verpflichtungs- und Verfügungsbeschränkungen**, zum anderen erfolgt ein sog. **Zugewinnausgleich bei Beendigung** dieses Güterstandes gemäß den §§ 1363 II 2, 1371, 1372 ff. BGB.

(1) Verpflichtungs- und Verfügungsbeschränkungen

Die Verpflichtungs- und Verfügungsbeschränkungen der §§ 1365, 1369 BGB bewirken, dass ein:e im Güterstand der Zugewinngemeinschaft lebender Ehegatt:in über sein/ihr gesamtes Vermögen[37] oder über einen ihm/ihr gehörenden Haushaltsgegenstand nur mit Zustimmung des/der Anderen verfügen bzw. sich zu einer solchen Verfügung verpflichten darf. Insofern ist die **Verfügungsgewalt über das eigene Vermögen und über** einem selbst gehörende **Haushaltsgegenstände in der Zugewinngemeinschaft eingeschränkt.** Da der Begriff des Haushaltsgegenstandes weit auszulegen ist, sind hier alle beweglichen Sachen i.S.d. § 90 BGB erfasst, die nach den Vermögens- und Lebensverhältnissen der Ehegatten der Hauswirtschaft und dem familiären Zusammenleben sowie auch der Freizeit- und Urlaubsgestaltung dienen und nicht lediglich als Kapitalanlage angeschafft wurden[38].

Sinn und Zweck dieser Beschränkungen ist die **Sicherung und Erhaltung der wirtschaftlichen Existenzgrundlage der Familiengemeinschaft** sowie der **Schutz des Zugewinnausgleichsanspruches** des/der nicht geschäftsführenden Ehegatt:in. Abgesichert werden diese Beschränkungen durch das *Revokationsrecht* des § 1368 BGB, aufgrund dessen ein:e Ehegatt:in, der/die weder Einwilligung (vgl. § 183 S. 1 BGB) noch Genehmigung (vgl. § 184 I 1 BGB) zu einem zustimmungsbedürftigen Verfügungsgeschäft abgegeben hat, berechtigt ist, die sich aus der Unwirksamkeit einer Verfügung ergebenden Rechte gegen einen Dritten gerichtlich geltend zu machen. Der/die zustimmungsberechtigte Ehegatt:in erhält damit zwar keinen eigenen Anspruch, hat jedoch ein sog. *Revokationsrecht* und kann als gesetzliche:r Verfahrensstandschafter:in die Rechte des/der Partner:in im eigenen Namen vor Gericht geltend machen[39].

Beispiel

Sebastian (S), der mit seinem Ehemann Thomas (T) in Berlin lebt, nutzt die Chance einer Dienstreise des T und verkauft den ihm gehörenden Jugendstil-Schreibsekretär, von dem er sich schon lange trennen möchte, an den gemeinsamen Freund

37 Zum Begriff des gesamten Vermögens vgl. Benner, Klausurenkurs im Familien- und ErbR, Rn. 403 ff. und Rn. 441 ff.

38 Erman/Budzikiewicz, § 1369 Rn. 2 m.w.N.

39 Dazu: Schlüter, FamR, Rn. 117 m.w.N.

Konrad (K) und bringt ihn K auch vorbei. Als T wieder nach Hause kommt, ist er entsetzt und nicht einverstanden mit dem Verkauf, wodurch die Eigentumsübertragung an K nicht wirksam erfolgt ist. Da S auf Aufforderung des T aber nicht tätig wird, könnte T selbst die Rechte des S gegen K gerichtlich einfordern. T hat dann zwar keinen eigenen Anspruch gegen K, kann jedoch als gesetzlicher Verfahrensstandschafter die Rechte des S, der durch die fehlende Zustimmung des T Eigentümer des Sekretärs geblieben ist, geltend machen, mithin das Möbelstück von K herausverlangen.

(2) Zugewinnausgleich

Sinn und Zweck des Zugewinnausgleichs i.S.d. §1378 i.V.m. §§1372ff. BGB ist es, **der Tatsache Rechnung** zu **tragen**, dass der **erhöhte Erwerb des einen Ehegatten** zumeist erst **durch** die **Arbeitsteilung in der Ehe ermöglicht** oder zumindest gefördert worden ist[40]. Sofern der Zugewinnausgleich im Rahmen einer Ehescheidung stattfindet, ist zu eruieren, wer von beiden Ehepartner:innen einen höheren Zugewinn erwirtschaftet hat, wobei der Zugewinn nach §1373 BGB die Differenz zwischen End- und Anfangsvermögen darstellt[41].

Jene:r kann dann als Anspruchsteller:in von der/dem Anderen (Anspruchsgegner) gemäß §1378 I BGB als Ausgleichsforderung die Hälfte der Differenz zwischen dem eigenen und dem Zugewinn des Anspruchsgegners erhalten, sodass das in der Ehe erwirtschaftete Vermögen ausgeglichen wäre.

Beispiel

Antragsteller Anton Ackermann (A) verfügt zum maßgeblichen Zeitpunkt über ein Endvermögen (EV) in Höhe von 60.000 € (vgl. §1375 BGB), während sein Anfangsvermögen (AV) i.S.d. §1374 BGB mit 10.000 € zu beziffern ist. Folglich beträgt sein Zugewinn: 50.000 € (EV-AV).

Der Zugewinn seiner Ehefrau, der Antragsgegnerin Gabriela Ackermann (G), beträgt 80.000 €.

Der Mehrbetrag, also 30.000 €, ist zu halbieren, sodass A gegen G Anspruch auf einen Zugewinn in Höhe von 15.000 € hat.

40 Gernhuber/Coester-Waltjen, FamR, §33 Rn. 3; Schlüter, FamR, Rn. 121.

41 Zur Berechnung des Zugewinnausgleichsanspruches mit weiteren Beispielen: Schlüter, FamR, Rn. 122ff.

Sofern eine:r der Partner:innen stirbt, kommt in Bezug auf den Zugewinnausgleich § 1371 I BGB zur Anwendung: Im Sinne dieser Norm wird der Zugewinnausgleich dadurch realisiert, dass sich der gesetzliche Erbteil des überlebenden Ehegatten pauschal um 1/4 erhöht.

(3) Wahl-Zugewinngemeinschaft

Seit dem 1.5.2013 existiert gemäß § 1519 BGB auch der Güterstand der **Wahl-Zugewinngemeinschaft**, der durch Ehevertrag vereinbart werden kann. Hierbei handelt es sich um eine modifizierte Form der Zugewinngemeinschaft, die aus Elementen der deutschen und der französischen Rechtsordnung besteht und in beiden Ländern identische Regelungen enthält[42], sodass sich dieser Güterstand für binationale Paare anbietet.

bb) Gütertrennung

Als subsidiärer gesetzlicher Güterstand (also, wenn die Eheleute die Zugewinngemeinschaft ausgeschlossen haben, ohne etwas anderes zu vereinbaren) existiert die sog. **Gütertrennung**, § 1414 BGB. Auch bei der Gütertrennung bleiben die Vermögensmassen der Eheleute getrennt. Anders als bei der Zugewinngemeinschaft sind beide Partner:innen jedoch in Bezug auf das eigene Vermögen unbeschränkt verwaltungs- und verfügungsbefugt und auch bei einer Scheidung erfolgt grundsätzlich keine Auseinandersetzung.

cc) Gütergemeinschaft

Als reiner Wahlgüterstand ist die **sog. Gütergemeinschaft** i.S.d. §§ 1415 ff. BGB vorgesehen. Bei der Gütergemeinschaft existieren verschiedene Vermögensmassen: das **Gesamtgut**, das **Sondergut** und das **Vorbehaltsgut**.

Vermögen, das als **Gesamtgut** behandelt wird, ist gemäß § 1416 BGB gemeinschaftliches Vermögen der beiden Ehegatten. Die Ehegatten bilden insoweit eine sog. Gesamthandsgemeinschaft. Das Gesamtgut wird – soweit vertraglich nichts Abweichendes bestimmt wurde –, auch gemeinschaftlich verwaltet (§§ 1421 ff.; §§ 1450 ff. BGB).

Kraft Gesetz sind vom Gesamtgut gemäß § 1417 I, II BGB einzelne Vermögenswerte als **sog. Sondergut** ausgenommen; z.B. unpfändbare Lohn-/Gehaltsansprüche und Urheberrechte. Sie verbleiben im Alleineigentum des

42 Ausführlich zum Wahl-Zugewinngemeinschaft: MüKo/Koch, § 1519 Rn. 1 ff.

betreffenden Ehegatten, der sein Sondergut gemäß § 1417 III selbstständig verwaltet.

Darüber hinaus können auch bestimmte Vermögenswerte durch Vereinbarung oder letztwillige Verfügung als **sog. Vorbehaltsgut** vom Gesamtgut ausgeschlossen werden, vgl. § 1418 I und II BGB. Gemäß § 1418 II Nr. 3 fallen darunter z.B. solche Gegenstände, die ein Ehegatte unentgeltlich (z.B. von Todes wegen oder durch Erbschaft) von einem Dritten mit der ausdrücklichen Bestimmung erhält, dass der Gegenstand in das Vorbehaltsgut fallen soll. Gegenstände, die Ersatzstücke für unter Vorbehalt stehende Güter sind, fallen kraft *dinglicher Surrogation* gemäß § 1418 II Nr. 3 BGB ebenfalls ins Vorbehaltsgut.

d) Beendigung einer Ehe

Nachdem die Eheschließungsvoraussetzungen und Ehewirkungen dargelegt wurden, wird im Folgenden erläutert, welche Möglichkeiten bestehen, eine Ehe zu beenden. Eine Ehe kann gemäß § 1313 BGB und § 1564 BGB lediglich durch eine richterliche Entscheidung in Form eines **Eheaufhebungs- bzw. Scheidungsbeschlusses**, vgl. § 116 FamFG, **oder** durch den **Tod eines der Ehegatten** beendet werden.

aa) Ehescheidung

Voraussetzung für eine Ehescheidung ist, dass die Ehe im Sinne des sog. **Zerrüttungsprinzips** als gescheitert zu qualifizieren ist, vgl. § 1565 I BGB. Bis 1977 galt das Verschuldensprinzip, nach dem eine:r der Ehegatt:innen an der Trennung für schuldig befunden wurde. D.h., dass zwischenzeitlich zwar normiert ist, dass bei dem Auseinandergehen zweier verheirateter Menschen keine:r von beiden die Trennung verschuldet haben muss, die Möglichkeit des gemeinsamen, einvernehmlichen Beschlusses zweier Menschen, künftig nicht mehr miteinander verheiratet sein zu wollen, aber nicht explizit vorgesehen ist, was sich auch im Wortlaut des § 1353 BGB widerspiegelt (»Die Ehe wird [...] auf Lebenszeit geschlossen.«) Gleichwohl sind **einvernehmliche Scheidungen möglich**, nur eben **unter** der **Prämisse**, dass das **Institut der Ehe »gescheitert«** ist.

Das **Scheitern einer Ehe** kann auf die folgenden drei Arten nachgewiesen werden:

1. durch die unwiderlegbare Zerrüttungsvermutung des §1566 I BGB **bei einjährigem Getrenntleben und** dem **Einverständnis beider Ehegatten**,
2. durch die unwiderlegbare Zerrüttungsvermutung des §1566 II BGB **bei dreijährigem Getrenntleben**,
3. durch den unmittelbaren Nachweis einer positiven Feststellung des Scheiterns der Ehe nach §1565 I 2 BGB durch **Eheanalyse** und **Eheprognose**.

D.h. nicht, dass bei fehlendem Einverständnis des/der Ehepartner:in drei Jahre gewartet werden muss, um sich scheiden lassen zu können. Vielmehr muss in der Scheidungsantragsschrift *substantiiert* dargelegt werden, dass die Lebensgemeinschaft aufgehoben ist – was durch eine sog. **Analyse** der ehelichen Lebensverhältnisse aufgrund konkreter Umstände im Einzelfall nachzuweisen ist – und eine Wiederherstellung der Lebensgemeinschaft aufgrund einer **Prognose** nicht mehr zu erwarten ist[43].

Aus dem Umkehrschluss zu §1565 II BGB ergibt sich, dass vor Ausspruch der Scheidung die Parteien grundsätzlich **ein Jahr getrennt leben** müssen, was leichtfertige Scheidungen verhindern soll. Als Getrenntleben ist i.S.d. §1567 I BGB anzusehen, wenn zwischen den Ehegatten **objektiv keine häusliche Gemeinschaft** mehr besteht und **subjektiv** zumindest eine:r der Ehegatt:innen **diese nach außen erkennbar nicht wiederherstellen will**, weil er:sie die bisherige eheliche Lebensgemeinschaft ablehnt.

Die **räumliche Trennung** kann auch innerhalb der Ehewohnung gegeben sein, falls die eheliche Lebensgemeinschaft in allen Lebensbereichen aufgehoben ist[44]. D.h., dass die Eheleute auch beschließen können, ab einem bestimmten Zeitpunkt getrennt zu sein und dieses Datum vor dem Familiengericht entsprechend angeben, obschon sie noch in einer gemeinsamen Wohnung leben.

Sofern ein Fall **unzumutbarer Härte i.S.v. §1565 II BGB** vorliegt, ist eine **Scheidung** auch **vor Ablauf des Trennungsjahres** möglich. Davon ist auszugehen, wenn die Fortsetzung der Ehe, also das Weiter-miteinander-verheiratet- Sein mit dem Antragsgegner, für den Antragssteller eine unzumutbare Härte darstellen würde. Dabei sind an das Vorliegen eines Härtegrundes

43 BGH FamRZ 1981, 127 f.; Schlüter, FamR, Rn. 175; Ziegler/Mäuerle, FamR, Rn. 201.

44 BGH, NJW 1979, 105; OLG Köln, FamRZ 1978, 34.

strenge Anforderungen zu stellen. Es muss sich um eine Ausnahmesituation gegenüber einer bloß gescheiterten Ehe handeln[45].

So wurden als unzumutbare Härte i.S.v. §1565 II BGB z.B. angesehen:

- Misshandlungen/Tätlichkeiten durch den Partner (auch gegenüber Familienangehörigen)[46]
- Alkoholmissbrauch[47]
- Schwangerschaft aus außerehelichem Verhältnis[48], (dies wurde trotz der Möglichkeit des §1599 II BGB so entschieden, da der Ehemann dann keine Anfechtung seiner Vaterschaft anstreben müsste).

Während die Härteklausel des §1565 II BGB für die Situation geschaffen wurde, dass das Trennungsjahr nicht abgewartet werden kann, gibt es noch weitere Härtefallklauseln, die jedoch den konträren Fall betreffen, dass eine Ehe trotz Scheiterns nicht geschieden werden soll. Gemäß §1568 1. und 2. Fall BGB soll eine Ehe trotz Scheiterns nicht geschieden werden, wenn die Scheidung für den:die Ehepartner:in oder die gemeinsamen Kinder ausnahmsweise unzumutbar ist.

Als Härtefall in diesem Sinne kommt z.B. die ernsthafte Suizidgefahr des Ehegatten oder Kindes in Betracht[49]. Nicht ausreichend ist die allein durch das Scheitern der Ehe bedingte Härte, vielmehr müssen insoweit Umstände gegeben sein, die nach objektiver Beurteilung außergewöhnlich sind[50].

Zusammenfassen lassen sich die Voraussetzungen einer Scheidung wie folgt:

1. Scheitern der Ehe: vgl. §§1565 I, 1566 BGB
2. vor Ablauf des Trennungsjahres: **unzumutbare Härte i.S.v. §1565 II BGB**
3. kein Eingreifen der **Härteklauseln** des **§1568 1. und 2. Fall BGB**

---

45 Vgl. z.B. OLG München NJW 1978, 49f.; OLG Rostock FamRZ 1993, 808f.; OLG Düsseldorf FamRZ 2000, 286; OLG München FamRZ 2011, 218ff.

46 OLG Stuttgart FamRZ 1988, 1276; Grüneberg/Siede, §1565 Rn. 10 m.w.N.

47 OLG Stuttgart NJW 1978, 52.

48 OLG Hamm FamRZ 2014, 2004f.

49 BVerfG NJW 2001, 2874; Grüneberg/Siede, §1568 Rn. 2 und 5f. m.w.N.

50 Hoppenz/Burandt, BGB §1568 Rn. 4 m.w.N.

Im Rahmen einer **Scheidung** können insbesondere die **folgenden Punkte regelungsbedürftig** sein:

- **Nachehelichenunterhalt** i.S.d. §§1569ff. BGB.
- **Zugewinnausgleich** i.S.v. §1378 i.V.m. §§1372ff. BGB.

Exkurs/Vertiefung

Da der Gesetzgeber im Eherecht das **Zugewinnausgleichsverfahren** i.S.d. §§1372ff. BGB geschaffen hat, findet zwischen Ehegatten, die im Güterstand der Zugewinngemeinschaft leben, darüber hinaus **grundsätzlich kein weiterer Vermögensausgleich** statt.

Bei Ehegatten, die im **Güterstand der Gütertrennung** leben, ist die Situation dagegen anders. Hier ist eine **Ausgleichsmöglichkeit** bei sog. **ehebedingten/unbenannten Zuwendungen** im Falle einer Scheidung über §313 BGB allgemein anerkannt[51]. Solche Zuwendungen liegen vor, wenn sie erbracht wurden, weil die/der Zuwendende davon ausging, dass die (eheliche) Lebensgemeinschaft Bestand haben werde bzw. sie der Ausgestaltung der (ehelichen) Lebensgemeinschaft dienen sollten, wie z.B. die Eigentumsübertragung an der gemeinsamen Familienwohnung.

- **Versorgungsausgleich** i.S.d. §1587 BGB i.V.m. dem VersAusglG, der für eine gerechte Aufteilung der in der Ehezeit von beiden Ehepartner:innen erworbenen Anrechte auf Versorgung wegen Alters oder Invalidität sorgen soll. Ähnlich wie beim Zugewinnausgleich werden durch den Versorgungsausgleich Nachteile ausgeglichen, die ein Ehegatte dadurch erleidet, dass er innerhalb der Ehe keinen (oder nur einen kleinen) Beitrag zur Alters- und Invaliditätsversorgung geleistet hat[52]. Wer während der Ehe höhere Versorgungsrechte angesammelt hat, muss deshalb die Hälfte des Wertunterschieds an den:die Andere:n auskehren (Zugewinnausgleichsgedanke), vgl. §1 VersAusglG, was vor allem geschiedenen Hausfrauen und -männern zugutekommt, denen dadurch eine eigene soziale Sicherung im Alter bzw. bei Invalidität verschafft wird (Versorgungsgedanke).

51 OLG Düsseldorf NJW-RR 1996, 644; vgl. auch zum Ganzen: Erman/Böttcher, §313 Rn. 55 m.w.N.

52 zum Versorgungsausgleich (Grundgedanken, Ziele und Reform), vgl.: Schlüter, FamR, Rn. 230ff.

- **Einigung** in Bezug auf die **Ehewohnung** i.S.d. §1586a BGB und **Verteilung der Haushaltsgegenstände** i.S.d. §1586b BGB.
  Sofern sich Ehegatt:innen anlässlich ihrer Scheidung nicht über die Verteilung der Haushaltsgegenstände einigen können bzw. darüber, wer die Ehewohnung weiter nutzen kann, ist es möglich, für eine Klärung das zuständige Familiengericht anzurufen und eine entsprechende Regelung herbeizuführen. Während das Familiengericht bei einem solchen Begehren während des Getrenntlebens (vgl. §§1361a BGB, 1361b BGB) nur eine vorläufige Regelung trifft, geht es bei der Hausratsverteilung und Wohnungszuweisung für den Fall der Scheidung um eine endgültige Lösung. Tatsächlich kann jeder Ehegatte gemäß §1568b BGB verlangen, dass ihm die:der Andere die im gemeinsamen Eigentum stehenden Haushaltsgegenstände überlässt und übereignet, wenn er auf deren Nutzung in stärkerem Maße angewiesen ist als die:der Andere, was insbesondere unter Berücksichtigung des Wohls der im Haushalt lebenden Kinder und anhand der Lebensverhältnisse der Ehegatten zu entscheiden ist.

Bei Vorhandensein von **gemeinsamen Kindern** könnten darüber hinaus noch **folgende Punkte regelungsbedürftig** sein:

- **Kindesunterhalt** i.S.d. §§1601ff. BGB,
- **Sorgerecht**, das grundsätzlich auch nach einer Scheidung beiden Eltern zusteht, wobei die Übertragung der Alleinsorge auf einen Elternteil unter den Voraussetzungen des §1671 I BGB erreicht werden kann,
- **Umgangsrecht** i.S.d. §1684 BGB bzw. bei Stiefkindern aus §1685 II BGB und
- **Kindesherausgabe** i.S.v. §1632 BGB.

Exkurs/Vertiefung

In verfahrensrechtlicher Hinsicht ist noch Folgendes zu beachten:
Die **verfahrensrechtlichen Voraussetzungen**, die eine Scheidungsantragsschrift erfüllen muss, sind in §133 FamFG enthalten. Der Scheidungsantrag wird durch Einreichung der Antragsschrift bei Gericht ***anhängig***, vgl. §124 FamFG, und mit Zustellung der Antragsschrift an den Antragsgegner ***rechtshängig***, vgl. §124 FamFG i.V.m. §261 ZPO. Die Zustellung einer Klage- oder Antragsschrift erfolgt in der Praxis aufgrund der §§6, 12 GKG und des §14 FamGKG grundsätzlich erst, wenn der

Gerichtskostenvorschuss eingezahlt wurde. (Im ersten Rechtszug: 3 Gebühren in allgemeinen zivilrechtlichen Verfahren, vgl. §12 GKG i.V.m. Nr. 1210 KV GKG, und 2 Gebühren in Ehesachen, vgl. §9 FamGKG i.V.m. Nr. 1110 KV FamGKG.)
Vor dem Familiengericht herrscht Anwaltszwang, vgl. §114 I FamFG, d.h., dass sich Ehepartner:innen **nicht** scheiden lassen können, wenn sie nicht anwaltlich vertreten sind. Bei einer **einverständlichen Scheidung**, also wenn sich beide Parteien weitestgehend einig sind (in Bezug auf die vermögensrechtlichen Belange, Ehewohnung etc.), genügt es, wenn nur die-/derjenige Partner:in, die:der den Scheidungsantrag stellt, anwaltlich vertreten ist, da die Zustimmung zum Scheidungsantrag nicht dem Anwaltszwang unterliegt. Damit ließen sich Kosten sparen. Dies ist jedoch nicht möglich, wenn ein gerichtlicher Vergleich (vgl. §127a BGB) über einen der in §133 I Nr. 2 FamFG aufgeführten Regelungspunkte geschlossen werden soll. In diesem Fall müssten beide Seiten anwaltlich vertreten sein.

bb) Eheaufhebung

Während die **Ehescheidung** darauf abstellt, dass sich die Ehe anders als vorgesehen entwickelt hat (Scheitern der Ehe), sie mithin auf **Gründe**n beruht, **die nach der Eheschließung entstanden sind**, beruht die **Eheaufhebung** auf **Gründe**n, **die bereits bei Eheschließung vorhanden waren**, insofern als z.B. der Eheschließungswille in irgendeiner Form fehlerhaft war oder der Gesetzgeber das Eheschließungsmotiv missbilligt. Die **Aufhebung einer Ehe** i.S.d. §1313 BGB kommt nur in Betracht, wenn die folgenden **Aufhebungsvoraussetzungen** erfüllt sind. Es muss ein

- **Grund für die Eheaufhebung** i.S.d. §1314 I, II BGB gegeben sein,
- eine **Antragsberechtigung** i.S.v. §1316 BGB bestehen,
- ggf. die **Antragsfrist** i.S.d. §1317 BGB eingehalten werden und
- zudem darf die **Aufhebung der Ehe nicht ausgeschlossen** sein, vgl. §1315 BGB.

Aufhebungsgründe können im öffentlichen oder im privaten Interesse liegen, vgl. §1314 I und II BGB.

Eheaufhebungsgründe im öffentlichen Interesse sind gemäß §1314 I BGB:

- mangelnde Ehemündigkeit (§1303 BGB),
- Geschäftsunfähigkeit (§1304 BGB),

- Doppelehe (§ 1306 BGB),
- Verwandtschaft (§ 1307 BGB: Eheverbot für vollbürtige oder halbbürtige Geschwister) und
- bestimmte Verstöße gegen die Eheschließungsform (§ 1311 BGB).

Die **Eheaufhebungsgründe im privaten Interesse** (wegen Willensmängeln) sind vorwiegend in § 1314 II BGB geregelt. Dazu gehören:

- Eheschließung bei Bewusstlosigkeit oder **vorübergehender Geistesstörung**, vgl. § 1314 II Nr. 1 BGB (z.B. bei Alkohol-/Drogeneinfluss),
- Unkenntnis der Tatsache einer Eheschließung, vgl. § 1314 II Nr. 2 BGB (Blitzheirat im Ausland[53]; Sprachunkundigkeit[54]),
- Eheschließung aufgrund **arglistiger Täuschung**, vgl. § 1314 II Nr. 3 BGB (z.B. bewusstes Verschweigen von Zeugungsunfähigkeit[55] oder früherer krimineller, betrügerischer Handlungen als Einnahmequelle[56]), wobei i.S.d. Norm eine reine Täuschung über Vermögensverhältnisse nicht ausreichend ist,
- Eheschließung aufgrund **widerrechtlicher Drohung**, vgl. § 1314 II Nr. 4 BGB,
- **Scheinehe**, vgl. § 1314 II Nr. 5: Im Sinne dieser Norm kann eine Ehe aufgehoben werden, wenn sich beide Ehegatten bei der Eheschließung darüber einig waren, dass sie keine Verpflichtung zur ehelichen Lebensgemeinschaft i.S.d. § 1353 I BGB begründen wollen.
  Durch § 1314 II Nr. 5 BGB soll verhindert werden, dass Ehen mit ausländischen Partnern geschlossen werden, die ausschließlich die Einreise bzw. den Aufenthalt des ausländischen Partners in Deutschland ermöglichen sollen[57], da dieses Eheschließungsmotiv vom Gesetzgeber missbilligt wird[58]. Wegen des erkennbaren Zieles, nur missbräuchlich geschlossene Ehen zu missbilligen, ist eine enge Interpretation angebracht, wobei die

53 Erman/Roth, § 1314 Rn. 5 m.w.N.

54 AG Prüm FamRZ 2002, 1561.

55 OLG Stuttgart NJW 2004, 2247.

56 AG Tempelhof FamRZ 2018, 1151.

57 LG Saarbrücken, FamRZ 2000, 819 LS.

58 Grüneberg/Siede, § 1314 Rn. 14.

Eheschließung aus steuerlichen Gründen oder nur wegen des Namens auch darunter fallen kann[59].

- Einen **weiteren Aufhebungsgrund** enthält **§1320 BGB**, in dem die Aufhebungsmöglichkeit für denjenigen geregelt wird, der eine neue Ehe eingeht, nachdem sein bisheriger **Ehegatte für tot erklärt** worden ist, tatsächlich aber noch lebt. In diesem Falle kann der doppelt Verheiratete die Aufhebung der jüngeren Ehe begehren, es sei denn, er wusste bei der Wiederheirat, dass der für tot Erklärte trotz Todeserklärung am Leben war.

Wer **antragsberechtigt** ist, ergibt sich aus §1316 I BGB (je nach Aufhebungsgrund: der:die andere Ehepartner:in, die zuständige Verwaltungsbehörde oder eine dritte Person). Der **Antrag auf Eheaufhebung** ist gemäß §1315 BGB **fristgebunden** (1 Jahr in den Fällen des §1314 II Nr. 2 und 3 BGB und 3 Jahre in den Fällen des §1314 II Nr. 4 BGB).

Die Gründe, warum eine **Eheaufhebung ausgeschlossen** sein kann, finden sich v.a. in §1315 BGB.

- So kann z.B. der inzwischen geschäftsfähig gewordene Ehegatte die nach §1304 BGB aufhebbare Ehe durch Festhalten an dieser bestätigen und damit die Aufhebung ausschließen (§1315 I Nr. 2 BGB).
- Diejenige Person, die bei Eingehung der Ehe nicht wusste, dass es sich um eine Eheschließung handelte (vgl. §1314 II Nr. 2 BGB), kann nach Entdeckung des Irrtums ersichtlich an der Ehe festgehalten haben, vgl. §1315 I Nr. 4 BGB.
- Der Verstoß gegen Eheschließungsformen nach §1311 BGB kann durch Fristablauf (5 bzw. 3 Jahre) geheilt werden (§1315 II Nr. 2 BGB).
- Die Aufhebung einer Scheinehe kann insbesondere aufgrund von **§1315 I Nr. 5 BGB oder Art. 226 I EGBGB** ausgeschlossen sein.
  §1315 I Nr. 5 BGB greift ein, wenn die Ehegatten im Fall des §1314 II Nr. 5 BGB nach der Eheschließung **als Ehegatten** miteinander gelebt haben, sich also z.B. ineinander verliebt und/oder Kinder bekommen haben und tatsächlich eine Ehe führen.
  Art. 226 I EGBGB greift für Ehen ein, die vor dem 1. Juli 1998 geschlossen wurden, wenn sie nach dem bis dahin geltenden Recht nicht hätten

59 Grüneberg/Siede, §1314 Rn. 14 m.w.N.

aufgehoben oder für nichtig erklärt werden können. Dies wird insofern bei Scheinehen relevant, als in dem bis zum 1.7.1998 geltenden EheG von 1946 keine Regelung zur Scheinehe enthalten war, sodass eine als reine Aufenthaltsehe vorgenommene Heirat wegen Art. 226 I EGBGB nicht aufgehoben werden kann.

Exkurs/Vertiefung

Im Einführungsgesetz zum Bürgerlichen Gesetzbuche (EGBGB), das erstmals gemeinsam mit dem BGB zum 1.1.1900 in Kraft getreten ist und dieses »begleitet« und ergänzt, finden sich Regelungen zum internationalen Privatrecht (IPR) sowie u.a. auch Übergangsvorschriften zur Beantwortung der Frage, welches Recht auf »Altfälle« angewendet werden muss, sofern es zu einer Änderung des geltenden Rechts gekommen ist.

Die **Folgen der Aufhebung** sind in §1318 BGB abschließend geregelt, wobei der Verweis auf die Scheidungsregelungen nur eingeschränkt erfolgt: Die **Vorschriften über** den **Geschiedenenunterhalt finden** bei Aufhebung einer Ehe gemäß §1318 II BGB z.B. **grundsätzlich nicht zugunsten des bösgläubigen, täuschenden oder drohenden Ehegatten Anwendung**.

3 Eingetragene Lebenspartnerschaft nach LPartG

Vom 1.8.2001 bis zum 30.9.2017 konnten **gleichgeschlechtliche Paare** gemäß §1 a.F. LPartG lediglich eine **eingetragene Lebenspartnerschaft** und keine Ehe eingehen, da bis dato kein anderer politischer Konsens erreicht werden konnte. Die eingetragene Lebenspartnerschaft nach dem LPartG wird künftig im Bereich der Sozialen Arbeit stetig **weniger praxisrelevant** werden, **da gleichgeschlechtliche Paare** seit dem 1.10.2017 **heiraten können**, vgl. §1353 BGB, **und eine eingetragene Lebenspartnerschaft nicht mehr eingegangen werden kann**, vgl. §1 LPartG[60].

60 Die neue Fassung des §1 LPartG sowie §20a LPartG ist am 22.12.2018 in Kraft getreten und wurde durch das Gesetz zur Umsetzung des Gesetzes zur Einführung des Rechts auf Eheschließung für Personen gleichen Geschlechts vom 18.12.2018 (BGBl. 2018 I Nr. 48 S. 2639) eingeführt.

Gleichgeschlechtliche Paare, die eine Lebenspartnerschaft nach dem LPartG eingegangen sind, können bei den Standesämtern mit *ex tunc* Wirkung ihre **Lebenspartnerschaft** i.S.d. §20a LPartG **in** eine **Ehe umschreiben lassen oder** ihre **Lebenspartnerschaft fortführen**. Für den Beratungskontext kann derzeit die Kenntnis des LPartG entsprechend noch von Belang sein, da es weiterhin Paare gibt, die in einer eingetragenen Lebenspartnerschaft leben.

In Bezug auf das Verhältnis gleichgeschlechtlicher Eltern zu ihren Kindern ist **im LPartG keine Anpassung an** die **Regelungen für verschieden geschlechtliche Eltern** erfolgt. (Auch für verheiratete gleichgeschlechtliche Paare ist nach wie vor die gemeinsame rechtliche Elternschaft für leibliche Kinder einer Ehepartnerin/eines Ehepartners erst nach Geburt des Kindes über eine Stiefkindadoption zu erreichen.) **Seit 2005** konnten Lebenspartner:innen i.S.d. §9 VII LPartG die **leibliche**n **Kinder ihrer Partner:innen adoptieren** (sogenannte **Stiefkindadoption**), seit der BVerfG-Entscheidung vom 19.2.2013[61] war zudem die sog. **Sukzessivadoption** durch Lebenspartner:innen erlaubt. Also die **Adoption eines zuvor durch den/die Partner:in angenommenen Kindes**, wobei §9 VII LPartG entsprechend der Vorgabe des Bundesverfassungsgerichts mit Gesetz vom 26.6.2014[62] angepasst wurde.

Eine Regelung zur **gemeinsamen »Fremdadoption«** enthält das LPartG nicht, sodass dies für gleichgeschlechtliche Paare erst möglich wurde, seit sie heiraten können, also seit dem 1.10.2017.

Ansonsten waren die **Rechtswirkungen der eingetragenen Lebenspartnerschaft denjenigen der Ehe angepasst**. Einige Änderungen wurden allerdings erst mit Wirkung zum 1.1.2005 eingeführt, wie z.B. die Möglichkeit, ein Verlöbnis einzugehen, also sich nach §1 III a.F. LPartG zu versprechen, eine (eingetragene) Lebenspartnerschaft begründen zu wollen, der automatisierte Eintritt in den gesetzlichen Güterstand der Zugewinngemeinschaft, vgl. §6 LPartG, oder die Durchführung des Versorgungsausgleichs bei Aufhebung der Lebenspartnerschaft.

61 https://www.bundesverfassungsgericht.de/SharedDocs/Entscheidungen/DE/2013/02/ls20130219_1bvl000111.html

62 BGBl. 2014 I Nr. 27 S. 786.

Exkurs/Vertiefung

Vom 1.8.2001 bis 1.1.2005 mussten sich Lebenspartner:innen bei Eingehung einer Lebenspartnerschaft i.S.d. §§ 6, 7 LPartG a.F. noch darüber erklären, welchen Güterstand sie wählen wollten. Sofern sie die Rechtswirkungen der Zugewinngemeinschaft anstrebten, mussten sie sich für den Güterstand der sog. **Ausgleichsgemeinschaft** entscheiden.
Da der Versorgungsausgleich i.S.d. § 20 LPartG auch erst nach Überarbeitung des LPartG und mithin automatisiert erst für diejenigen vorgesehen war, die ihre Lebenspartnerschaft ab dem 1.1.2005 begründet hatten, konnten all jene, die die eingetragene Lebenspartnerschaft zuvor eingegangen waren, bis zum 31.12.2005 gegenüber dem Amtsgericht ausdrücklich erklären, dass sie bei Aufhebung ihrer Lebenspartnerschaft die Durchführung des Versorgungsausgleiches wünschten.

Die Übertragung der eherechtlichen Wirkungen auf die eingetragene Lebenspartnerschaft erfolgt gesetzestechnisch z.T. über Regelungen, die direkt im LPartG ausformuliert sind und z.T. über Verweisungen im LPartG auf das BGB.

So findet sich z.B. die Regelung

- zum Lebenspartnerschaftsnamen in § 3 LPartG,
- der Verweis auf § 1357 BGB (Abschluss von Geschäften zur angemessenen Deckung des Lebensbedarfs) in § 8 II LPartG,
- zum Haftungsmaßstab in § 4 LPartG,
- zur Eigentums- und Gewahrsamsvermutung mit integriertem Verweis auf das BGB in § 8 LPartG,
- zum Lebenspartnerschaftsunterhalt mit integriertem Verweis auf das BGB in § 5 LPartG,
- zum Trennungsunterhalt mit integriertem Verweis auf das BGB in § 12 LPartG (für den Zeitraum zwischen Trennung und Aufhebung der Lebenspartnerschaft),
- zum nachpartnerschaftlichen Unterhalt mit integriertem Verweis auf das BGB in § 16 LPartG (für die Zeit nach rechtskräftiger Aufhebung der Lebenspartnerschaft).

Um sicherzugehen, dass diejenigen Änderungen des Eherechts, die nach dem 22.12.2018 in Kraft treten, grundsätzlich auch entsprechend auf Lebenspartnerschaften anzuwenden sind, wurde § 21 LPartG eingefügt.

Ebenso wie eine Ehe kann auch eine **eingetragene Lebenspartnerschaft** gemäß § 15 LPartG lediglich **durch** eine **gerichtliche Entscheidung** (in Form eines Beschlusses) **aufgehoben werden**[63], wobei insoweit ein Antrag eines oder beider Lebenspartner:innen erfolgen muss, vgl. auch: §§ 133, 269 Nr. 1, 270 I FamFG. Eine eingetragene Lebenspartnerschaft kann darüber hinaus (in Parallelität zur Ehe) durch den Tod eines der Lebenspartner:innen enden oder aber dadurch, dass die Lebenspartner:innen bei den Standesämtern mit *ex tunc* Wirkung ihre Lebenspartnerschaft i.S.d. § 20a LPartG in eine Ehe umschreiben lassen.

4 Faktische Lebensgemeinschaft

Anders als bei der Ehe, bei der sich die Ehegatt:innen mit einem lebenslangen Bindungswillen zusammenfinden (bzw. nach Intention des Gesetzgebers zusammenfinden sollten), ist für die **faktische oder nichteheliche Lebensgemeinschaft** kennzeichnend, dass die Partner:innen jederzeit frei darüber entscheiden können, ob sie die Gemeinschaft fortsetzen möchten oder nicht[64]. **Explizite Regelungen** zu einer faktischen Lebensgemeinschaft **existieren im BGB nicht**. Da es, wie erwähnt, bei einer faktischen Lebensgemeinschaft im Kern an der mit einer Ehe vergleichbaren Situation fehlt, zumal insbesondere Art. 6 I GG die Ehe unter besonderen Schutz stellt und folglich die Gleichstellung eheähnlicher Lebensgemeinschaften mit der Ehe verbietet[65], können eherechtliche Regelungen nicht grundsätzlich analog auf die nichteheliche Lebensgemeinschaft angewendet werden[66].

63 Zur Aufhebung einer Lebenspartnerschaft, vgl. Benner, Referendarklausurenkurs, Rn. 617 ff.

64 Vgl.: Schlüter, FamR, Rn. 493.

65 BGH NJW 1980, 124.

66 Vgl. dazu: BGH FamRZ 2007, 457 ff.; hier wurde die entsprechende (analoge) Anwendung des § 1362 BGB auf nichteheliche Lebensgemeinschaften abgelehnt.

Exkurs/Vertiefung

Unter der analogen/entsprechenden Anwendung einer Norm versteht man, dass sie für einen bisher nicht gesetzlich geregelten Sachverhalt herangezogen wird. Eine **Analogie** setzt voraus, dass eine **planwidrige Regelungslücke** besteht und die **ungeregelte Interessenlage mit der geregelten** – analog heranzuziehenden – **vergleichbar** ist[67].

Gleichwohl stellt sich verschiedentlich die Frage, welche familienrechtlichen Regelungen auch für Partner:innen einer faktischen Lebensgemeinschaft Geltung haben sollten, was jeweils unterschiedlich beurteilt wird.

Keine Einigkeit besteht z.B. darüber, **ob** die §§ 1362 I BGB und § 739 ZPO, also die **Eigentumsvermutung und** die prozessual korrespondierende **Gewahrsamsfiktion** analog auch auf die Partner:innen einer faktischen/nichtehelichen Lebensgemeinschaft **anzuwenden** seien. Während der BGH diese Analogie ablehnt und dies damit begründet, dass sie mangels einer planwidrigen Regelungslücke ausscheide und auch von Verfassungs wegen nicht geboten sei[68], wird sie nach anderer Ansicht insbesondere unter Berufung auf den Sinn dieser Normen, also die *ratio legis* befürwortet: Durch §§ 1362 I BGB, 739 ZPO soll der Vermischungs- und Verschleierungsgefahr in Bezug auf die tatsächlichen Eigentumsverhältnisse von in einem Haushalt lebenden Personen an beweglichen Sachen aus Gründen des **Gläubigerschutz**es entgegengewirkt werden[69]. Insoweit sei die Situation einer in einem Haushalt lebenden nichtehelichen Lebensgemeinschaft mit der von Ehegatten vergleichbar[70].

Unterschiedlich beurteilt wird darüber hinaus auch, ob in **analoger Anwendung der §§ 383 I Nr. 2 und 2a ZPO, 52 I Nr. 2 und 2a StPO** den Partner:innen einer faktischen/nichtehelichen Lebensgemeinschaft ein **Zeugnisverweigerungsrecht** zustehen solle[71]. Auch insoweit ist ausschlaggebend, ob man eine planwidrige Regelungslücke als nicht gegeben ansieht und damit

67 Zur Ausfüllung von Gesetzeslücken durch Analogie: Larenz/Canaris, Methodenlehre, S. 202 ff.

68 BGH FamRZ 2007, 457 ff.

69 So auch: Grüneberg/Götz, Einl. v. § 1297 Rn. 26 und Dethloff, FamR, § 8 Rn. 15, jeweils m.w.N.

70 Dethloff, FamR, § 8 Rn. 15.

71 Vgl.: Dethloff, FamR, § 8 Rn. 16 m.w.N.

generell eine analoge Anwendung ablehnt oder eher auf Sinn und Zweck der Normen abstellt, der beim Zeugnisverweigerungsrecht in der Vermeidung der Konfliktsituation zu sehen ist, die dadurch entsteht, dass jemand zulasten einer ihm nahestehenden Person aussagen muss. Jene kann ebenso bei faktischen Lebensgemeinschaften gegeben sein wie bei Ehegatten[72].

Im Beratungskontext kann zudem die Frage aufkommen, ob es trotz fehlender Regelungen im BGB auch **Ausgleichsansprüche der Partner:innen** untereinander geben kann**, wenn sie sich trennen**.

Der BGH hat dies (unter Aufgabe seiner früheren Rechtsprechung[73]) z.B. für den Fall bejaht, dass eine:r der Partner:innen wesentliche Beiträge geleistet hat, mit denen ein **Vermögenswert von erheblicher wirtschaftlicher Bedeutung** zu Gunsten des/der Anderen **geschaffen wurde** (wie z.B. ein Wohnhaus, dessen Alleineigentümer:in die/der Andere ist)[74]. Nach Ansicht des BGH können dann nach Beendigung der nichtehelichen Lebensgemeinschaft grundsätzlich nicht nur gesellschaftsrechtliche Ausgleichsansprüche, sondern auch Ansprüche aus ungerechtfertigter Bereicherung (vgl. §§ 812 ff. BGB) sowie nach den Grundsätzen über den Wegfall der Geschäftsgrundlage (vgl. § 313 BGB) in Betracht kommen[75].

Dagegen sollen in Bezug auf **Zahlungen**, die geleistet wurden, **um** den **täglichen Bedarf** der nichtehelichen Lebensgemeinschaft **zu befriedigen** (wie z.B. Mietzahlungen und sonstige laufende Unterhaltskosten), grundsätzlich **keine Ausgleichsansprüche** gewährt werden[76]. In diesem Sinne soll es z.B. auch keinen Ausgleichsanspruch geben, wenn der/die Partner:in einer nichtehelichen Lebensgemeinschaft die Zins- und Tilgungsraten für die im Alleineigentum der/des Anderen stehende, als Familienheim genutzte Immobilie leistet, sofern die Zahlungen nicht wesentlich darüber hinausgehen, was er/sie für die Anmietung einer Familienwohnung hätte ausgeben müssen[77].

72 Für die analoge Anwendung: Dethloff, FamR, § 8 Rn. 16; Grziwotz, FamRZ 2018, 480, 481; dagegen: Grüneberg/Götz, Einl. v. § 1297 Rn. 26 m.w.N.

73 Vgl. dazu: BGH FamRZ 2004, 94 und NJW-RR 1996, 1473 f.

74 BGH FamRZ 2008, 1822 ff. und FamRZ 2008, 1828 ff.; vgl. auch die Rechtsprechungsübersicht zur Thematik der nichtehelichen Lebensgemeinschaft: Grziwotz, FamR 2014, 257 ff.

75 BGH FamRZ 2008, 1822 ff. und FamRZ 2008, 1828 ff.

76 Vgl.: BGH FamRZ 2009, 849 f.; zur Vermögensauseinandersetzung in nichtehelichen Lebensgemeinschaften vgl. auch: Schwab, FamRZ 2010, 1701 ff.

77 OLG Bremen FamRZ 2012, 463 ff.

Partner:innen einer **nichtehelichen** oder **faktischen Lebensgemeinschaft** können in den Grenzen der §§134, 138 **BGB Partnerschaftsverträge** schließen, um Streitigkeiten bei der Auflösung der Gemeinschaft zu vermeiden[78]. Es dürfte nicht die Regel sein, dass die Partner:innen einer faktischen Lebensgemeinschaft sich einem eigenen schriftlich fixierten Regelwerk »unterwerfen« und wenn, dann würde dies im Beratungskontext eher nicht relevant werden, da im besten Falle Lösungen für Konfliktfälle vorformuliert wurden.

Sofern ein:e Partner:in einer faktischen Lebensgemeinschaft von der/dem Anderen Unterhaltszahlungen erhält, werden diese im Rahmen von Leistungen nach dem SGB XII bedarfsmindernd in Ansatz gebracht, vgl. §§20, 39 SGB XII. Entsprechend verhält es sich bei der *Prozesskostenhilfe*[79] in Bezug auf die wirtschaftlichen Verhältnisse des Antragstellers/der Antragstellerin.

Im Mietrecht ist an das Bestehen einer faktischen (nichtehelichen) Lebensgemeinschaft ebenfalls eine **rechtliche Konsequenz** geknüpft und zwar insofern, als der im gemeinsamen Haushalt lebende **nichteheliche Lebensgefährte** eines verstorbenen Mieters bei dessen Tod gemäß §563 II 3 BGB in das Mietverhältnis eintritt und dann auch gemäß §563b BGB haftet.

Prozessual ist zu beachten, dass nach §178 I Nr. 1 ZPO die **Ersatzzustellung** an einen erwachsenen ständigen Mitbewohner **möglich** ist, sodass auch an den/die Partner:in einer nichtehelichen Lebensgemeinschaft zugestellt werden kann.

5 Schutz bei häuslicher Gewalt nach dem GewSchG

Wer Opfer häuslicher Gewalt wird, hat, unabhängig davon, in welchem Verhältnis sie/er zum/zur Täter:in steht (mit ihm/ihr verheiratet, verpartnert, in faktischer Lebensgemeinschaft lebend oder ohne besondere Nähebeziehung zum/zur Täter:in), Anspruch auf Schutz nach dem Gewaltschutzgesetz (GewSchG). Das GewSchG ist seit dem 1.1.2002 in Kraft, besteht lediglich aus vier Paragrafen und beinhaltet Regelungen, die (auch präventiv, vgl. §1 II

78 Zur Rechtslage bei Beendigung einer ne.L. vgl. auch: Dethloff, FamR, §8 Rn. 17ff.

79 Dethloff, FamR, §8 Rn. 12 m.w.N.

GewSchG) den **Schutz vor Gewalttaten und Nachstellungen durch schnelle gerichtliche Hilfe** gewährleisten sollen.

Entsprechend haben Betroffene die Möglichkeit, über das Familiengericht zu erwirken, dass die gewalttätige Person

- aus der gemeinsamen Wohnung ausziehen muss und sie nicht mehr betreten darf, vgl. § 1 I 3 Nr. 1 und § 2 GewSchG,
- sich in einem gewissen Umkreis der Wohnung nicht aufhalten darf, vgl. § 1 I 3 Nr. 2 GewSchG,
- bestimmte Orte, an denen sich die verletzte Person regelmäßig aufhält (z.B. die Arbeitsstelle), nicht aufsuchen darf, vgl. § 1 I 3 Nr. 3 GewSchG,
- mit der verletzten Person keinen Kontakt aufnehmen darf, vgl. § 1 I 3 Nr. 4 GewSchG und/oder,
- sich ihr nicht nähern darf, vgl. § 1 I 3 Nr. 5 GewSchG.

Die Anordnungen sollen (aus Gründen der Verhältnismäßigkeit) nach § 1 I 2 GewSchG befristet werden, wobei i.d.R. eine Befristung für eine Dauer von 3 bis 12 Monaten vorzunehmen ist[80].

Sofern Kinder von ihren Eltern misshandelt werden, **gilt** das **Gewaltschutzgesetz nicht**, vgl. § 3 I GewSchG; **hier**für wären die speziellen **Regelungen des Kindschaftsrechts** einschlägig, bei denen das Familiengericht über §§ 1666, 1666a BGB tätig wird und das Jugendamt einzuschalten ist, vgl. §§ 50 SGB VIII, 162 FamFG.

---

80 Herberger u.a. jurisPK-BGB/Breidenstein, § 1 GewSchG Rn. 41 f.

6 Fragen zur Wiederholung und Vertiefung mit Lösungshinweisen

Arbeitshinweis:
Bei der Beantwortung der Fragen, die sich auf konkrete Fälle beziehen, ist es stets wichtig, dass Sie Ihre Antwort kurz begründen und die jeweils maßgebliche(n) Norm(en) nennen.

1. Was ist u.a. geregelt?
   a) im EGBGB (→ **Seite 54**)
   b) im GVG (→ **Seite 15**)
   c) im LPartG (→ **Seite 54**)
2. Wo finden sich (vorwiegend)
   a) materiell-rechtliche Regelungen
   b) verfahrensrechtliche Regelungen zum Familienrecht und was versteht man genau darunter? (→ **Seite 15**)
3. Ronny und Marc sind verlobt und möchten innerhalb des nächsten halben Jahres heiraten. Als sie zu einem Juweliergeschäft fahren wollen, um sich Ringe auszusuchen, ist Ronny, der am Steuer sitzt, so nervös, dass er einen Unfall verursacht. Als Ronny (in einem Zivilprozess) auf Schadensersatz und Schmerzensgeld verklagt wird, soll Marc gegen ihn aussagen.
   a) Muss er das?
   b) Wie wäre es, wenn es um einen Strafprozess geht, Ronny wegen fahrlässiger Körperverletzung angeklagt ist und Marc gegen ihn aussagen soll?
   c) Ronny hat den Raum für die Hochzeit gemietet, Caterer bestellt und bezahlt, Hotels für ihre Freund:innen gebucht und angezahlt, als Marc die Hochzeit absagt, mit der Begründung, dass er Ronny nicht mehr liebe. Ronny möchte Schadensersatz von Marc erhalten. Wäre das möglich?
   d) Wie wäre es, wenn Ronny und Marc zwei Jahre später beschließen, es doch noch einmal miteinander zu probieren und wiederum mit der Planung der Hochzeit beschäftigt sind, als dieses Mal Ronny vom Verlöbnis zurücktritt, weil Marc – entgegen des gemeinsamen Treuekodex – mit anderen Männern und Frauen (z.T. auch ungeschützt) intime Beziehungen unterhält?

Könnte Marc unter diesen Umständen von Ronny die Rückgabe des Verlobungsringes verlangen, den er Ronny geschenkt hat?
Was denken Sie? Finden Sie bitte eine entsprechende Anspruchsgrundlage, nach der eine Herausgabe grundsätzlich möglich sein könnte und wenden Sie dann den Rechtsgedanken des § 815 BGB an.

4. Die 17-jährige Pamina möchte ihren 25-jährigen Freund Tibor heiraten. Wäre das in Deutschland möglich?
5. Ona und Magnus sind verheiratet und haben keinen Ehevertrag abgeschlossen. Magnus, der nicht erwerbstätig ist, hat in der Familie die Care-Arbeit übernommen. Als er beim Elektrohaus Emil Eisner einen Saugroboter für 320 € im Schaufenster stehen sieht, lässt er sich dort beraten. Er vereinbart mit dem Verkäufer, der nur noch das Ausstellungsstück vorrätig hat und für den nächsten Tag die Lieferung des gewünschten Saugroboters erwartet, dass Magnus das Gerät am nächsten Tag geliefert bekäme und die Rechnung innerhalb der nächsten 14 Tage begleichen solle. Vereinbarungsgemäß wird der Staubsauger geliefert und Magnus nimmt ihn entgegen. Als Ona vom Kauf erfährt, ist sie darüber verärgert, dass Magnus ohne ihr Wissen »mit ihrem Geld überflüssige Einkäufe tätigt«.
   Sie verweigert die Bezahlung.
   a) Zu Recht?
   Magnus möchte sich von Ona nicht abhalten lassen, die Arbeit im Haus nach seinen Vorstellungen zu optimieren. Er wünscht sich schon lange eine Toplader-Waschmaschine, verkauft kurzerhand die alte Waschmaschine, die er mit in die Ehe gebracht hat, an den gemeinsamen Freund Frederic, der sie am Wochenende abholen möchte. Ona ist mit dem Verkauf nicht einverstanden.
   b) Kann sie dagegen ein Veto einlegen?
6. Was versteht man unter einem Güterstand? Nennen Sie drei Güterstände aus dem BGB und die zugehörigen Paragrafen! (→ **Seite 42**)
7. Was ist Sinn und Zweck des Zugewinnausgleichs? (→ **Seite 44**)
8. Welche Unterhaltsarten existieren unter Ehegatten und wo sind sie im BGB verankert? (→ **Seite 39**)
9. Wie kann eine Ehe beendet werden? Wo lassen sich dazu Regelungen finden? (→ **Seite 46**)

10. Nennen Sie bitte die Grundvoraussetzung für eine Ehescheidung mit der entsprechenden Norm. (→ **Seite 46**)
11. Mareike wird von ihrem Mann Ramon fast täglich misshandelt. Als sie nicht mehr bereit ist, seine Gewalttätigkeiten hinzunehmen, trennt sie sich von ihm und zieht in eine Schutzwohnung.
    a) Sie hat gehört, dass man ein Jahr Trennungszeit abwarten muss, um sich scheiden lassen zu können und möchte wissen, ob sie wirklich so lange warten muss.
    Wie wäre es, wenn beide zusammen gelebt hätten, aber nicht verheiratet gewesen wären und Mareike in der Wohnung bleiben möchte?
    b) Wäre das möglich?
    c) Welche (weiteren) Schutzmöglichkeiten bestehen zugunsten von Mareike, um vor Ramon sicher zu sein?
12. Nennen Sie mindestens 3 Regelungspunkte, die im Rahmen einer Ehescheidung relevant werden können nebst zugehöriger Paragrafen. (→ **Seite 49**)
13. Erklären Sie bitte den Unterschied zwischen einer Eheaufhebung und einer Ehescheidung. (→ **Seite 51**)
14. Was ist unter einer sog. Scheinehe zu verstehen und wo ist sie geregelt? (→ **Seite 52**)
15. Valentina und Barbara sind verheiratet und möchten eine Familie gründen. Wäre es für sie möglich, mit Geburt des von beiden gewünschten Kindes gemeinsam Eltern im rechtlichen Sinne zu werden?
16. Existieren im BGB Regelungen zur sog. faktischen Lebensgemeinschaft, wenn ja, wo? (→ **Seite 57**)

Lösungshinweise zu:

3.

a) Nein, Marc muss nicht gegen Ronny aussagen. Sofern Ronny auf Schadensersatz und Schmerzensgeld i.S.d. §§ 823 ff., 253 BGB verklagt wird, handelt es sich um eine zivilrechtliche Angelegenheit, sodass in einem Prozess die Regelungen der ZPO anzuwenden sind. Der Beweis von Tatsachen durch Zeugenvernehmung ist in den §§ 373 ff. ZPO geregelt. Grundsätzlich müssen **Zeugen** vor Gericht **erscheinen**, über den in Rede stehenden Sachverhalt **Auskunft geben** und dies muss **wahrheitsgemäß** erfolgen. In § 383 I Nr. 1 ZPO ist das Zeugnisverweigerungsrecht aus persönlichen Gründen für Verlobte normiert, damit sie als sich nahestehende Personen durch eine Aussage nicht in einen Gewissenskonflikt geraten. Da Ronny und Marc verlobt sind, darf Marc zwar aussagen, hat aber auch das Recht, eine für seinen Verlobten etwaig nachteilige Tatsache nicht zu bezeugen.

b) In einem Strafprozess findet sich die entsprechende Regelung in § 52 I Nr. 1 StPO.

c) Ja, dies wäre grundsätzlich nach § 1298 I 1 i.V.m. § 1298 III BGB möglich. Nach dieser Norm hat ein Verlobter, der ohne wichtigen Grund von einem Verlöbnis zurücktritt, dem anderen Schadensersatz zu leisten, wenn jener in Erwartung der Eheschließung Aufwendungen getätigt hat oder Verbindlichkeiten eingegangen ist.
Ronny bezahlte hier für das gemeinsam geplante Hochzeitsfest Caterer, Hotelzimmer etc. und hat dadurch, dass die Hochzeit mit Marc nun nicht stattfindet, einen Schaden erlitten.
Fraglich ist, ob ein wichtiger Grund für den Rücktritt i.S.d. § 1298 III BGB vorlag.
Ronny äußerte Marc gegenüber, dass er ihn nicht mehr liebe und ihn deshalb nicht heiraten wolle, was jedoch in rechtlicher Hinsicht keinen Rücktrittsgrund darstellt, zumal sich dies immer behaupten ließe, um sich der Schadensersatzpflicht zu entziehen. Als Gründe i.S.d. § 1298 III sind z.B. der Bruch der Verlöbnistreue[81], schwere Misshandlungen, Freiheitsstrafen sowie ernste Zerwürfnisse zwischen Schwiegereltern und Verlobten anerkannt, aber kein emotionales Motiv im Verhältnis zum/zur anderen[82].
Der Tatbestand des § 1298 I 1 i.V.m. § 1298 III BGB ist erfüllt, sodass in der Rechtsfolge Marc an Ronny Schadensersatz leisten muss, der über § 1298 II BGB insofern zu begrenzen ist, als die getätigten Ausgaben und eingegangenen Verbindlichkeiten den Umständen nach angemessen waren. Die Ronny entstandenen Kosten für Caterer, Hotelzimmer

---

81 OLG Koblenz, NJW-RR 1995, 899 f. = FamRZ 1995, 1068 f.

82 Vgl. dazu: Grüneberg/Siede, § 1298 Rn. 8 f. m.w.N. und Erman/Kroll-Ludwigs, § 1298 Rn. 4 ff. m.w.N.

etc., sind angemessen, sodass sie von Marc über § 1298 BGB zu ersetzen sind.

d) Eine Anspruchsgrundlage, die auf Rückgabe der Verlobungsgeschenke gerichtet ist, findet sich in § 1301 BGB.
Im Sinne dieser Norm kann jede:r Verlobte von dem/der Anderen die Herausgabe desjenigen fordern, was er/sie ihm/ihr geschenkt oder zum Zeichen des Verlöbnisses gegeben hat, wenn die Eheschließung unterbleiben sollte.
Würde man sich allein auf diese Aussage berufen, müsste Ronny Marc den Verlobungsring zurückgeben. Dabei bliebe aber unberücksichtigt, dass Marc durch sein Verhalten Ronnys Rücktritt überhaupt erst verursacht hat, da Marc – entgegen des gemeinsamen Treuekodex – mit anderen Männern und Frauen (z.T. auch ungeschützt) intime Beziehungen unterhielt.
Für die Herausgabe wird in § 1301 BGB auf die Vorschriften über die ungerechtfertigte Bereicherung verwiesen, die in den §§ 812 ff. BGB zu finden sind. In diesem Regelungszusammenhang stellt § 815 BGB klar, dass die Rückforderung einer Leistung (hier: die Schenkung des Ringes) ausgeschlossen ist, wenn der Leistende (hier: Marc) den Eintritt des Erfolgs (hier: die Eheschließung) wider Treu und Glauben verhindert hat. Marc hat durch sein treuwidriges Verhalten verhindert, dass es zur Eheschließung kommt und hat daher keinen Anspruch auf Rückgabe des Ringes durch Ronny.

4. Nein, das wäre in Deutschland nicht möglich, da Pamina mit 17 Jahren noch minderjährig ist, vgl. § 2 BGB. Eine Ehe kann nur wirksam geschlossen werden, wenn sich:
   - zwei volljährige Personen verschiedenen oder gleichen Geschlechts (vgl. §§ 1303, 1353 BGB)
   - vor einem mitwirkungsbereiten Standesbeamten
   - gegenseitig den Eheschließungswillen erklären (vgl. §§ 1310, 1311 BGB).

5.

a) Nein, das kann sie wegen § 1357 BGB nicht. Nach dieser Norm soll die eheliche Lebensführung erleichtert werden, indem bei Geschäften zur angemessenen Deckung des Lebensbedarfs der Familie grundsätzlich beide Ehegatten berechtigt und verpflichtet werden. Da es sich beim Staubsaugerkauf um ein Geschäft i.S.d. § 1357 BGB handelt, ist Ona aus dem von Magnus i.S.d. § 433 BGB geschlossenen Kaufvertrag mit dem Elektrohaus Emil Eisner verpflichtet, den Kaufpreis zahlen.

b) Ja, hier hätte Ona ein Veto. Da Ona und Magnus keinen Ehevertrag abgeschlossen haben, leben sie im gesetzlichen Güterstand der Zugewinngemeinschaft i.S.v. § 1363 BGB. Sie basiert auf dem Grundprinzip der Gütertrennung, weist aber bestimmte Besonderheiten auf, wie z.B. die Verpflichtungs- und Verfügungsbeschränkungen der §§ 1365, 1369 BGB, um u.a. die Existenzgrundlage der Familie zu sichern. Nach § 1369 BGB ist die Verpflichtungs- und Verfügungsgewalt über einen Haushaltsgegenstand eingeschränkt, d.h., dass sich Magnus nicht ohne Einverständnis seiner Frau wirksam verpflichten konnte, seine eigene Waschmaschine zu veräußern. Der Kaufvertrag ist mithin ohne Onas Zustimmung unwirksam. Ona wäre über § 1368 BGB sogar berechtigt, die Rechte ihres Mannes in Bezug auf die unwirksam veräußerte Waschmaschine gerichtlich geltend zu machen, unabhängig davon, ob er das möchte oder nicht, vgl. § 1368 BGB (sog. *Revokationsrecht*).

11.

a) Nein, Mareike muss in diesem Fall kein Trennungsjahr abwarten. Eine Ehe kann geschieden werden, wenn sie i.S.d. § 1565 I BGB gescheitert ist und diesbezüglich sieht § 1565 II BGB grundsätzlich ein Trennungsjahr vor. Dies gilt jedoch nicht, wenn eine unzumutbare Härte vorliegt und eine solche wäre bei Gewalt durch den Ehemann unzweifelhaft gegeben.

b) Ja, das wäre aufgrund des § 1 GewSchG (für eine begrenzte Zeit) möglich. Unabhängig davon, in welchem Verhältnis Mareike zu Ramon steht, hat sie als Opfer häuslicher Gewalt Anspruch auf Schutz. Sie kann über das Familiengericht erwirken, dass Ramon aus der gemeinsamen Wohnung ausziehen muss und sie nicht mehr betreten darf, vgl. § 1 I 3 Nr. 1 und § 2 GewSchG.

c) Als weitere Schutzmaßnahmen kann durch das Familiengericht angeordnet werden, dass sich Ramon
   - in einem gewissen Umkreis der Wohnung nicht aufhalten darf, vgl. § 1 I 3 Nr. 2 GewSchG;

- bestimmte Orte, an denen sich Mareike üblicherweise aufhält, wie z.B. ihre Arbeitsstelle, nicht aufsuchen darf, vgl. §1 I 3 Nr. 3 GewSchG;
- mit Mareike keinen Kontakt aufnehmen darf, vgl. §1 I 3 Nr. 4 GewSchG und/oder
- sich ihr nicht nähern darf, vgl. §1 I 3 Nr. 5 GewSchG.

15. Nein, das ist für Valentina und Barbara als gleichgeschlechtliches Ehepaar noch nicht möglich. Eine von ihnen kann über den Vorgang der Geburt nach §1591 BGB Mutter werden und die andere kann die Elternstellung in rechtlicher Hinsicht nur über die Hilfskonstruktion der Stiefkindadoption, vgl. §§1741 II 3, 1754 I, 1755 BGB, erreichen.

III Verwandtschaft, Schwägerschaft und Kindschaftsrecht

Abbildung 4: Übersicht – BGB Familienrecht II

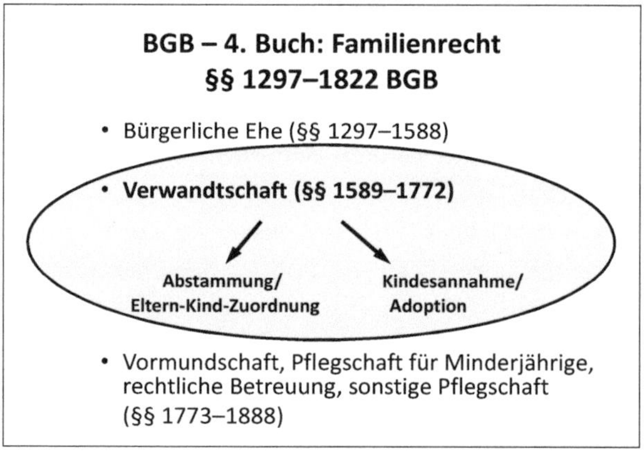

Die **Verwandtschaft** ist **Anknüpfungspunkt für zahlreiche rechtliche Wirkungen**, wie z.B. gesetzliche Unterhaltsrechte und -pflichten, vgl. §1601 BGB, das Erbrecht, vgl. §§1922, 1924ff. BGB, oder auch Zeugnisverweigerungsrechte, vgl. §§383 I Nr. 3 ZPO, 52 I Nr. 3 StPO, für die **nicht nur die Verwandtschaft** an sich, sondern **auch der Grad der Verwandtschaft** maßgeblich sind.

1 Begriffsklärungen und Rechtswirkungen

Verwandtschaftsbeziehungen können **durch Abstammung** begründet werden bzw. durch **Eltern-Kind-Zuordnung per legem** oder auch **durch einen Rechtsakt** (richterlichen Beschluss), wie bei der **Kindesannahme** (Adoption). Durch die unterschiedlichen Verwandtschaftsbegriffe bzw. Eltern-Kind-Zuordnungen kann es zu Widersprüchlichkeiten und Divergenzen bei den Termini: **soziale/rechtliche/biologische/genetische Elternschaft** kommen.

Die genetische Abstammung ist nach dem BGB z.B. nicht unbedingt für die Eltern-Kind-Zuordnung maßgeblich. So kommt es nach der Legaldefinition des Begriffes: Mutter i.S.d. §1591 BGB ausschließlich auf den Akt des Gebärens an (biologische Mutterschaft) und nicht darauf, ob von der gebärenden Frau auch die Eizelle stammt (genetische Mutterschaft). Wer (statusrechtlich) Vater ist, wird zunächst danach bestimmt, wer zum Zeitpunkt der Geburt mit der Mutter des Kindes verheiratet ist, vgl. §1592 Nr. 1 BGB, oder die Vaterschaft anerkannt hat, vgl. §1592 Nr. 2 BGB.

Entsprechend der Systematik des BGB wird hier mit dem allgemeinen Verwandtschaftsbegriff begonnen.

a) Verwandtschaft

Die *Legaldefinition* des Begriffes Verwandtschaft findet sich in §1589 BGB. Danach sind die Personen, deren eine von der anderen abstammt, **in gerader Linie** und die Personen, die von derselben dritten Person abstammen, in der **Seitenlinie** (wie z.B. Geschwister) verwandt.

Des Weiteren bestimmt §1589 BGB, dass der **Grad der Verwandtschaft** sich nach der **Zahl der sie vermittelnden Geburten** bestimmt. Dabei wird die Geburt der Person, deren Verwandtschaftsverhältnis zu einer anderen festgestellt werden soll, bei der Gradbestimmung allerdings nicht mitgezählt[83]. Demgemäß sind Eltern mit ihren Kindern im ersten, die Enkel mit den Großeltern im zweiten Grad (in gerader Linie), Geschwister miteinander im 2. Grad der Seitenlinie verwandt.

Unter **vollbürtiger Verwandtschaft** versteht man, dass die Verwandten **beide Elternteile gemeinsam** haben. **Halbbürtige Verwandtschaft** bedeutet,

---

83 Erman/Hammermann, §1589 BGB Rn. 2.

dass die Verwandten nur **einen Elternteil gemeinsam** haben (z.B. Halbgeschwister).

Linien und Verwandtschaftsgrade lassen sich folglich so darstellen:

Abbildung 5: Verwandtschaft

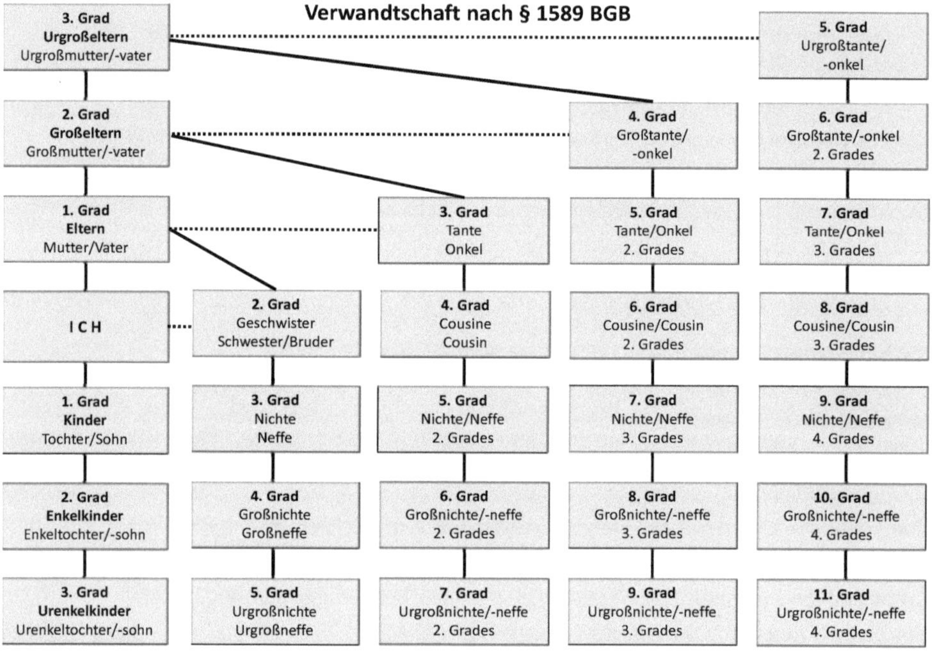

b) Schwägerschaft

Die Schwägerschaft ist in §1590 BGB legaldefiniert. Nach dieser Norm sind die **Verwandten des einen Ehegatten mit dem anderen Ehegatten** (nicht aber mit den Verwandten des anderen Ehegatten) verschwägert. Eine Schwägerschaft knüpft folglich an das Bestehen einer wirksamen Ehe (bzw. eingetragenen Lebenspartnerschaft, vgl. §11 II LPartG) an.

Nach Beendigung der Ehe (bzw. Lebenspartnerschaft) besteht die Schwägerschaft weiter fort. Eine neue Schwägerschaft kann jedoch nicht mehr entstehen: Der 1. Ehemann einer Frau ist also nicht mit dem in ihrer 2. Ehe geborenen Kind verschwägert[84]. Nicht verschwägert i.S.d. Gesetzes sind entsprechend der Legaldefinition Geschwister eines Ehegatten mit den Geschwistern des anderen Ehegatten oder die Ehegatten zweier Geschwister untereinander (umgangssprachlich als Schwippschwäger:innen bezeichnet).

c) Angehörige

Der Begriff des **Angehörigen** ist **im BGB nicht definiert**, wird jedoch z.B. im Unterhaltsrecht (vgl. § 1579 Nr. 3 BGB) oder auch im Mietrecht verwendet (vgl. § 573 BGB), seine Bedeutung wird mithin im BGB vorausgesetzt. Wenngleich Definitionen aus anderen Gesetzen ohne entsprechende gesetzliche Verweisung grundsätzlich nicht einfach auf das gerade betrachtete Gesetz übertragen werden können, kann die sich in § 11 I Nr. 1 a) StGB befindliche Definition des Angehörigen-Begriffes auch für das Verständnis im BGB zugrunde gelegt werden.

Entsprechend sind neben **Verwandten** und **Verschwägerten** auch **Ehegatt:innen, eingetragene Lebenspartner:innen, Verlobte und Pflegeeltern/-kinder** als **Angehörige** zu qualifizieren.

Exkurs/Vertiefung

Einen gesetzlichen Verweis mit der Folge der Übertragbarkeit inhaltlicher Bestimmungen auf das Prozessrecht enthält Art. 51 EGBGB. Hierin ist normiert, dass u.a. auch im Rahmen der ZPO und StPO die Vorschriften des BGB über Verwandtschaft und Schwägerschaft anzuwenden sind, sofern in der ZPO/StPO daran rechtliche Folgen geknüpft werden.
Bei Anwendung des § 383 I Nr. 3 ZPO sind folglich die *Legaldefinitionen* der §§ 1589, 1590 BGB zugrunde zu legen.

d) Rechtswirkungen

Aus dem Verwandtschafts/Schwägerschafts-Status bzw. aus der Angehörigenstellung resultieren zahlreiche Rechtswirkungen:

- In gerader Verwandtschaftslinie bestehen **Unterhaltsansprüche** i.S.d. §§ 1601 ff. BGB.
- Für Verwandte besteht das **Eheverbot** nach § 1307 BGB.

84 Grüneberg/Siede, § 1590 Rn. 2.

- Verwandte bzw. Angehörige besitzen ein **gesetzliches Erbrecht** (§§ 1924 ff. BGB) und
- einen **Pflichtteilsanspruch** (§§ 2303 ff. BGB).
- Im Strafrecht bestehen Sonderstellungen für Angehörige z.B. in § 247 StGB beim sog. Haus- und Familiendiebstahl. Hier wird ein Diebstahl oder eine Unterschlagung nur auf Antrag verfolgt, wenn diese Tat von jemanden zu Lasten seines Angehörigen, Vormundes oder Betreuers begangen wurde, sofern der durch die Tat Geschädigte mit dem Täter in häuslicher Gemeinschaft lebt.
- Richter:innen dürfen ihr Richteramt in Verfahren, in denen mit ihnen verwandte oder verschwägerte Personen beteiligt sind, nicht ausüben (§ 41 Nr. 3 ZPO; § 22 Nr. 3 StPO).
- Im Übrigen bestehen zwischen Angehörigen Rechte auf **Zeugnis-, Auskunfts- und Eidesverweigerung**, §§ 52 Abs. 1 Nr. 3 ff. StPO und § 383 ff. ZPO.

Exkurs/Vertiefung

Da der Sinn und Zweck des Zeugnisverweigerungsrechtes i.S.d. **§ 383 I Nr. 3 ZPO** darin zu sehen ist, dass ein Gewissenskonflikt für den Aussagenden, der zulasten seines Angehörigen aussagen soll, vermieden wird und dieser ebenso für vertraute Menschen bestehen kann, die zueinander in keinem verwandtschaftlichen bzw. schwägerschaftlichen Verhältnis stehen (wie z.B. Stiefgeschwister) könnte insoweit eine *analoge Anwendung* des § 383 I Nr. 3 ZPO in Betracht kommen. Zumeist wird jedoch allein auf die fehlende Verwandtschaft bzw. Schwägerschaft abgestellt und das Bestehen eines Zeugnisverweigerungsrechts für Stiefgeschwister abgelehnt.

2 Abstammungsregelungen bzw. Eltern-Kind-Zuordnungen

Die Frage, **wer** als **Mutter** und **wer** als **Vater eines Kindes** zu qualifizieren **ist**, beantwortet das Gesetz in den **§§ 1591 ff. BGB.**

a) Mutterschaft

Mutter eines Kindes ist die **Frau, die es geboren hat**, § 1591 BGB.

Dies gilt selbst dann, wenn von ihr im Falle einer Eizellen- oder Embryonenspende nicht die genetische Verbindung herrührt. Damit steht die Norm zwar dogmatisch im Widerspruch zu § 1589 S. 1 BGB, der im Hinblick auf die Verwandtschaft allein auf die Abstammung abstellt, jedoch war es gesetzgeberisches Ziel, die Ersatzmutterschaft (auch Leihmutterschaft genannt) zu verhindern, was auch im Gesetz zum Schutz von Embryonen (ESchG) zum Ausdruck kommt, vgl. § 1 I Nr. 7 ESchG.

Nach dieser Norm wird es (in Deutschland) unter Strafe gestellt, bei einer Frau, die bereit ist, das von ihr geborene Kind nach der Geburt auf Dauer Dritten zu überlassen, eine künstliche Befruchtung durchzuführen oder ihr einen menschlichen Embryo einzusetzen. Daher ist auch keinerlei Klärung der Abstammung, etwa durch Anfechtung, vorgesehen und es bleibt bei der einmal klargestellten Mutter-Kind-Zuordnung ab Geburt[85].

Während die **Herbeiführung einer gespaltenen Mutterschaft** in Deutschland nach § 1 ESchG für all diejenigen, die entsprechende Fortpflanzungstechniken anwenden, **strafbar** ist – **nicht** aber **für** die **Geburtsmutter** (in spe) selbst – wird dies in anderen Staaten nicht so gesehen. In Spanien oder Großbritannien wird z.B. die In-vitro-Fertilisation (IVF) oder »extrakorporale Befruchtung« – also die Vereinigung einer Eizelle mit einer Samenzelle außerhalb des Körpers – auch vorgenommen, wenn die Zygote dann einer Frau, von der die Eizelle nicht stammt, eingesetzt werden soll. Dadurch fallen genetische und biologische/medizinische Mutterschaft (Austragung bis zur Geburt) auseinander.

Exkurs/Vertiefung

Durch eine IVF ist es z.B. für verschieden geschlechtliche Paare möglich, ein Kind zu bekommen, wenn zwar die Samenzellen zur Fortpflanzung geeignet sind, nicht aber die Eizellen und bei einem gleichgeschlechtlichen Frauenpaar mit gemeinsamem Elternwunsch kann eine gespaltene Mutterschaft insofern gewünscht sein, als von einer Frau die Eizelle herrühren könnte, während die andere das Kind austrägt.

Nach deutschem Recht ist, wie bereits dargestellt, unabhängig von etwaig genutzten Fortpflanzungstechniken bzw. unabhängig von der genetischen Abstammung allein der Geburtsvorgang maßgeblich und die abstammungsrechtlich relevante Qualifizierung als Mutter erfolgt allein über § 1591 BGB.

85 Vgl. auch Hoppenz/Müller, § 1591 A i Rn. 1 ff. m.w.N.

b) Vaterschaft

Auch in Bezug auf die **Vater**schaftsqualifizierung wird nicht in erster Linie auf die genetische Abstammung abgestellt, sondern auf den **mit** der **Mutter zum Zeitpunkt der Geburt verheiratet**en Mann, sodass auch bei einer heterologen Insemination (einer Befruchtung mit Sperma, das nicht vom Ehemann stammt – im Gegensatz zur homologen Insemination) der verheiratete Mann qua Gesetz Vater ist.

Vater ist nach der abschließenden Aufzählung in § 1592 BGB

- der **Ehemann der Mutter**, § 1592 Nr. 1 BGB,
- derjenige, **der die Vaterschaft anerkannt hat**, § 1592 Nr. 2 BGB,
- derjenige, **dessen Vaterschaft gerichtlich festgestellt wurde**, § 1592 Nr. 3 BGB.

aa) Vaterschaft über § 1592 Nr. 1 BGB

Sofern über § 1592 Nr. 1 BGB eine Vaterschaftsqualifizierung aufgrund der Ehe eines Mannes mit der Mutter des Kindes erfolgt, ist eine Anwendung des § 1592 Nr. 2 BGB ausgeschlossen. Der Tatbestand des § 1592 Nr. 3 BGB kann nur zum Tragen kommen, wenn nicht bereits eine Vaterschaft über Nr. 1 oder Nr. 2 besteht. D.h. also, dass einem Kind, das in eine Ehe hineingeboren wird, unabhängig von der tatsächlichen Abstammung, der Ehemann der Mutter als Vater zugeordnet wird.

Beispiel

Franziska (F) und Maximilian (M) Michel sind verheiratet. Nach jahrelangen erfolglosen Versuchen, ein Kind zu bekommen, wird F schließlich schwanger, wobei das Sperma von Maximilians Bruder Bernhard (B) stammt und die Eizelle von Franziskas Schwester Simone (S).

Wer ist nach dem BGB Mutter, wer ist Vater der von F geborenen Tochter Tanja (T)? Wäre F berechtigt, die bestehende Vaterschaft ihres Mannes anzufechten?

Lösung:

F ist nach § 1591 BGB Mutter der T, unabhängig davon, ob die Eizelle von ihr oder S stammt, denn nach § 1591 BGB ist Mutter die Frau, die das Kind geboren hat.

M ist nach § 1592 Nr. 1 BGB als Vater der T zu qualifizieren, da er zum Zeitpunkt der Geburt mit F verheiratet war. Ob von ihm auch das Sperma stammt, ist für die Qualifizierung als Vater unerheblich.

Grundsätzlich gehört F als Mutter der T gemäß §1600 I Nr. 3 BGB zum Kreis derjenigen Personen, die zur Anfechtung einer Vaterschaft berechtigt sein könnten. I.S.d. §1600 IV BGB ist die Anfechtung für sie jedoch nicht möglich. Im Sinne dieser Norm ist die Vaterschaftsanfechtung ausgeschlossen, sofern das Kind mit Einwilligung des Mannes und der Mutter durch heterologe Insemination gezeugt worden ist.

bb) Anwendung/Übertragbarkeit auf Frauenpaare

Vom Wortlaut her bezieht sich §1592 Nr. 1 BGB lediglich auf die Vaterschaft, sodass eine direkte Anwendung bei gleichgeschlechtlichen Paaren auf die Ehefrau der Mutter de lege lata also nach geltendem Recht, nicht in Betracht kommt. Nach Ansicht des BGH ist §1592 Nr. 1 BGB zwar darüber hinaus auch nicht *analog* anwendbar[86], jedoch wird in Rechtsprechung und Literatur die derzeitige Fassung des §1592 BGB für verfassungswidrig gehalten[87].

Das OLG Celle hatte, ebenso wie das KG (in Berlin), darüber zu entscheiden, ob ein Kind, das in eine bestehende Ehe zweier Frauen hineingeboren wird, abstammungsrechtlich trotz §1591 BGB über §1592 Nr. 1 BGB auch der nicht gebärenden Frau als Mutter zugewiesen werden könne. Die Gerichte hielten §1592 Nr. 1 BGB für verfassungswidrig, setzten das Verfahren aus und riefen i.S.d. Art. 100 GG das BVerfG an[88]. Eine entsprechende Entscheidung steht noch aus.

Exkurs/Vertiefung

Durch das Gesetz zur Einführung des Rechts auf Eheschließung für Personen gleichen Geschlechts vom 20.7.2017[89] (in Kraft getreten am 1.10.2017) wurde durch Änderung des §1353 BGB zwar ermöglicht, dass gleichgeschlechtliche Paare heiraten können, in Bezug auf die gemeinsame Elternschaft der gleichgeschlechtlichen Ehepaare wurde jedoch nur partiell eine Gleichstellung mit verschieden geschlechtlichen Eltern erreicht.

---

86 BGH FamRZ 2018, 1919; a.A. Engelhardt NZFam 2017, 1042, 1047 und Binder/Kiehnle NZFam 2017, 742, 743.

87 Vgl. dazu: KG FamRZ 2021, 854 ff. und OLG Celle FamRZ 2021, 862 ff.; NZFam 2021, 352 ff.; Siede, FamRB 2021, 247 ff.

88 KG FamRZ 2021, 854 ff. und OLG Celle FamRZ 2021, 862 ff.; NZFam 2021, 352 ff.

89 BGBl. 2017 I Nr. 52 S. 2787.

Bei gleichgeschlechtlichen Ehepaaren besteht für den/die Ehepartner:in des leiblichen Elternteils **weiterhin keine Möglichkeit, bereits vorgeburtlich** die **rechtliche Elternschaft** zu regeln. Die gemeinsame rechtliche Elternschaft lässt sich (ebenso wie die elterliche Sorge) **erst nach Geburt des Kindes über** eine **Stiefkindadoption** herstellen.
Der nicht leibliche Elternteil muss dann das Kind des/der Partner:in adoptieren, wodurch – nach vollzogener Adoption, die einige Monate bis hin zu Zeiträumen über ein Jahr in Anspruch nehmen kann – beide Eltern dann letztlich auch in rechtlicher Hinsicht als Eltern gelten.
Das heißt, dass die **nicht gebärende Frau** in Bezug auf das nach gemeinsamem Entschluss mit ihrer Ehefrau gezeugte Kind nach der Geburt bis zum Abschluss des Stiefkindverfahrens weiterhin **so behandelt** wird, als **stünde sie in keinem rechtlichen Verhältnis zum Kind**, da nur diejenige Frau als Mutter eines Kindes qualifiziert wird, die das Kind geboren hat, vgl. §1591 BGB. Bei **Tod des leiblichen Elternteils könnte** das **Kind** auch den **sozialen (also nicht leiblichen) Elternteil verlieren**, da zwischen ihnen keine rechtliche Verbindung qua Gesetz besteht.
Sofern das gleichgeschlechtliche Paar diesbezüglich nicht vorgesorgt und entsprechende Verfügungen getroffen hat, kommt es für die Entscheidung, ob das Kind bei der Ehefrau der gebärenden Mutter verbleiben kann, maßgeblich auf die **Einschätzung des Jugendamtes** an. Bei **Tod des sozialen Elternteils** würde das Kind **weder erben, noch (Halb-)Waisenrente** beziehen können und hätte auch **keinen Unterhaltsanspruch** inne.

cc) Vaterschaftsanerkennung nach §1592 Nr. 2 BGB

Die Erklärung zur **Anerkennung der Vaterschaft** i.S.d. §1592 Nr. 2 BGB **kann** gemäß §1594 IV BGB (ebenso wie die Erklärung zur gemeinsamen Sorge) **bereits vorgeburtlich erfolgen**. Die **Vaterschaftsanerkennung** kann u.a. durch das **Jugendamt** beurkundet werden, vgl. §59 I 1 Nr. 1 SGB VIII, und könnte hier – anders als vor einem Notar (i.S.d. §20 BNotO) oder dem Standesamt (i.S.d. §44 I PStG) – **kostenfrei mit** einer **Beurkundung zur Erklärung zur gemeinsamen Sorge verbunden werden**.

So könnte ein **Vaterschaftsanerkennungsformular** aussehen, das von einem Jugendamt (vorgeburtlich) ausgestellt wurde, wobei es sich hier um die beglaubigte Abschrift für den Vater handelt, vgl.: §1597 II BGB:

Abbildung 6: Vaterschaftsanerkennungs-Formular (Angaben fiktiv)

Beglaubigte Abschrift Berlin

Bezirksamt **Friedrichshain-Kreuzberg** von Berlin
Jugendamt

10247 Berlin, den 03. Januar 2023

Beurk.-Reg.-Nr. 1/2023 Gesch.Z: Jug 1243 – S

Vor der Urkundsperson Frau Böhm
erscheinen heute

1. Herr

Vorname(n)	Familienname		Geburtsname
Torsten	Bierau		-----
Geburtsdatum	Geburtsort	Standesamt	Geb.-Reg.-Nr.
22. April 1996	Berlin-Wilmersdorf	Wilmersdorf von Berlin	905/ 1996

Anschrift
Forster Straße 191 10999 Berlin

ausgewiesen durch
Personalausweis der Bundesrepublik Deutschland Nr.: 248020

Beruf	Staatsangehörigkeit	Familienstand
Student	deutsch	ledig

2. Frau

Vorname(n)	Familienname	Geburtsname
Linda	Schmidt	-----
Geburtsdatum	Staatsangehörigkeit	Familienstand
8. Dezember 1994	deutsch	ledig

Anschrift
Forster Straße 51, 10999 Berlin

ausgewiesen durch
Personalausweis der Bundesrepublik Deutschland Nr.: 253607

Die Erschienenen sind nach Überzeugung der Urkundsperson geschäftsfähig.
Frau Linda Schmidt erklärt: Ich bin schwanger. Voraussichtlicher Entbindungstermin ist laut vorgelegter ärztlicher Bescheinigung der **11. Januar 2023**.

Nachdem die Erschienenen über die Bedeutung und rechtliche Auswirkung der Vaterschaftsanerkennung und Zustimmungserklärung belehrt wurden, erklärt der Erschienene zu 1.:
Ich erkenne an, der Vater des zu erwartenden Kindes zu sein. Diese Anerkennung gilt auch für den Fall einer Mehrlingsgeburt.
Die Erschienene zu **2. erklärt:**

Ich stimme vorstehender Vaterschaftsanerkennung zu.

Die Verhandlungsniederschrift wurde den Erschienenen vorgelesen, von ihnen genehmigt und eigenhändig unterschrieben.

zu 1.:	zu 2.:	
Torsten Bierau	Linda Schmidt	Böhm
Unterschrift	Unterschrift	Urkundsperson

Bezirksamt Friedrichshain-Kreuzberg von Berlin
Berlin, den 03. Januar 2005
GZ.: 1243 – S

Herrn Torsten Bierau
Forster Str. 191, 10999 Berlin

Vorstehende beglaubigte Abschrift übersende ich mit der Bitte um Kenntnisnahme.

Urkundsperson

Die Übereinstimmung mit der Urschrift vorstehender Niederschrift wird hiermit beglaubigt.

Berlin, den 03. Januar 2023

Böhm - Urkundsperson

Jug D 84 a-1 / Blatt 2- Vaterschaftsanerkennung vor der Geburt mit Zustimmung - Beglaubigte Abschrift/Vater

Ob in der Urkunde tatsächlich der leibliche Vater des Kindes ausgewiesen ist oder ein anderer Mann, der für das Kind als Vater Verantwortung übernehmen möchte, hält das Bundesverfassungsgericht für unerheblich. Es hat in seiner Entscheidung vom 17.12.2013 (1 BvL 6/10) ausgeführt, dass die Wirksamkeit der Vaterschaftsanerkennung nicht von der biologischen Abstammung des Kindes abhänge und auch **eine im Wissen um die fehlende biologische Vaterschaft erfolgte Anerkennung wirksam** sei[90].

Begründet wurde dies damit, dass das BGB die Anerkennung eines Mannes als Vater nicht davon abhängig macht, dass er mit dem Kind genetisch verwandt sei[91]: In §1594 II BGB wird nämlich lediglich die materiellrechtliche Voraussetzung aufgestellt, dass keine Vaterschaft eines anderen Mannes besteht, während die übrigen Anforderungen i.S.d. §§1595 ff. BGB, wie etwa das Zustimmungserfordernis der Mutter gemäß §1595 I BGB, rein formeller Natur sind.

Wichtig ist jedoch, dass die **Vaterschaftsanerkennung nicht missbräuchlich** erfolgt, wovon auszugehen ist, wenn sie nicht dem Kindeswohl dient, sondern lediglich einem Elternteil ermöglichen soll, in Deutschland zu bleiben oder nach Deutschland einzureisen. Um missbräuchliche Vaterschaftsanerkennungen zu verhindern, postuliert §1597a BGB ein entsprechendes Verbot.

§1597a BGB führt in Absatz 2 Nr. 1 bis Nr. 5 konkret auf, welche **Anzeichen für eine missbräuchliche Vaterschaftsanerkennung** sprechen könnten. Dazu zählen z.B. eine **fehlende persönliche Beziehung** zwischen dem Anerkennenden und der Mutter oder dem Kind (Nr. 3) oder das Bestehen einer **vollziehbaren Ausreisepflicht** des Anerkennenden oder der Mutter oder des Kindes (Nr. 1). Gleichzeitig wird in Absatz 5 klargestellt, dass eine **Anerkennung der Vaterschaft nie missbräuchlich** sein kann, **wenn der Anerkennende** tatsächlich **der leibliche Vater** des Kindes **ist.** Sofern konkrete Anhaltspunkte für eine missbräuchliche Anerkennung der Vaterschaft vorliegen, hat das Jugendamt (oder der Notar) dies der zuständigen Ausländer-

90 https://www.bundesverfassungsgericht.de/SharedDocs/Entscheidungen/DE/2013/12/ls20131217_1bvl000610.html

91 Vgl. Beschluss vom 17. Dezember 2013 – 1 BvL 6/10, Rn. 10: https://www.bundesverfassungsgericht.de/SharedDocs/Entscheidungen/DE/2013/12/ls20131217_1bvl000610.html

behörde nach Anhörung des Anerkennenden und der Mutter mitzuteilen und die Beurkundung auszusetzen, vgl. §1597a II BGB.

Exkurs/Vertiefung

Für nicht verheiratete **gleichgeschlechtliche Paare** besteht **keine** mit §1592 Nr. 2 BGB vergleichbare Möglichkeit, die **gemeinsame Elternverantwortung für ein Kind** bereits **vorgeburtlich** in rechtlicher verbindlicher Weise zu übernehmen.
Sofern die Partner:innen in einer i.S.d. §1766a II BGB »verfestigten Lebensgemeinschaft« leben, können sie jedoch (in Parallele zu verheirateten Paaren) die gemeinsame rechtliche Elternschaft für leibliche Kinder eines der Partner:innen nach Geburt des Kindes über eine Stiefkindadoption erreichen. Möglich geworden ist die **Stiefkindadoption für unverheiratete Paare** letztlich durch den Beschluss des BVerfG vom 26.3.2019[92].
Das BVerfG hatte entschieden, dass §§1754 I, II und 1755 I 1 und II BGB verfassungswidrig seien, da es gegen das allgemeine Gleichbehandlungsgebot aus Art. 3 I GG verstoße, eine Stiefkindadoption in nichtehelichen Familien unter keinen Umständen zuzulassen. Es hatte zudem den Gesetzgeber verpflichtet, bis zum 31.3.2020 entsprechend tätig zu werden, woraufhin §1766a in das BGB eingefügt wurde[93], der unter bestimmten Voraussetzungen auch **Partner:innen einer »verfestigten Lebensgemeinschaft«** die Stiefkindadoption ermöglicht.

dd) Vaterschaftsfeststellung nach §1592 Nr. 3 BGB

Bei der in §1592 Nr. 3 BGB aufgeführten **gerichtlichen** **Feststellung der Vaterschaft** kommt es – anders als bei der Anerkennung nach §1592 Nr. 2 BGB – maßgeblich darauf an, ob die in Rede stehenden Personen tatsächlich in einem **genetischen Vater-Kind Verhältnis** zueinanderstehen. Eine Vaterschaftsfeststellung ist, ebenfalls im Unterschied zur Anerkennung, **nicht vorgeburtlich** möglich[94]. Rechtsgrundlagen des Verfahrens finden sich in den §1600d BGB, §§169ff. FamFG.

92 https://www.bundesverfassungsgericht.de/SharedDocs/Entscheidungen/DE/2019/03/rs20190326_1bvr067317.html

93 Siehe: Gesetz zur Umsetzung der Entscheidung des Bundesverfassungsgerichts vom 26. März 2019 zum Ausschluss der Stiefkindadoption in nichtehelichen Familien vom 19.3.2020, BGBl. 2020 I S. 541.

94 BGH FamRZ 2016, 1849.

Zwar enthält das FamFG keine explizite Regelung dazu, wer antragsberechtigt ist[95], aber es besteht Einigkeit darüber, dass ein Vaterschaftsfeststellungsantrag durch

- das Kind,
- die Mutter und
- denjenigen Mann gestellt werden kann, der der Mutter »während der Empfängniszeit beigewohnt hat«, vgl. § 1600d II BGB.

Ein minderjähriges Kind wird bei einem solchen Verfahren durch den/die gesetzliche(n) Vertreter:in i.S.d. §§ §§ 1626a II, 1629 I BGB, also i.d.R. die Mutter vertreten (oder aber ggf. durch einen Vormund i.S.d. §§ 1773 ff. BGB). Häufig wird der Antrag auf Vaterschaftsfeststellung auch durch das **Jugendamt als Beistand des Kindes** gestellt, vgl. §§ 1712 ff. BGB, 52a, 55 SGB VIII.

Sofern das Kind durch eine **ärztlich unterstützte heterologe Insemination** in einer Einrichtung der medizinischen Versorgung gezeugt worden ist, vgl. § 1600d IV BGB, kann der **Samenspender nicht** als **Vater des Kindes** festgestellt werden. Etwas anderes kann gelten, wenn die Samenspende privat mit der sog. **Bechermethode** (also einer privaten – im Becher überreichten – Samenspende) durchgeführt wird. In einem solchen Fall gilt die Freistellung des § 1600d IV BGB nicht, sodass **der private Samenspender als Vater** festgestellt werden und somit auch unterhaltspflichtig für das mit seiner Hilfe gezeugte Kind werden könnte.

Gemäß den §§ 177 II, 169 Nr. 1 FamFG hat in Bezug auf die Klärung der Abstammungsfrage im Rahmen eines Vaterschaftsfeststellungsverfahrens eine förmliche Beweisaufnahme stattzufinden, die dann nach den Vorschriften der ZPO zu erfolgen hat[96].

Exkurs/Vertiefung

Als Beweismittel der ZPO stehen: Parteien, Zeugen, Sachverständige, Augenschein und Urkunden zur Verfügung, vgl. §§ 371 ff. ZPO.

95 Vgl. dazu: Erman/Hammermann, § 1600d BGB Rn. 1b ff.

96 Erman/Hammermann, § 1600d Rn. 11a.

Aufgrund des Grundsatzes der Amtsermittlung i.S.d. §26 FamFG darf sich das Gericht grundsätzlich nicht mit den Aussagen der Beteiligten begnügen, sondern muss ein Abstammungsgutachten einholen[97]. Das Robert-Koch-Institut hat hierzu Richtlinien entwickelt[98], die in Bezug auf die anzuwendende Methode zum Nachweis der Abstammung sowohl Mundschleimhautabstriche als auch Blutproben vorsehen[99].

ee) Vaterschaftsklärungsverfahren

Um die **leibliche Abstammung** eines Kindes **von** seinem **rechtlichen Vater** klären zu können, besteht seit dem 1.4.2008 ein **eigenständiges von der Vaterschaftsanfechtung unabhängiges Verfahren**, das in **§1598a BGB** geregelt ist.

Exkurs/Vertiefung

§1598a BGB wurde durch das Vaterschaftsklärungsgesetz (BGBl. 2008 I Nr. 11 S. 441) in das BGB in Erfüllung einer entsprechenden Auflage des BVerfG eingefügt.
Das BVerfG hatte am 13.2.2007 festgestellt (1 BvR 421/05), dass die Verwertung eines Abstammungsgutachtens, das auf heimlich (ohne Einverständnis von Kind bzw. Mutter) eingeholter DNA beruht, als Beweismittel abzulehnen sei. Gerügt wurde insoweit die Verletzung des von Art. 2 I i.V.m. Art. 1 I GG geschützten Rechts des betroffenen Kindes auf *informationelle Selbstbestimmung*.

Die aus §1598a BGB resultierenden Ansprüche sind **lediglich** darauf gerichtet, zu überprüfen, **ob die bestehende rechtliche Zuordnung der tatsächlichen Abstammung entspricht** und **nicht** darauf, **generell** die **Abstammung** eines Kindes zu klären[100]. §1598a BGB enthält insbesondere auch keinen Anspruch auf Einwilligung in die genetische Untersuchung eines anderen Mannes, der als leiblicher Vater in Betracht kommt[101].

97 Erman/Hammermann, §1600d Rn. 12 und §1600c Rn. 7 m.w.N.

98 Vgl.: https://www.rki.de/DE/Content/Kommissionen/GendiagnostikKommission/Richtlinien/RL_Qualifikation_Abstammungsbegutachtung.pdf?__blob=publicationFile

99 Zur historischen Entwicklung in Bezug auf Abstammungsnachweismethoden und Richtlinienentwicklung: Erman/Hammermann, Vorbem. 1591 Rn. 4 ff.

100 Vgl. dazu auch: Grüneberg/Siede, §1598a Rn. 6.

101 Erman/Hammermann, §1598a Rn. 2 und 19 m.w.N.

Durch das Gesetz zur Stärkung der Rechte des leiblichen, nicht rechtlichen Vaters, das mit Wirkung zum 13.7.2013 in Kraft getreten ist[102] und durch welches § 167a FamFG und § 1686a BGB eingeführt wurde, kann die **leibliche Vaterschaft** unter bestimmten Voraussetzungen jedoch *inzident* **geklärt werden**, da nach § 167a FamFG bei Verfahren, die das Umgangs- oder Auskunftsrecht nach § 1686a BGB betreffen, die insoweit involvierten Personen insbesondere die Entnahme von Blutproben grundsätzlich zu dulden haben, soweit es zur Klärung der leiblichen Vaterschaft erforderlich ist.

ff) Vaterschaftsanfechtung

Nach Erörterung der Frage, wie es zu einer Vaterschaft in rechtlicher Hinsicht kommen kann, ist nun zu klären, wie der Vaterstatus wieder beseitigt werden kann. Aus § 1599 BGB ergibt sich, dass die Vaterschaftsqualifikation des § 1592 Nr. 1 und Nr. 2 BGB solange bindend ist, wie es nicht zu einer wirksamen Vaterschaftsanfechtung i.S.d. §§ 1600 ff. BGB gekommen ist.

Nach § 1600 I BGB besteht für

- die **Mutter** (Nr. 3),
- das **Kind** (Nr. 4),
- den **Mann, der** nach § 1592 Nr. 1, Nr. 2 und § 1593 BGB **als Vater qualifiziert wird** (Nr. 1) sowie
- den **Mann, der an Eides statt versichert, der Mutter** des Kindes während der Empfängniszeit **beigewohnt zu haben** (Nr. 2)

grundsätzlich eine **Anfechtungs**möglichkeit, wobei das Anfechtungsrecht gesetzlich aus verschiedenen Gründen ausgeschlossen sein kann. Mit dem Begriff der Beiwohnung, den der Gesetzgeber als Synonym für Geschlechtsverkehr benutzt (vgl. auch § 1600d II BGB), sollte an sich die Abgrenzung zur künstlichen Befruchtung verdeutlicht werden, was der BGH jedoch (irritierender Weise) abweichend interpretiert und auch einen Sperma-Spender in den Kreis der Anfechtungsberechtigten miteinbezogen hat[103]. Die Aufzählung der Anfechtungsberechtigten erfolgt im § 1600 I BGB abschließend, sodass z.B. auch nach dem Tod des zur Anfechtung berechtigten bzw. an-

102 BGBl. 2013 I Nr. 36 S. 2176.

103 BGH FamRZ 2013, 1209, 1210.

fechtenden Mannes für die Erben keine Möglichkeit mehr zu Anfechtung besteht[104].

Während an das Anfechtungsrecht der Mutter, des Kindes und des rechtlichen Vaters keine weiteren Voraussetzungen gestellt werden, ist der **biologische Vater nur anfechtungsberechtigt, wenn dem keine sozial-familiäre Bindung zwischen dem Kind und seinem rechtlichen Vater entgegensteht**, vgl. § 1600 II und III BGB. Selbst wenn zusätzlich auch zum leiblichen (nicht rechtlichen) Vater eine sozial-familiäre Beziehung bestünde, würde nach Ansicht des BGH aufgrund des insoweit eindeutigen Wortlauts der Norm das Anfechtungsrecht des leiblichen Vaters ausgeschlossen sein[105]. In Bezug auf die Frage, **ob** tatsächlich eine **sozial-familiäre Beziehung besteht**, soll das Gericht das **Jugendamt anhören**, vgl. § 176 I 1 FamFG.

Aus Gründen der Rechtssicherheit und Rechtsklarheit in Bezug auf die Abstammungsverhältnisse besteht das Anfechtungsrecht nicht uneingeschränkt. In diesem Sinne ist im BGB als Ausschlussgrund i.S.d. § 1600b BGB die Versäumung der **Anfechtungsfrist** vorgesehen. Die Frist beträgt **zwei Jahre ab Kenntnis** der entsprechenden Umstände.

Darüber hinaus ist die Vaterschafts-Anfechtung für die Mutter und den rechtlichen Vater des Kindes (nicht aber für das Kind selbst) nach § 1600 IV BGB ausgeschlossen, wenn das Kind mit Einwilligung beider im Wege der heterologen Insemination gezeugt worden ist.

c) Elternschaft von nicht binären, inter*- und trans*geschlechtlichen Personen

Da die Eltern-Kind-Zuordnung im BGB lediglich über die beiden Begriffe Mutter und Vater erfolgt, kann es zu Diskrepanzen mit dem Personenstandsregister kommen, das als Geschlechtsangaben die vier Optionen männlich, weiblich, divers und »keine Angabe« vorsieht. Insbesondere für nicht binäre, inter*- und trans*geschlechtliche Eltern[106] kann ihre Identität mit derje-

104 jurisPK-BGB/Di Cato § 1600 Rn. 12; Erman/Hammermann, § 1600 Rn. 1a m.w.N.

105 BGH FamRZ 2018, 275; Erman/Hammermann, § 1600 Rn. 17a m.w.N.

106 Die hier gewählte Bezeichnung stimmt evtl. nicht mit der jeweils selbst gewählten überein, sollte aber durch das »*« möglichst inklusiv sein und entspricht den Begrifflichkeiten, die auf den Seiten der Deutschen Gesellschaft für Transidentität und Intersexualität e.V. (dgti) verwendet werden.

nigen in der Geburtsurkunde ihrer Kinder, die ihnen qua Gesetz über §1591 BGB oder §1592 BGB zugeordnet wird, nicht in Einklang zu bringen sein[107]. So kann derzeit ein Trans*mann für das von ihm vor der Änderung des Geschlechtseintrages geborene Kind in der Geburtsurkunde lediglich als Mutter und nicht als Vater eingetragen werden, während eine Trans*frau nicht als Mutter, sondern nur als Vater eingetragen würde.

Die Eltern-Kind-Zuordnungen sollen mit der Reform des Abstammungsrechts neu geregelt werden. Bis dahin sieht das SBGG, das 2023 in Kraft treten soll, Folgendes vor: Sofern die als »Mutter« oder »Vater« in eine Geburtsurkunde ihres Kindes eingetragene Person dies verlangt, soll diese Bezeichnung, nach vollzogener Änderung des Geschlechtseintrages oder wenn die Person weder dem männlichen noch dem weiblichen Geschlecht zugeordnet ist, durch »Elternteil« ersetzt werden.

d) Fragen zur Wiederholung und Vertiefung mit Lösungshinweisen

Arbeitshinweis:
Bei der Beantwortung der Fragen, die sich auf konkrete Fälle beziehen, ist es stets wichtig, dass Sie Ihre Antwort kurz begründen und die jeweils maßgebliche(n) Norm(en) nennen.

1. Aus der Ehe der Ferda Favero mit ihrem verstorbenen Mann Emilio ist die Tochter Tina hervorgegangen. Ferdas künftiger Mann Malte ist Vater des Simon, der aus Maltes früherer Beziehung stammt. Würden Simon und Tina nach der Heirat von Ferda und Malte in rechtlicher Hinsicht verwandt oder verschwägert sein oder weder das eine noch das andere?
2. Wo sind die Legaldefinitionen der Begriffe: Mutterschaft und Vaterschaft zu finden?
3. Wäre es (in Deutschland) möglich, dass sich Constanze die Eizelle ihrer Frau Katja einsetzen lässt, um für beide eine Mutterstellung zu erreichen?
4. Wäre Marlon berechtigt, die Vaterschaft des in seiner Ehe mit Fleure von ihr geborenen Kindes Karim anzufechten, wenn Karim, aufgrund ge-

107 Vgl.: KG FamRZ 2020, 109f.; BGH FamRZ 2018, 290f.; BGH FamRZ 2017, 1855ff.; EuGHMR FamRZ 2023, 868ff.

meinsamen Entschlusses der Eheleute, mit Hilfe des Spermas eines Samenspenders gezeugt wurde?

5. Die beiden verheirateten Frauen Manuela und Anne möchten gern Eltern werden und ihren Kinderwunsch gemeinsam mit ihrem Freund Steffen realisieren, der sich als Spermaspender anbietet. Anne wird schließlich über die sog. Bechermethode schwanger. Obwohl sich alle drei einig sind, dass Steffen keine Rechte und Pflichten in Bezug auf das Kind (Nora) erhalten solle, ist Anne daran interessiert zu erfahren, ob Steffen die Vaterschaft feststellen lassen könnte oder ob dem §1600d IV BGB entgegenstünde? Wie ist die Rechtslage?

Lösungshinweise zu:

1. Sie würden weder verwandt noch verschwägert sein. Verwandt sind nach §1589 BGB Personen, die voneinander oder aber von derselben dritten Person abstammen. Danach sind Simon und Tina weder in gerader noch in der Seitenlinie miteinander verwandt. Sie sind nach § 1590 BGB auch nicht verschwägert. Im Sinne dieser Norm sind die Verwandten eines Ehegatten mit dem anderen verschwägert, nicht aber mit dessen Verwandten, sodass nach einer Heirat zwischen Ferda und Malte zwar Simon mit Ferda und Tina mit Malte verschwägert wäre, Simon und Tina aber nicht miteinander.
2. Mutterschaft ist in 1591 BGB und Vaterschaft in §1592 Nr. 1–3 BGB definiert.
3. Nein, das ist in Deutschland rechtlich nicht möglich. In solch einem Fall würde eine sog. gespaltene Mutterschaft vorliegen, weil die genetische und die biologische/medizinische Mutterschaft auseinanderfallen. Katja, von der die Eizelle stammt, ist als genetische Mutter zu qualifizieren und Constanze, die das Kind bis zur Geburt austrägt, als biologische/medizinische. Selbst wenn außerhalb Deutschlands z.T. eine solche In-vitro-Fertilisation (IVF) oder »extrakorporale Befruchtung« vorgenommen wird, wäre in Deutschland die Herbeiführung einer gespaltenen Mutterschaft nach §1 ESchG für all diejenigen, die entsprechende Fortpflanzungstechniken anwenden, strafbar – nicht aber für die Geburtsmutter (in spe) selbst.

4. Eine Vaterschaftsanfechtung ist nach § 1600 IV BGB für Marlon ausgeschlossen, da er mit der heterologen Insemination einverstanden war. Als rechtlicher Vater des Karim i.S.d. § 1592 Nr. 1 BGB kann er, ebenso wenig wie die Mutter Fleure (vgl. § 1591 BGB), anfechten.
Für Karim selbst bestünde dagegen noch eine Anfechtungsmöglichkeit. Sie würde jedoch nach § 1600b BGB lediglich für zwei Jahre ab Kenntnis der entsprechenden Umstände bestehen.
5. Nach § 1600d IV BGB kann der Samenspender nur dann nicht als Vater eines Kindes festgestellt werden, wenn das Kind durch eine ärztlich unterstützte heterologe Insemination in einer Einrichtung der medizinischen Versorgung gezeugt worden ist. Für Steffen gilt wegen der privat mit der sog. Bechermethode durchgeführten Samenspende die Freistellung des § 1600d IV BGB nicht, sodass er theoretisch als Vater der Nora festgestellt werden könnte, wodurch er dann auch unterhaltspflichtig würde. Anne hätte für ihre Tochter auch im Vorfeld nicht wirksam auf Unterhalt verzichten können, vgl. § 1614 I BGB. Sie hätte sich lediglich im Innenverhältnis gegenüber Steffen verpflichten können, ihn finanziell für den Fall freizustellen, dass Nora von ihm Unterhaltszahlungen einfordern würde. Sobald Manuela und Anne jedoch über den Weg der Stiefkindadoption gemeinsam Eltern der Nora geworden sind, bestehen keinerlei Rechte und Pflichten des Steffen gegenüber Nora.

3 Kindesannahme (Adoption)

Neben den oben dargestellten **Verwandtschaftsbeziehung**en qua Abstammung und qua Gesetz, kennt das BGB noch die **durch einen gerichtlichen Beschluss** (Dekretsystem) hergestellte Verwandtschaftsbeziehung im Wege einer Kindesannahme (Adoption). Zuständig für Adoptionsverfahren i.S.d. §§ 111 Nr. 4, 186–199 FamFG ist das Familiengericht als Abteilung des Amtsgerichts, vgl. §§ 23a I Nr. 1, 23b I GVG.

a) Voraussetzungen, Wirkungen und Formen der Kindesannahme

Während **Nichtverheiratete** ein Kind lediglich **allein annehmen** können, besteht für **Ehegatten** nur die Möglichkeit, ein »fremdes« Kind **gemeinschaftlich** anzunehmen, vgl. § 1741 II BGB. **Durch die Annahme als Kind** i.S.d. § 1741 ff. BGB **erhält das angenommene Kind** grundsätzlich die **rechtliche**

Stellung eines leiblichen Kindes (Grundsatz der Volladoption[108]), wobei das BGB zwischen der Annahme Minderjähriger und der Annahme Volljähriger unterscheidet.

Bei der **Minderjährigenannahme** wird ein **Verwandtschaftsverhältnis auch zu den Verwandten des/der Annehmenden** begründet, vgl. § 1754 I BGB, und das **Verwandtschaftsverhältnis zur Ursprungsfamilie erlischt vollständig**, vgl. § 1755 I BGB (Ausnahme: Stiefkindadoption, vgl. §§ 1754 I, 1755 II BGB). Bei der **Annahme Volljähriger** entsteht dagegen grundsätzlich lediglich ein **Verwandtschaftsverhältnis zum/zur Annehmenden**, vgl. § 1770 BGB. Das Familiengericht kann jedoch im Sinne des § 1772 BGB (also z.B., wenn schon ein minderjähriges Geschwisterkind des Anzunehmenden adoptiert wurde oder die/der Anzunehmende bereits als Minderjährige:r in der Familie gelebt hat), beim Ausspruch der Kindesannahme auf Antrag bestimmen, dass sich die Wirkungen nach den Vorschriften über die Minderjährigenannahme richten.

Die **Adoption** ist grundsätzlich **unwiderruflich und nicht aufhebbar**[109]. Ausnahmsweise kann das Familiengericht nach § 1759 BGB das Annahmeverhältnis jedoch (mit ex nunc-Wirkung, also ab jetzt und nicht für die Vergangenheit) aufheben.

Möglich ist dies wegen fehlender Einwilligungserklärungen gemäß § 1760 BGB oder wenn dies **aus schwerwiegenden Gründen zum Wohl des minderjährigen Kindes erforderlich** ist, vgl. § 1763 BGB, was ggf. gutachterlich zu klären ist[110].

Damit die **Rechtswirkungen einer Kindesannahme** eintreten können, müssen die folgenden Voraussetzungen erfüllt sein:

- **Notarieller Antrag der Annehmenden auf Kindesannahme**, vgl. § 1752 II BGB,
- **Vorliegen der materiellen Voraussetzungen** der Kindesannahme und
- **Beschluss des Familiengerichts**, vgl. § 1752 I BGB.

---

108 Dazu: Dethloff, FamR, § 15 Rn. 2.

109 Dazu: Dethloff, FamR, § 15 Rn. 62.

110 Erman/Teklote, § 1763 Rn. 1 m.w.N.

aa) Materielle Kindesannahme-Voraussetzungen

In materieller Hinsicht müssen – damit ein Adoptionsbeschluss ergehen kann – die (im Folgenden *kursiv* dargestellten) Fragen zu den nachstehend aufgeführten Punkten positiv beschieden werden.

(1) Mindestalter des/der Annehmenden

Weisen die Annehmenden das von § 1743 BGB vorgegebene Mindestalter auf?

Eine allein annehmende Person muss gemäß § 1743 BGB **das 25. Lebensjahr vollendet haben** (bei der Annahme des Kindes eines Ehegatten, das 21. Lebensjahr). Damit ein **Ehepaar** ein **Kind adoptier**en kann, muss **ein Ehegatte das 25.** Lebensjahr, **die/der Andere das 21. Lebensjahr** vollendet haben.

(2) Kindeswohl und Eltern-Kind-Verhältnis

Wird die Kindesannahme dem Wohl des Kindes dienen und ein Eltern-Kind-Verhältnis entstehen, § 1741 I BGB?

Um sicherzustellen, dass eine fachkundige Einschätzung des Familiengerichts zu den in § 1741 I 1 BGB aufgestellten materiellen Voraussetzungen (Kindeswohl und Eltern-Kind-Verhältnis) erfolgen kann, hat das Gericht gemäß § 189 FamFG im Rahmen eines Kindesannahmeverfahrens eine **fachliche Äußerung der Adoptionsvermittlungsstelle** darüber einzuholen, ob das Kind und die Familie des Annehmenden für die Annahme geeignet sind. Der Terminus: **Kindeswohl** ist ein *unbestimmter Rechtsbegriff*, der in verschiedenen Regelungen unterschiedlicher Gesetze explizit erwähnt wird (vgl. z.B. § 1666 BGB und § 8a SGB VIII) und gerichtlich für den Bereich der Minderjährigenadoption dahingehend konkretisiert wurde, dass durch die Adoption eine **merklich bessere Persönlichkeitsentwicklung** des Kindes im Vergleich zu seiner gegenwärtigen Lage zu erwarten sein müsse[111]. Die Adoptionsvermittlungsstelle hat insofern aus mehreren Kindern und Adoptionsbewerber:innen die jeweils am besten füreinander geeigneten auszuwählen[112].

111 BayOLG FamRZ 1989, 1336, 1337; BayObLG ZfJ 1991, 432; BayOLG FamRZ 1997, 839, 840; Erman/Teklote, § 1741 Rn. 2 m.w.N.

112 Vgl. auch Erman/Teklote, § 1741 Rn. 2.

Sofern beim Annehmenden (oder Anzunehmenden) bereits Kinder vorhanden sind, müssten jene, obschon sie ebenfalls von einer Adoption berührt wären, nicht in die Adoption einwilligen. Nach § 1745 BGB darf die Annahme jedoch nicht ausgesprochen werden, wenn ihr überwiegende Interessen der Kinder des Annehmenden oder des Anzunehmenden entgegenstehen, sodass eine entsprechende Interessenabwägung ebenfalls in die Kindeswohlprüfung nach § 1741 I 1 BGB einzubeziehen ist. Gegen eine Adoption würde es i.S.d. § 1745 BGB z.B. sprechen, wenn sie wegen Überforderung der Eltern voraussichtlich zur Vernachlässigung vorhandener Kinder führte[113].

Sollte die oben erwähnte fachliche Äußerung der Adoptionsvermittlungsstelle nicht durch das **Jugendamt** erfolgt sein, ist es gemäß § 194 I FamFG **anzuhören**. Ebenfalls unter der Prämisse, dem Kindeswohl bestmöglich gerecht zu werden, müssen **Kinder** grundsätzlich **persönlich angehört** werden, vgl. § 192 I, III FamFG. Das Gericht hat zudem einen **Verfahrensbeistand** zu bestellen, sofern dies zur Wahrung der Kindesinteressen notwendig ist, vgl. § 191 FamFG.

(3) Einhaltung der Probezeit

Wurde die grundsätzlich vorgesehene Probezeit i.S.d. § 1744 BGB eingehalten?

Der Kindesannahmebeschluss soll grundsätzlich erst ausgesprochen werden, wenn das Kind den/dem Annehmenden für einen gewissen Zeitraum anvertraut war. Diese **Probezeit** bzw. **Adoptionspflege** dient der Adoptionsvermittlungsstelle dazu, die Beziehungen zwischen Kind und Annehmenden richtig einschätzen zu können. Die Erfahrungen aus dieser Zeit finden entsprechend in die **Stellungnahme** der Adoptionsvermittlungsstelle Eingang[114].

Die Formulierung »soll« des Gesetzes verdeutlicht bereits, dass es Ausnahmen in Bezug auf die der Adoption vorgeschalteten Adoptionspflege geben kann. So ist eine **Probezeit** z.B. bei der Annahme durch einen Vormund entbehrlich oder wenn sich das Kind aufgrund anderer Umstände bereits in der Obhut des/der Annehmenden befindet[115]. Zur Probezeit bei der Stief-

113 Grüneberg/Götz, § 1745 Rn. 1 f.

114 Vgl. auch: Art. 19 EuAdoptÜbk v. 2008 sowie Erman/Teklote, § 1744 Rn. 1 f.

115 Vgl. Erman/Teklote, § 1744 Rn. 3 m.w.N.

kindadoption durch die Partnerin der Geburtsmutter aufgrund gemeinsam entschiedener Familienplanung, siehe → **Seite 98**).

Zur Frage, welche Dauer in Bezug auf die Probezeit angemessen ist, enthält das Gesetz keine Vorgaben. Letztlich ist entscheidend, dass die Adoptionsvermittlungsstelle angemessen beurteilen kann, ob eine Familienzusammenführung voraussichtlich gelingen wird. Die Bundesarbeitsgemeinschaft Landesjugendämter empfiehlt, dass die Dauer der Probezeit grundsätzlich nicht unter einem Jahr liegen sollte, wobei insoweit das Alter der Kinder einen maßgeblichen Faktor darstellen kann[116].

(4) Vorliegen der Einwilligungserklärungen

Liegen die für eine Kindesannahme erforderlichen ***Einwilligungserklärungen***

- *des Kindes,*
- *der (leiblichen) Eltern,*
- *des Ehegatten*

in notarieller Form *(vgl. § 1750 BGB) vor, vgl. §§ 1746 ff. BGB, bzw.* ***wurde*** *die* ***Einwilligung*** *eines Elternteils, Vormunds oder Pflegers* ***durch*** *das* ***Familiengericht ersetzt****, §§ 1748, 1749 I 2, 1746 III BGB?*

Während für das geschäftsunfähige oder noch nicht 14 Jahre alte Kind die/der gesetzliche Vertreter:in i.S.d. § 1629 BGB die Einwilligung in die Kindesannahme erklären muss, kann das Kind nach Vollendung des 14. Lebensjahres nur selbst einwilligen, benötigt insoweit jedoch die Zustimmung seines/seiner gesetzlichen Vertreter:in, vgl. § 1746 I BGB.

In Bezug auf die **Einwilligung** verheirateter Eltern, die ihr Kind zur Adoption freigeben möchten, ist zu beachten, dass sie dies zwar schon **vorgeburtlich** gegenüber dem Jugendamt bzw. der Adoptionsvermittlungsstelle unverbindlich erklären können**, wirksam** erteilt werden kann die Erklärung jedoch **erst, wenn das Kind acht Wochen alt** ist, vgl. § 1747 II BGB. Dies soll verhindern, dass Eltern ohne reifliche Überlegung in eine Adoption einwilli-

---

116 Empfehlungen und Arbeitshilfen der Bundesarbeitsgemeinschaft Landesjugendämter, 156. »Empfehlungen zur Adoptionsvermittlung« 9., neu bearbeitete Fassung (2022), 9.5.2., vgl.: http://www.bagljae.de/content/empfehlungen/

gen[117]. Sofern die **Eltern** des Kindes **nicht miteinander verheiratet** sind und ihnen nicht gemeinsam die elterliche Sorge zusteht, kann ein Vater die **Einwilligung** auch **vorgeburtlich** erteilen, vgl. § 1747 III Nr. 1 BGB.

Falls der **Vater** des Kindes (wobei auch ein Samenspender als Vater i.S.d. § 1747 I 2 BGB anzusehen sein kann[118]) **nicht bekannt** ist, muss dennoch versucht werden, sowohl sein Elternrecht als auch das **Recht des Kindes auf Kenntnis der Abstammung** väterlicherseits zu wahren. Daher hat das Familiengericht im Rahmen der Amtsermittlung i.S.d. § 26 FamFG – unter Wahrung des Persönlichkeitsrechts der Mutter – z.B. bei Angehörigen, Freund:innen, Nachbarn der Mutter nachzufragen und/oder Behörden (z.B. das Einwohnermeldeamt) einzubeziehen[119]. Ziel ist es, den leiblichen Vater grundsätzlich i.S.d. § 7 IV FamFG über die Einleitung des Kindesannahmeverfahrens zu informieren, um ihm eine Beteiligung zu ermöglichen[120]. **Entbehrlich ist** die **Einwilligung** eines Elternteils, wenn er **zur Abgabe** einer Erklärung **dauerhaft außerstande** ist oder sein **Aufenthalt dauerhaft unbekannt** ist, vgl. § 1747 IV BGB.

Das Gesetz sieht zudem vor, dass das **Familiengericht** die zur Kindesannahme erforderlichen **Einwilligungserklärungen ersetzen** kann, so z.B. gemäß § 1748 BGB für den Fall, dass ein **Elternteil**

- seine **Pflichten gegenüber** dem **Kind anhaltend gröblich verletzt** oder durch sein Verhalten gezeigt hat, dass ihm das **Kind gleichgültig** ist, wobei in jenem Fall das **Jugendamt über die Ersetzung belehrt** und i.S.d. § 51 II SGB VIII **beraten** haben muss oder
- wegen einer **besonders schweren psychischen Krankheit** oder einer **besonders schweren geistigen oder seelischen Behinderung** zur Pflege und Erziehung des Kindes dauernd unfähig ist.

Eine Sonderregelung enthält zudem § 1748 IV BGB für Väter, die nicht mit der Mutter des Kindes verheiratet und keine Sorgerechtsinhaber sind. I.S.d. Norm hat das Familiengericht die Einwilligung des Vaters zu ersetzen, wenn

117 MüKo/Maurer, § 1747 Rn. 69.

118 BGH FamRZ 2015, 828 ff.

119 Erman/Teklote, § 1747 Rn. 3.

120 Vgl. dazu: BGH FamRZ 2015, 828 ff.

das Unterbleiben der Annahme dem Kind zu unverhältnismäßigem Nachteil gereichen würde.

Exkurs/Vertiefung

Zwar sieht auch §1666 BGB, der gerichtliche Maßnahmen bei Gefährdung des Kindeswohls regelt, in Absatz 3 Nr. 5 die Ersetzung von Erklärungen des Inhabers der elterlichen Sorge vor, sodass es u.U. zu Überschneidungen mit §1748 BGB kommen könnte. §1748 BGB ist jedoch für den Bereich der Kindesannahme im Verhältnis zu §1666 BGB *spezieller*[121], sodass §1666 BGB insoweit nicht anzuwenden ist.

Da die **Ersetzung der Einwilligung** den am schwersten wiegenden **Eingriff in das Elternrecht** aus Art. 6 GG darstellt und sich auch an Art. 8 EMRK messen lassen muss, ist eine Kindesannahme gegen den Willen eines Elternteils **nur bei »außergewöhnlichen Umständen« gerechtfertigt**, die »zur Sicherung von vorrangigen Bedürfnissen des Kindeswohls« unerlässlich sind[122].

Die Einwilligungs-Ersetzung durch das Familiengericht i.S.d. §§186 ff. FamFG erfolgt in den Fällen des §1748 BGB **auf Antrag des Kindes**, wobei das Gericht von Amts wegen prüft, ob der Tatbestand der Ersetzung tatsächlich gegeben ist. Sofern das Kind das 14. Lebensjahr vollendet hat, stellt es den Antrag analog §9 I Nr. 3 FamFG selbst, ohne dass es hierfür der Zustimmung seines gesetzlichen Vertreters bedürfte[123]. Sofern das Kind das 14. Lebensjahr noch nicht vollendet hat und ein eklatanter Interessenwiderspruch zum allein sorgeberechtigten Elternteil besteht, ist ein Ergänzungspfleger i.S.d. §1808 BGB heranzuziehen, der dann über den Antrag zu entscheiden hat.

bb) Adoptions-Formen

Je nach Ausgestaltung der **Verhältnisse im Adoptionsdreieck**[124], bestehend aus leiblichen Eltern, annehmenden Eltern sowie dem Kind, lassen sich **verschiedene Formen der Adoptionsvermittlung** unterscheiden:

---

121 Erman/Teklote, §1748 Rn. 2 m.w.N.

122 EGMR FamRZ 2018, 264; Erman/Teklote, §1748 Rn. 1 m.w.N.

123 Staudinger/Helms §1748 Rn. 68 m.w.N; Grüneberg/Götz, §1748 Rn. 13.

124 MüKo/Maurer, Vor §1741 Rn. 80.

- **die Inkognito-Adoption und**
- **(halb-)offene Adoptionen.**

Wie sich aus § 1747 II 2 BGB ergibt, ist es nicht erforderlich, dass die (leiblichen bzw. rechtlichen) Eltern die schon feststehenden (i.d.R. in einer Liste der Adoptionsvermittlungsstelle unter einer Nummer eingetragenen[125]) Adoptiveltern kennen. Sofern die abgebenden Eltern nicht erfahren, wer ihr Kind annimmt, sondern lediglich, dass passende Personen gefunden wurden, liegt eine sog. **Inkognito-Adoption** vor. Die Adoptiveltern werden dagegen über die Vorgeschichte der abgebenden Eltern bzw. des Kindes informiert. Um die Anonymität der neu entstandenen Familie auch nach Abschluss des Adoptionsverfahrens zu wahren, ist in § 1758 BGB ein **Offenbarungs- und Ausforschungsverbot** normiert. Dieses strahlt auch in das familienrechtliche Verfahren hinein, indem es den abgebenden Eltern das Recht auf Akteneinsicht verwehrt, das üblicherweise über § 13 II 2 FamFG bestünde[126]. Des Weiteren darf ein beglaubigter **Geburtenregister**auszug, aus dem sämtliche Veränderungen des Personenstandes ersichtlich sind, (Namensänderungen, Adoptionen bzw. die Vornamen und Familiennamen der leiblichen Eltern, vgl. auch § 21 I Nr. 4 PStG) gemäß § 63 I PStG nur den Annehmenden, deren Eltern bzw. ggf. dem gesetzlichen Vertreter des Kindes und dem über 16 Jahre alten Kind erteilt werden.

Exkurs/Vertiefung

Anders als im **Geburtenregister** (vgl. 21 PStG) werden in der **Geburtsurkunde** i.S.d. § 59 PStG nur die Annehmenden als Eltern angegeben.

Bei einer sog. **offenen Adoption** wird die über § 1758 BGB zu erreichende Anonymität der Annehmenden einverständlich aufgehoben[127] und es kommt vor der Annahme zu Begegnungen zwischen den abgebenden Eltern und den möglichen Adoptiveltern[128]. Zudem werden Namen und Kontaktdaten aus-

125 Gernhuber/Coester-Waltjen, FamR, § 70 Rn. 21.

126 Dazu: Erman/Teklote, § 1747 Rn. 6a m.w.N.

127 MüKo/Maurer, Vor § 1741 Rn. 78.

128 Zu den Vorteilen der offenen Adoptionsformen, vgl. MüKo/Maurer, Vor § 1741 Rn. 77 f. m.w.N.

getauscht, um ggf. auch Umgangsabreden zu treffen[129]. Offene Adoptionen kommen insbesondere auch dann in Betracht, wenn das Kind bei den künftigen Adoptiveltern bereits als Pflegekind gelebt hat und schließlich von den leiblichen Eltern zur Adoption freigegeben wird.

Eine weitere Möglichkeit stellt die sog. **halboffene Adoption** dar, bei der die abgebenden Eltern und die künftigen Adoptiveltern über die Adoptionsvermittlungsstelle Briefe oder Ähnliches austauschen, ohne dass die Identität der Adoptiveltern aufgedeckt wird[130]. Falls beiderseitig gewünscht, können sie sich auch vor Abgabe der Einwilligungserklärungen an einem neutralem Ort bzw. in der Adoptionsvermittlungsstelle treffen, was es den abgebenden Eltern evtl. erleichtert, in die Adoption einzuwilligen.

b) Besonderheiten bei der Stiefkindadoption

Bei der sog. Stiefkindadoption bestehen aufgrund ihrer Konstellation Besonderheiten im Verhältnis zur Kindesannahme eines mit keiner/keinem der Partner:innen biologisch verwandten Kindes. **Bei** einer **Stiefkindadoption nimmt ein:e Partner:in das leibliche Kind des/der Anderen an.** Anders als bei einer sonstigen Minderjährigenannahme, bei der mit der Adoption sämtliche Verwandtschaftsbeziehungen zur Ursprungsfamilie erlöschen, vgl. §1755 I BGB, soll in diesem Falle (natürlich) nicht das Verwandtschaftsverhältnis zwischen dem leiblichen Elternteil und seinem Kind enden, sondern seine/ihre Partner:in soll vielmehr zum zusätzlichen Elternteil werden. **Entsprechend stellen §§1754 I, 1755 II BGB klar, dass das Verwandtschaftsverhältnis zwischen Kind und leiblichem Elternteil bei einer Stiefkindadoption nicht endet.**

Problematisch kann es sein, wenn noch ein leiblicher Elternteil existieren sollte, das keine Einwilligung in die Stiefkindadoption erteilen möchte. Grundsätzlich kann eine solche fehlende Einwilligung durch das Familiengericht ersetzt werden. Der BGH hatte jedoch bereits vor vielen Jahren dazu festgestellt, dass hier sehr restriktiv vorzugehen sei. Im konkreten Fall hatte er ausgeführt, dass die **Kindesannahme durch** den **Stiefvater gegen den Willen des leiblichen Vaters** nur unter **engen Voraussetzungen** zuzulassen sei[131]. Be-

129 Erman/Teklote, §1747 Rn. 7.

130 Erman/Teklote, §1747 Rn. 7.

131 BGH FamRZ 2005, 891ff.

zugnehmend auf § 1748 IV BGB, der eine Kindesannahme ohne Zustimmung des nicht mit der Mutter verheirateten, nicht sorgeberechtigten Vaters nur zulässt, wenn das Unterbleiben der Annahme dem Kind zu »unverhältnismäßigem Nachteil« gereicht, hat in einem solchen Falle eine **umfassende Interessenabwägung zwischen** den **Interessen des Kindes und** denen **des leiblichen Vaters** stattzufinden[132].

Während die Regelungen zur Kindesannahme vorsehen, dass **Ehepaare** (sofern es sich nicht um ein leibliches Kind einer der Ehegatt:innen handelt) **ein Kind nur gemeinschaftlich annehmen** und **nicht verheiratete** Personen **ein Kind nur allein annehmen** können, vgl. § 1741 II 1, 2 BGB, gibt es insoweit **bei** der **Stiefkindadoption** eine **Besonderheit**.

Das BVerfG hatte mit Beschluss vom 26.3.2019 entschieden, dass §§ 1754 I, II und 1755 I 1 und II BGB verfassungswidrig seien, da es gegen das allgemeine Gleichbehandlungsgebot aus Art. 3 I GG verstoße, eine Stiefkindadoption in **nichtehelichen** Familien unter keinen Umständen zuzulassen. Es hatte den Gesetzgeber entsprechend verpflichtet, bis zum 31.3.2020 eine verfassungsgemäße Regelung zu treffen, die Familien mit nicht verheirateten Eltern angemessen berücksichtigt[133]. Aus diesem Grund wurde mit Wirkung zum 31.3.2020 § 1766a BGB eingefügt, der unter bestimmten Voraussetzungen auch **Partner:innen einer »verfestigten Lebensgemeinschaft«** die **Stiefkindadoption** ermöglicht. Als »verfestigt« gilt eine Lebensgemeinschaft nach § 1766a II BGB, wenn sie seit mindestens vier Jahren besteht oder die Partner:innen bereits Eltern eines gemeinschaftlichen, bei ihnen lebenden Kindes sind und keiner von ihnen mit einer dritten Person verheiratet ist.

Da die Probezeit dazu dienen soll, zu eruieren, ob zwischen Stiefelternteil und Kind ein Eltern-Kind-Verhältnis entstehen kann, das mit einer Beziehung von Eltern zu ihren leiblichen Kindern vergleichbar ist, müsste eine **Probezeit in bestimmten Fällen entbehrlich** sein. So z.B., wenn das Kind

132 BGH FamRZ 2005, 891 ff.; vgl. dazu auch: BVerfG FamRZ 2006, 94 ff. m.w.N. und Anm. Maurer, der zur Entwicklung der Stiefkindadoption ausführlich Stellung nimmt. Zur Rechtsstellung von Vätern, die von ihrem Recht, in die Adoption ihres Kindes einzuwilligen, keinen Gebrauch machen konnten, weil sie vor der Kindesannahme von der Existenz ihres Kindes keine Kenntnis hatten: Frank, FamRZ 2017, 497 ff.

133 https://www.bundesverfassungsgericht.de/SharedDocs/Entscheidungen/DE/2019/03/rs20190326_1bvr067317.html

ohnehin schon länger mit der annehmenden Person zusammenlebt[134] oder sofern das Kind – im Falle der Stiefkindadoption durch die Ehefrau der leiblichen Mutter – aufgrund gemeinsamen Wunsches mittels Samenspende gezeugt worden ist[135]. Letztlich hat es jedoch das Familiengericht in der Hand, die Dauer der Probezeit zu bestimmen, indem es den Kindesannahmebeschluss früher oder später anberaumt.

c) Besonderheiten bei der Verwandtenadoption

In § 1756 I BGB trifft das Gesetz **Sonderregelungen für** die **Verwandtenadoption, bei der** das **Kind** (z.B. weil seine Eltern gestorben sind oder es aus anderen Gründen nicht mehr versorgen können) **in seiner Familie im weiteren Sinne verbleibt**. Sofern die Adoption durch Verwandte am ehesten im Kindeswohlinteresse liegt, hat der Gesetzgeber normiert, dass das Verwandtschaftsverhältnis des angenommenen Kindes (und seiner Abkömmlinge), in Abweichung von § 1755 I BGB, zu seinen bisherigen Verwandten aufrecht erhalten bleibt, nicht aber zu seinen Eltern. Auf diese Weise soll verhindert werden, dass ein Kind zwei Elternpaare hat[136].

Nach der Formulierung des Gesetzes: »Annehmenden« hatte der Gesetzgeber die Verwandtenadoption durch ein Ehepaar intendiert, von dem ein Teil mit dem Kind im 2. oder 3. Grad verwandt und die/der Andere im selben Grad mit dem Kind verschwägert ist, also z.B. Tante, Onkel, Großeltern, Geschwister. Möglich sein soll aber auch die **Einzeladoption** durch eine:n Verschwägerte:n[137], z.B. wenn die Witwe des Bruders der leiblichen Mutter (= Schwägerin) das Kind adoptiert. Auch bei einer Verwandtenadoption ist grundsätzlich eine **Probezeit** erforderlich[138].

d) Entwicklung der Rechtslage für gleichgeschlechtliche Paare

Da durch die Änderung des § 1353 BGB mit Wirkung zum 1.10.2017 die Ehe für gleichgeschlechtliche Paare möglich wurde, können seitdem zwei verhei-

---

134 So auch: Dethloff, FamR, § 15 Rn. 45.

135 Vgl. auch Erman/Teklote, § 1744 Rn. 3 m.w.N.

136 Zu den z.T. kontrovers diskutieren Verwandtschaftsverhältnissen im Einzelnen, vgl.: Erman/Teklote, § 1756 Rn. 2 ff. m.w.N.

137 Staudinger/Helms, § 1756 Rn. 10; Erman/Teklote, § 1756 Rn. 2

138 MüKo/Maurer, § 1744 Rn 31.

ratete Frauen oder zwei verheiratete Männer gemeinsam Kinder adoptieren, vgl. § 1741 II BGB. Gleichgeschlechtliche (in eingetragener Lebenspartnerschaft lebende) Paare, die Adoptiveltern werden wollten, konnten zuvor nur den Weg über die sog. **Sukzessivadoption** gehen, **bei der ein:e eingetragene Lebenspartner:in ein bereits adoptiertes** (also nicht leibliches) Kind **des/der Anderen annehmen konnte**. Die Sukzessivadoption war seit dem 27.6.2014 durch eine entsprechende Änderung des § 9 VII LPartG möglich geworden, die aufgrund einer den Gesetzgeber verpflichtenden Entscheidung des BVerfG erfolgt ist[139].

Die **Stiefkindadoption, bei der** ein **leibliches Kind eines/einer Lebenspartner:in durch den/die Andere adoptiert wird** und dadurch die rechtliche Stellung eines **gemeinschaftlichen Kindes beider Lebenspartner:innen** erlangt, **war** durch Änderung des LPartG bereits **seit dem 1.1.2005** gemäß § 9 VII LPartG i.V.m. den dort zitierten Normen des BGB **möglich**.

e) Adoptionsvermittlung als Aufgabe des Jugendamtes

Zuständig für die Adoptionsvermittlung ist das Jugendamt i.S.d. § 2 I AdVermG sowie bestimmte freie Träger wie Diakonie, Caritas oder Arbeiterwohlfahrt, vgl. § 2 III AdVermG.

aa) (Beratungs-)pflichten

Zu den Aufgaben, die im Rahmen der Adoptionsvermittlung zu erbringen sind, gehört insbesondere auch die **Beratung vor und während der Kindesannahme**, was in § 9 AdVermG (**Anspruch auf Adoptionsbegleitung**) normiert ist.

Explizit geregelt ist in § 9a AdVermG auch die **verpflichtende Beratung bei Stiefkindadoptionen**, wobei über Absatz 4 ausdrücklich auch Stiefkindadoptionen einbezogen sind, die im Rahmen von verfestigten Lebensgemeinschaften i.S.d. § 1766a BGB durchgeführt werden sollen. Zur Sicherstellung des Kindeswohls soll die **Beratung vor der notariellen Beurkundung der Einwilligung** und **vor der Einreichung des Antrags auf Kindesannahme beim Familiengericht** erfolgen (vgl. § 9a I AdVermG). Bei der Beratung ist umfassend über die Folgen einer Kindesannahme aufzuklären.

139 www.bundesverfassungsgericht.de/SharedDocs/Entscheidungen/DE/2013/02/ls20130219_1bvl000111.html

Die Adoptionsvermittlungsstelle hat dann nicht nur

1. die Eltern des anzunehmenden Kindes,
2. den Annehmenden und
3. das Kind gemäß § 8 SGB VIII zu beraten, sondern über die Beratung auch eine **Bescheinigung** auszustellen.

Sofern solch eine **Bescheinigung nicht vorgelegt werden kann, hat** das **Gericht** den **Antrag auf Adoption zurückzuweisen** (§ 196a FamFG).

Im Sinne des § 9a IV AdVermG besteht **keine Beratungspflicht, wenn der annehmende Elternteil zum Zeitpunkt der Geburt des Kindes mit dem leiblichen Elternteil verheiratet ist (bzw. in verfestigter Lebensgemeinschaft lebt)** und beide im Inland ihren gewöhnlichen Aufenthalt haben. Durch die Formulierung des § 9a IV AdVermG wurde letztlich (aufgrund politischen Drucks) erreicht, dass die **Ehefrau der leiblichen Mutter** bzw. die **mit ihr in verfestigter Lebensgemeinschaft lebende Partnerin** sich auf dem Weg zur gemeinsamen Elternschaft nicht zusätzlich auch noch einer Zwangsberatung unterziehen muss.

Tatsächlich existiert **für lesbische Paare**, die mittels Samenspende gemeinsam eine Familie gründen möchten, derzeit – anders als für verschieden geschlechtliche Paare – **kein Weg, die gemeinsame Elternschaft vorgeburtlich rechtlich abzusichern**. Vielmehr müssen sie den Umweg über die Stiefkindadoption gehen. Bestimmte, für die Grundkonstellation der Stiefkindadoption entwickelte Parameter, wie z.B. die **Probezeit**, aber auch die allgemeine **Eignungsprüfung** passen auf die Situation lesbischer Paare mit gemeinsamen Elternwunsch nicht und werden von den Betroffenen oftmals als emotional belastend empfunden.

bb) Eignungsprüfung

Die Adoptionsvermittlungsstelle hat alle Adoptionsbewerber:innen einer allgemeinen **Eignungsprüfung** zu unterziehen, wobei insbesondere

- die **persönlichen und familiären Umstände**,
- der **Gesundheitszustand**,
- das **soziale Umfeld** und
- die **Beweggründe**

der Adoptionsbewerber:innen maßgeblich sein sollen, vgl. § 7 AdVermiG.

Das Ergebnis der Eignungsprüfung wird in einem **Bericht** festgehalten.

cc) Aufgaben bei der Auslandsadoption

Regelungen zu Adoptionsverfahren mit Auslandsbezug finden sich in den §§ 2 ff. AdVermG, im Adoptionswirkungsgesetz (AdWirkG) sowie im Haager Adoptionsübereinkommen (HAÜ).

So ist in § 2a IV AdVermG geregelt, dass **Auslandsadoptionen nur** noch **über die zentralen Adoptionsstellen der Landesjugendämter sowie über anerkannte Auslandsvermittlungsstellen** vermittelt werden dürfen, also **nicht** mehr **über die örtlichen Jugendämter**. Ein ohne die zuständigen Stellen durchgeführtes Auslandsadoptionsverfahren ist in § 2b AdVermiG ausdrücklich untersagt und kann nur ausnahmsweise anerkannt werden, wenn dies aus Gründen des Kindeswohls erforderlich ist und zu erwarten ist, dass ein Eltern-Kind-Verhältnis entsteht, vgl. § 4 I Adoptionswirkungsgesetz (AdWirkG).

Bei der **Eignungsprüfung** muss nicht nur die allgemeine Prüfung stattfinden, wie sie gemäß § 7 AdVermiG auch für Inlandsadoptionen vorgesehen ist, sondern auch eine länderspezifische Prüfung durch die Auslandsvermittlungsstelle, die die Auslandsadoption begleitet, vgl. § 7c AdVermiG. Bis zum Abschluss des Anerkennungsverfahrens gilt eine Bescheinigung i.S.d. § 2d AdVermiG als vorläufige Anerkennung der Auslandsadoption. Sofern die Adoption in einem Vertragsstaat gemäß den Bestimmungen des **Haager Adoptionsübereinkommens** (HAÜ) zustande gekommen ist, wird sie i.S.d. Art. 23 HAÜ in den anderen Vertragsstaaten ohne weitere Voraussetzungen anerkannt.

4 Auskunftsrechte

Das Recht des Kindes auf Kenntnis der eigenen Abstammung wird aus dem allgemeinen Persönlichkeitsrecht i.S.v. Art. 2 I i.V.m. Art. 1 I GG hergeleitet[140]. Es umfasst das **Recht auf Kenntnis des genetischen Vaters und der geneti-**

140 BVerfGE 79, 256 = https://openjur.de/u/178887.html; BVerfG FamRZ 1997, 869 = https://openjur.de/u/188717.html

schen Mutter[141]. Um es zu realisieren, wurden Auskunftsansprüche an unterschiedlichen Stellen im Gesetz eingefügt.

a) Auskunftsanspruch des Kindes gegen seine Mutter

Ein Auskunftsanspruch des Kindes gegen seine Mutter auf Benennung des leiblichen Vaters kann aus **§ 1618a BGB** hergeleitet werden, der als familienrechtliche **Generalklausel** im Verhältnis zwischen Eltern und Kindern anzusehen ist (Parallele zu § 1353 BGB unter Ehegatten)[142]. Ob und in welchem Umfang ein Auskunftsanspruch des Kindes dann ganz konkret gemäß § 1618a BGB gegen seine Mutter besteht, ist im Rahmen einer umfassenden **Interessenabwägung** zu eruieren, wobei zu berücksichtigen ist, dass **auf beiden Seiten das allgemeine Persönlichkeitsrecht** berührt wird, sodass nicht ohne Weiteres von einem Vorrang der Interessen des Kindes ausgegangen werden darf[143]. Bei rein finanziellem Interesse auf Seiten des Kindes fällt die Interessenabwägung u.U. zugunsten der Mutter aus, wenn sie durch die Bekanntgabe des Vaters besondere Nachteile, wie z.B. den Verlust des Arbeitsplatzes, erleiden würde[144].

b) Auskunftsanspruch aus dem Samenspenderregister

Da eine anonyme Samenspende im Widerspruch zu dem aus Art. 1 i.V.m. Art. 2 GG hergeleiteten Recht auf Kenntnis der eigenen Abstammung steht, wurde das Gesetz zur Regelung des Rechts auf Kenntnis der eigenen Abstammung bei heterologer Verwendung von Samen erlassen, das am 1.7.2018 in Kraft getreten ist[145]. Durch dieses Artikelgesetz wurde das **Samenspenderregistergesetz** (SaRegG) eingeführt und § 1600d BGB um einen Absatz 4 ergänzt.

In § 1 SaRegG ist zur Verwirklichung des Rechts auf Kenntnis der eigenen Abstammung normiert, dass **beim Bundesinstitut für Arzneimittel und Me-**

---

141 Schlüter, FamR, Rn. 268.

142 Erman/Döll, § 1618a Rn. 1; dazu auch: Schwab, FamR, § 60 Rn. 746; Beispiele bei: Grüneberg/Götz, § 1618a Rn. 3 ff.

143 Hoppenz/Burandt, BGB § 1618a Rn. 4; zur Verpflichtung einer Mutter, die Identität des Vaters preiszugeben, vgl.: Frank, FamRZ 2017, 161 ff. m.w.N.

144 OLG Hamm FamRZ 1991, 1229.

145 Vgl.: BGBl. 2017 I Nr. 48 S. 2513.

dizinprodukte ein **Samenspenderregister** zu führen ist. **Sofern** eine **Person vermutet, durch** heterologe Insemination bei einer ärztlich unterstützten **künstlichen Befruchtung gezeugt worden zu sein, hat sie nach Vollendung ihres 16. Lebensjahres** gemäß § 10 I 1 SaRegG gegenüber dem Deutschen Institut für Medizinische Dokumentation und Information einen **Anspruch auf Auskunft aus dem Samenspenderregister**.

c) Auskunftsanspruch bei vertraulicher Geburt

Mit Einführung der sog. »vertraulichen Geburt« zum 1.5.2014[146] wurde zugunsten des vertraulich geborenen Kindes **mit Vollendung des 16. Lebensjahres** gemäß § 31 I SchKG ein Recht geschaffen, einen beim Bundesamt für Familie und zivilgesellschaftliche Aufgaben verwahrten **Herkunftsnachweis einzusehen** oder Kopien zu verlangen, in denen die Identität der Mutter gemäß § 26 II SchKG dokumentiert ist[147].

d) Auskunftsanspruch adoptierter Kinder

Das Auskunftsrecht adoptierter Kinder ergibt sich aus § 62 I PStG. Sie sind **ab** ihrem **16. Lebensjahr** befugt, **Einsicht in** das **Personenstandsregister** zu beantragen, in dem gemäß § 21 I Nr. 4 PStG die Vornamen und Familiennamen ihrer leiblichen Eltern zu beurkunden sind.

e) Fragen zur Wiederholung und Vertiefung mit Lösungshinweisen

Arbeitshinweis:
Bei der Beantwortung der Fragen, die sich auf konkrete Fälle beziehen, ist es stets wichtig, dass Sie Ihre Antwort kurz begründen und die jeweils maßgebliche(n) Norm(en) nennen.

1. Welche Voraussetzungen müssen erfüllt sein, damit die Rechtswirkungen einer Kindesannahme eintreten können? Wo finden sich die entsprechenden Regelungen? (→ **Seite 87**)
2. Betty (26 Jahre) und Christoph (20 Jahre) sind verheiratet und wünschen sich ein Kind. Sie entscheiden sich für eine Adoption und möchten wis-

146 Vgl.: BGBl. 2013 I Nr. 53 S. 3458.

147 Vgl. dazu: Erman/Hammermann, Vorbem. v. § 1598a Rn. 1a.

sen, ob es grundsätzlich möglich ist, dass sie auf diese Weise gemeinsam Eltern werden?

3. Welche Rechtsfolgen gehen mit einer Kindesannahme Minderjähriger einher? Welche Besonderheit besteht in Bezug auf die Stiefkindadoption? Ziehen Sie die entsprechenden Normen für Ihre Begründung heran. (→ **Seite 87**)
4. Daniela hat einen Sohn, den 11-jährigen Lukas, der aus ihrer vor 8 Jahren geschiedenen Ehe mit ihrem Mann Antonio stammt. Antonios Aufenthalt ist dauerhaft unbekannt, seit er direkt nach der Scheidung nach Costa Rica ausgewandert ist und unter der damals angegebenen Anschrift nie zu erreichen war. Daniela lebt inzwischen – seit mittlerweile 5 Jahren – glücklich mit Semi zusammen. Beide möchten aufgrund ihrer Vorerfahrungen nicht heiraten. Semi liebt Lukas wie seinen eigenen Sohn und beide sind Eltern der 2-jährigen Ela. Wäre es möglich, dass Semi auch rechtlich (und nicht nur sozial) Vater des Lukas wird?
5. Den Tod ihres Sohnes Jannis haben Kathi und Leszek nicht verkraftet. Sie konnten es auch nicht akzeptieren, dass ihre Schwiegertochter Nadja vor 2 Jahren wieder geheiratet hat und mit ihrem Mann André eine Stiefkindadoption der aus der Ehe mit Jannis stammenden Tochter Vanessa (7 Jahre) anstrebt. Sie möchten wissen, ob sie verhindern können, dass ihre Enkeltochter von einem »fremden Mann« adoptiert wird. Ihnen ist es wichtig, auch rechtlich weiter mit ihrer Enkelin verwandt zu bleiben. Wie ist die Rechtslage?
6. Was versteht man unter einer Inkognito-Adoption? (→ **Seite 93**)
7. Wer ist für die Adoptionsvermittlung zuständig? (→ **Seite 97**)
8. Wo bzw. in welchem Gesetz findet sich die Grundlage für die Beratungsaufgaben, die im Rahmen einer Adoptionsvermittlung zu erbringen sind? (→ **Seite 97**)
9. Was gehört zu der von der Adoptionsvermittlungsstelle durchzuführenden allgemeinen Eignungsprüfung, der sich alle Adoptionsbewerber:innen zu unterziehen haben? (→ **Seite 98**)
10. Für welche Familienkonstellationen besteht im Sinne des § 9a IV AdVermG keine Beratungspflicht und was ist Sinn und Zweck dieser Regelung? (→ **Seite 98**)

11. Woraus wird das Recht auf Kenntnis der eigenen Abstammung hergeleitet? (→ **Seite 99**)
12. Welche Auskunftsansprüche kennen Sie und wo sind sie im Gesetz zu finden? (→ **Seite 100**)

Lösungshinweise zu:

2. Nein, derzeit können Betty und Christoph noch nicht gemeinsam ein Kind adoptieren, da nicht beide das von § 1743 BGB vorgegebene Mindestalter aufweisen. Damit sie als Ehepaar ein Kind adoptieren könnten, müsste Christoph mindestens das 21. Lebensjahr vollendet haben. Möglich ist jedoch, dass Betty das Kind i.S.d. § 1741 II 4 BGB allein adoptiert. Wenn Christoph dann das 21. Lebensjahr vollendet haben wird, kann er es gemäß § 1742 BGB ebenfalls adoptieren.
4. Während Kindesannahmen grundsätzlich nur von zwei Personen durchgeführt werden können, wenn sie verheiratet sind, ist die Stiefkindadoption (seit dem 31.3.2020) gemäß § 1766a BGB unter bestimmten Voraussetzungen auch für Partner:innen einer »verfestigten Lebensgemeinschaft« möglich.
   Als »verfestigt« gilt eine Lebensgemeinschaft nach § 1766a II BGB, wenn sie seit mindestens vier Jahren besteht oder die Partner:innen bereits Eltern eines gemeinschaftlichen, bei ihnen lebenden Kindes sind und keine:r von ihnen mit einer dritten Person verheiratet ist.
   Daniela und Semi haben ein gemeinschaftliches, bei ihnen lebendes Kind, nämlich die 2-jährige Ela und leben darüber hinaus schon seit 5 Jahren zusammen, sodass ihre Lebensgemeinschaft als verfestigt i.S.d. § 1766a II BGB zu qualifizieren und eine Stiefkindadoption grundsätzlich möglich ist. Am Einwilligungserfordernis i.S.d. § 1747 BGB wird eine Stiefkindadoption ebenfalls nicht scheitern, da die Einwilligung des Antonio (als Vater des Lukas) in die Kindesannahme nach § 1747 IV BGB aufgrund der Tatsache, dass sein Aufenthalt dauerhaft unbekannt ist, nicht erforderlich ist.
5. Neben der Einwilligung des Kindes (vgl. dazu § 1746 BGB) ist für eine Kindesannahme – aufgrund des verfassungsrechtlich in Art. 6 GG garantierten Elternrechts – gemäß § 1747 BGB auch die Einwilligung der Eltern des Kindes erforderlich. Großeltern sind nicht in den Kreis der Einwilligungsberechtigten miteinbezogen und können entsprechend eine

Kindesannahme auch nicht verhindern (es sei denn, die Adoption würde nicht im Kindeswohlinteresse erfolgen und sie würden das Familiengericht darüber informieren).

Kathi und Leszek können mithin die Stiefkindadoption ihrer Enkeltochter nicht verhindern. Ihre Sorge in Bezug auf die Beendigung ihrer rechtlichen Verwandtschaft mit Vanessa ist jedoch unbegründet. Sie bleiben auch nach vollzogener Stiefkindadoption die leiblichen und rechtlichen Großeltern ihrer Enkeltochter.

Dies folgt aus § 1756 II BGB. Diese Norm sieht eine Ausnahme in Bezug auf das grundsätzliche Erlöschen der Verwandtschaftsverhältnisse bei Adoptionen vor und zwar für den Fall, dass der/die Ehepartner:in eines verwitweten Elternteils das Kind seines Partners/seiner Partnerin adoptiert (Stiefkindadoption) und der verstorbene Elternteil sorgeberechtigt war.

In einer solchen Konstellation bleibt das Verwandtschaftsverhältnis des Kindes mit den Verwandten seines verstorbenen Elternteils bestehen, sodass das Kind – je nachdem, ob alle noch leben – ein drittes Großelternpaar dazu gewinnen könnte. Dahinter steht die Überlegung, dass durch eine Kindesannahme nach dem Tode eines sorgeberechtigten Elternteils, das der Adoption nicht zustimmen konnte, die bestehenden Verwandtschaftsbeziehungen nicht berührt und insbesondere auch den Großeltern nicht ohne jedes Einverständnis die Enkel entzogen werden sollten[148].

5 Sorge- und Umgangsrecht

Wie sich aus **Art. 6 II 1 GG** ergibt, sind **Pflege und Erziehung der Kinder** das **natürliche Recht der Eltern** und die **zuvörderst ihnen obliegende Pflicht.** Entsprechend gehören die in §§ 1626 ff., 1684 ff. BGB geregelten Sorge- und Umgangsrechte der Eltern mit ihren Kindern zum Kern des von Art. 6 II 1 GG verfassungsrechtlich garantierten Elternrechts[149] (und stehen auch unter dem Schutz des Art. 8 EMRK), wobei mit diesen Rechten entsprechend auch Verantwortung einhergeht und sie von den Eltern im Verhältnis zueinander respektiert werden müssen[150].

---

148 Gernhuber/Coester-Waltjen, FamR, § 70 Rn. 109 m.w.N.

149 Vgl. auch BVerfG NJW 2008, 1287, 1289; FamRZ 2010, 1622; 2013, 433.

150 BVerfG NJW 2002, 1863 f.; 2007, 1266 f. und Erman/Döll, BGB, § 1684 Rn. 3 m.w.N.

a) Elterliche Sorge

Die Bestimmungen zum Sorgerecht knüpfen zwar an die Elternstellung an, jedoch ist **nicht jeder Elternteil** zwangsläufig **Inhaber:in der elterlichen Sorge**.

aa) Inhaber:innen der elterlichen Sorge

Das BGB unterscheidet in Bezug auf die Inhaberschaft der elterlichen Sorge **zwischen**

- **verheirateten** (verschiedengeschlechtlichen) **Eltern** und
- **nicht verheirateten** (verschiedengeschlechtlichen) **Eltern**.

Abbildung 7: Elterliche Sorge

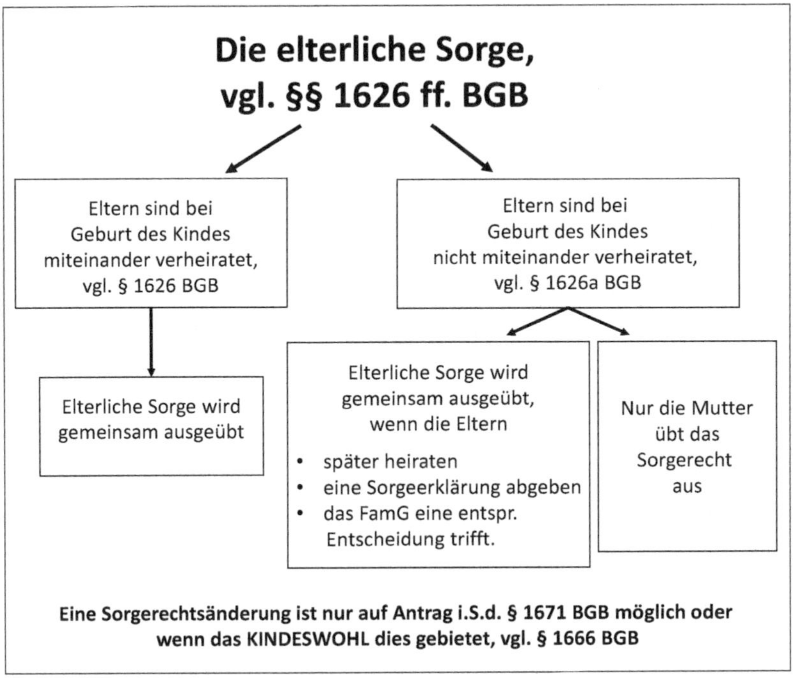

Den verheirateten (verschiedengeschlechtlichen) Eltern steht die elterliche Sorge grundsätzlich gemeinsam zu, wie sich aus dem Umkehrschluss (*argumentum e contrario*) aus § 1626a BGB ergibt, der ausschließlich für nicht verheiratete Eltern maßgeblich ist.

Für nicht miteinander verheiratete (verschiedengeschlechtliche) Eltern ist §1626a BGB einschlägig. Im Sinne dieser Norm übt nur die Mutter das Sorgerecht aus, wenn die Eltern nicht etwas anderes wünschen.
Die **gemeinsame Sorge** kann erreicht werden,

- **wenn** die **Eltern** eine gemäß §1626d I BGB öffentlich beurkundete **Sorgeerklärung abgeben**, was i.S.d. §1626b II BGB auch vorgeburtlich, z.B. vor dem Jugendamt, möglich ist, vgl. §59 I 1 Nr. 8 SGB VIII,
- sie **nach der Geburt des Kindes heiraten** oder
- wenn **das Familiengericht** auf Antrag eine entsprechende **Entscheidung trifft.**

Exkurs/Vertiefung

Am 3.12.2009 hatte der EuGHMR (Straßburg) entschieden, dass die bis dato geltende Fassung des §1626a BGB gegen das Diskriminierungsverbot verstoße, da es Vätern nicht möglich war, das Sorgerecht für ihr nicht in einer Ehe geborenes Kind ohne Zustimmung der Mutter zu erhalten[151].
Im Anschluss hat das BVerfG in seiner Entscheidung vom 21.7.2010 (1 BvR 420/09) ebenfalls festgestellt, dass §1626a I Nr. 1 a.F. BGB und §1672 BGB a.F. mit Art. 6 II GG unvereinbar seien[152].
Mit Wirkung zum 19.5.2013 ist dann schließlich das Gesetz zur Reform der elterlichen Sorge nicht miteinander verheirateter Eltern in Kraft getreten, wobei die inhaltlichen Vorgaben des BVerfG in die Neufassungen der §§1626a und 1671 BGB integriert und §1672 BGB aufgehoben wurden[153].

Ein Formular für eine Sorgeerklärung, die oftmals bei demselben Jugendamts-Termin abgegeben wird, in dem auch die Vaterschaftsanerkennung erfolgt, könnte so aussehen, wobei es sich hier um eine beglaubigte Abschrift für den Vater handelt:

---

151 Vgl.: http://hudoc.echr.coe.int/eng#{„itemid":[„001-96020"]}

152 BVerfG Beschl. v. 21.07.2010, 1 BvR 420/09, Rn. 1–78: https://www.bundesverfassungsgericht.de/SharedDocs/Entscheidungen/DE/2010/07/rs20100721_1bvr042009.html

153 BGBl. 2013 I Nr. 18 S. 795.

Abbildung 8: Sorgeerklärungsformular (Angaben fiktiv)

Beglaubigte Abschrift

Berlin

Bezirksamt **Friedrichshain-Kreuzberg** von Berlin
Jugendamt

10247 Berlin, den 03. Januar 2023

Beurk.-Reg.-Nr. **2/2023 SR** Gesch.Z: Jug 1243 – S

Vor der Urkundsperson Frau Böhm
erscheinen heute

	Vorname(n)	Familienname	Familienstand
1. Frau	Linda	Schmidt	ledig
	Geburtsdatum	Staatsangehörigkeit	
	[illegible]. Dezember 1994	deutsch	
	Anschrift		
	Forster Straße 191, 10999 Berlin		
	ausgewiesen durch		
	Personalausweis der Bundesrepublik Deutschland Nr.: 253607		
	Vorname(n)	Familienname	Familienstand
2. Herr	Torsten	Bierau	ledig
	Geburtsdatum	Staatsangehörigkeit	
	22. April 1996	deutsch	
	Anschrift		
	Forster Straße 191, 10999 Berlin		
	ausgewiesen durch		
	Personalausweis der Bundesrepublik Deutschland Nr.: 2480207		

Die Erschienenen sind nach Überzeugung der Urkundsperson geschäftsfähig.
Die Erschienene zu 1. erklärt: Ich bin schwanger. Voraussichtlicher Entbindungstermin ist laut vorgelegter ärztlicher Bescheinigung der **11. Januar 2023**.
Nachdem über die rechtliche Auswirkung der gemeinsamen Sorgeerklärung belehrt wurde, erklären die Erschienenen:

1. Wir sind nicht miteinander verheiratet.
2. Wir sind die Eltern des zu erwartenden Kindes.
3. Wir wollen für das zu erwartende Kind die elterliche Sorge gemeinsam übernehmen.
4. Diese Sorgeerklärung gilt auch für den Fall einer Mehrlingsgeburt.

Wir wurden darauf hingewiesen, dem beurkundenden Jugendamt nach der Geburt des Kindes den Namen des Kindes und den Geburtsort mitzuteilen, damit die vorstehende Sorgeerklärung dem Jugendamt am Geburtsort des Kindes gemäß § 1626d BGB zum Zwecke evtl. Auskunftserteilung mitgeteilt werden kann.
Die Verhandlungsniederschrift wurde den Erschienenen vorgelesen, von ihnen genehmigt und eigenhändig unterschrieben.

Bezirksamt Friedrichshain-Kreuzberg von Berlin
Berlin, den 03. Januar 2005
GZ.: 1243 – S

Herr Torsten Bierau
Forster Str. 191, 10999 Berlin

Vorstehende beglaubigte Abschrift übersende ich mit der Bitte um Kenntnisnahme.

Urkundsperson

zu 1.: Linda Schmidt

zu 2.: Torsten Bierau

Böhm
- Urkundsperson

Die Übereinstimmung mit der Urschrift vorstehender Niederschrift wird hiermit beglaubigt.

Berlin, den 03. Januar 2023

Böhm

Marzahn - Urkundsperson

Bezirksamt Friedrichshain-Kreuzberg Jugendamt Berlin

JugD 89 c - 3 -Gemeinsame Sorgeerklärung vor der Geburt - Vater -

Für **gleichgeschlechtliche Paare** (ob verheiratet oder in verfestigter Lebensgemeinschaft lebend) **besteht derzeit** noch **keine Möglichkeit, die gemeinsame elterliche Sorge mit Geburt des Kindes zu erhalten**, zumal sie weder vorgeburtlich noch mit Geburt die **gemeinsame rechtliche Elternschaft** sicherstellen können. Möglich ist die gemeinsame rechtliche Elternschaft für gleichgeschlechtliche Paare und damit auch ihre gemeinsame elterliche Sorge **erst nach** der **Geburt des Kindes** über den Weg der **Stiefkindadoption.**

Exkurs/Vertiefung

Während **früher bei Ehescheidungen** – sofern Kinder aus der Ehe hervorgegangen waren – vom Familiengericht noch zwangsläufig über die elterliche Sorge als sog. Folgesache mitentschieden wurde, ist dies bereits seit dem 1.7.1998 nicht mehr der Fall[154]. Daraus ist abzulesen, dass der Gesetzgeber grundsätzlich auch **bei** einer **Scheidung** die **elterliche Sorge bei beiden Elternteilen** belassen wollte. Entsprechendes gilt, wenn sich nicht verheiratete Eltern trennen.

Das Familiengericht kann die elterliche Sorge lediglich dann (teilweise) aufheben und ggf. auf einen Elternteil übertragen, wenn es das **Kindeswohl** gebietet, vgl. **§ 1666 BGB**, oder ein **Antrag auf Übertragung der Alleinsorge auf einen Elternteil** i.S.d. § 1671 BGB gestellt und durch das Familiengericht positiv beschieden wird. (→ **Seite 123**)

Der **Ehegatte eines allein sorgeberechtigten Elternteils**, der selbst nicht Elternteil des Kindes ist, hat im Einvernehmen mit dem sorgeberechtigten Elternteil gemäß § 1687b BGB die Befugnis zur Mitentscheidung in **Angelegenheiten des täglichen Lebens** des Kindes **(sog. kleines Sorgerecht)**. Darüber hinaus ist in § 1687b II BGB ein **Notvertretungsrecht des Ehepartners bzw. der Ehepartnerin** normiert, das insbesondere bei Unfällen und Verletzungen des Kindes zum Tragen kommt, sofern die Entscheidung des sorgeberechtigten Elternteils nicht rechtzeitig eingeholt werden kann.

bb) Inhalte der elterlichen Sorge

Die **elterliche Sorge umfasst** gemäß § 1626 I BGB

154 Diese Änderung wurde durch das Kindschaftsrechtsreformgesetz, BGBl. 1997 I Nr. 84 S. 2942 umgesetzt.

- die **Personensorge** (vgl. dazu §§ 1631 ff. BGB),
- die **Vermögenssorge** (vgl. dazu §§ 1638 ff. BGB) sowie
- das entsprechende **Vertretungsrecht** i.S.d. § 1629 I BGB.

Abbildung 9: Sorgerechtsinhalte

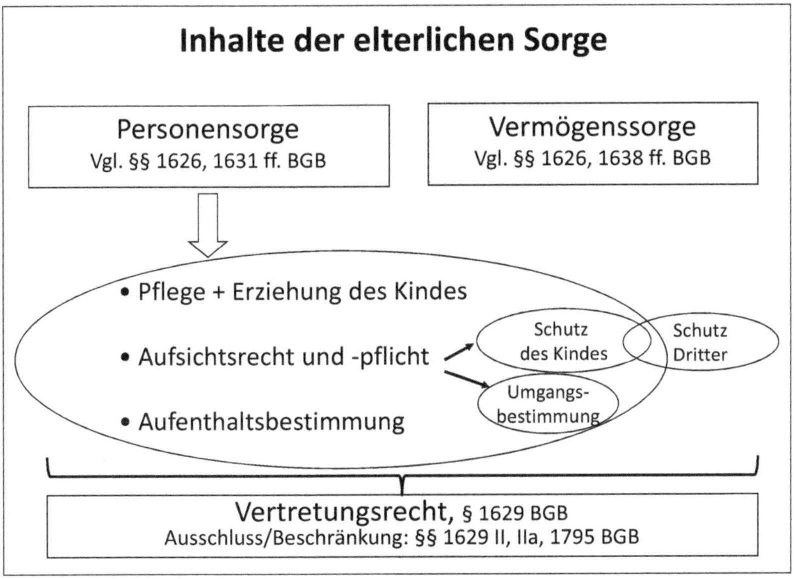

(1) Personensorge

Zur Personensorge gehören nach § 1631 BGB

- die **Pflege und Erziehung** des Kindes,
- **Aufsichtsrecht und -pflicht** sowie
- das **Aufenthaltsbestimmungsrecht**.

(a) Pflege und Erziehung des Kindes

Pflege und Erziehung des Kindes i.S.d. § 1631 BGB bedeutet ganz konkret die **tatsächliche Sorge für alle persönlichen Angelegenheiten** des Kindes, also z.B.

- **Geburtsanzeige,**
- **Namensbestimmung,**

- **Religionszugehörigkeit**, wobei zu beachten ist, dass das Kind nach dem Gesetz über die religiöse Kindererziehung (RelKErzG) ab dem 14. Lebensjahr seinen Glauben selbst bestimmen kann und schon ab dem 12. Lebensjahr keinen Religionswechsel mehr dulden muss,
- **grundsätzlich: Entscheidung über ärztliche Maßnahmen wie Operationen und Impfungen**,
- **Kita-/Schulwahl**,
- **aber auch Maßnahmen zum Schutz des Allgemeinen Persönlichkeitsrechts** des Kindes durch Veröffentlichung von Fotos auf allgemeinen zugänglichen Internetseiten[155] sowie
- sämtliche **Angelegenheiten des täglichen Lebens**.

Die **Angelegenheiten des täglichen Lebens** sind im Sachzusammenhang mit der Ausübung der elterlichen Sorge bei Getrenntleben in § 1687 I 3 BGB *legaldefiniert.* Darunter sind **solche** zu verstehen, **die häufig vorkommen** und **keine schwer abzuändernden Auswirkungen auf** die **Entwicklung des Kindes** haben, in concreto also **Fragen des Kita- und Schulalltags**, wie z.B.

- Entscheidungen über die Teilnahme an einem Tagesausflug,
- Unterschriften bei Zeugnissen,
- Einverständniserklärungen oder Entschuldigungen,
- tägliche Pflege (Nahrung, Kleidung, Hygiene),
- medizinische Versorgung bei leichteren Krankheiten,
- Erlaubnis in Bezug auf die Freizeitgestaltung,
- Handy-/Computer-/Fernsehkonsum und
- im Bereich der Vermögenssorge die Verwaltung kleinerer Geldgeschenke[156].

(b) Aufsichtspflicht und -recht

Auch die **Aufsichtspflicht (und** das **Aufsichtsrecht)** für Kinder **liegt** nach dem BGB **bei** ihren **Eltern, wenngleich sie** ihre **Aufsichtspflicht** (ausdrücklich oder *konkludent*) für eine begrenzte Zeit auf andere Personen (insbesondere Erzieher:innen, Sozialpädagog:innen, Lehrer:innen) **übertragen können**.

155 Grüneberg/Götz, § 1626 Rn. 8 ff. m.w.N.

156 Vgl. Grüneberg/Götz, § 1687 Rn. 7.

Eltern haben im Sinne ihrer Aufsichtspflicht grundsätzlich **dafür** zu **sorgen, dass ihre Kinder**

- **nicht zu Schaden kommen** (ggf. Haftung aus § 823 BGB) und
- **Dritten keine Schäden zufügen** (vgl. Haftung aus § 832 BGB).

Exkurs/Vertiefung

Zu dem nach § 832 I BGB aufsichtspflichtigem Personenkreis (kraft Gesetzes) können nicht nur Eltern (über §§ 1626 ff. BGB) gehören, sondern z.B. auch
- Vormünder:innen i.S.d. §§ 1773 ff., 1789 BGB und
- Pfleger:innen i.S.d. §§ 1809 ff., 1813 BGB.

Dagegen ist der **Beistand** i.S.d. §§ 1712 ff. BGB **nicht** aufsichtspflichtig[157].

Nach § 832 II BGB, also kraft Vertrages können z.B.:
- Pflegeeltern,
- Heimleiter:innen,
- Erzieher:innen,
- Sozialpädagog:innen oder auch
- Betreuer:innen eines Ferienangebots

zum aufsichtspflichtigen Personenkreis gehören.

Da sich aus dem Gesetz keine genaue Definition des Terminus Aufsichtspflicht ergibt, kommt es für die Frage, was **Inhalt der Aufsichtspflicht** ist, auf die Konkretisierung durch die Gerichte an.

Die Aufsichtspflicht beinhaltet im Sinne der Rechtsprechung, den Aufsichtsbedürftigen

- **zu beobachten**,
- **zu kontrollieren**,
- **zu überwachen**,
- **zu belehren**,
- **aufzuklären** und
- ggf. sein **Verhalten zu leiten und zu beeinflussen**[158].

---

157 Grüneberg/Sprau, § 832 Rn. 5.

158 Vgl.: z.B. LG München I, Urteil vom 19.6.2008, MMR 2008, 619 ff.

Der **Umfang der Aufsichtspflicht** richtet sich dann nach den konkreten Kenntnissen und Fähigkeiten des Kindes, mithin insbesondere nach:

- **Alter,**
- **Entwicklungsstand,**
- **früherem Verhalten,**
- **Eigenarten/Eigenschaften,**
- **Charakter** sowie
- **dem Ausmaß der Gefahr**, die von der konkreten Situation ausgeht bzw. danach, ob ein Schadenseintritt hätte voraussehbar sein können[159].

Um zu eruieren, ob Eltern, die über §1626 BGB gegenüber ihren Kindern eine sog. *Garantenstellung* innehaben, im konkreten Fall tatsächlich ihrer Aufsichtspflicht genügen, kann folgende **Kontrollfrage** hilfreich sein:

Was würden verständige Eltern vernünftigerweise in der konkreten Situation für Maßnahmen treffen, um Schäden (ihres Kindes/Dritter) zu verhindern bzw. welche Maßnahmen sind insoweit erforderlich und zumutbar?

Letztlich ist eine **Haftung gegenüber Dritten** i.S.d. §832 BGB **ausgeschlossen, wenn** sich die Eltern als aufsichtspflichtige Personen entlasten (exkulpieren) können, indem sie umfassend und konkret darlegen und beweisen,

- dass sie ihre **Aufsichtspflicht erfüllt** haben bzw. aufgrund der Person ihres aufsichtsbedürftigen Kindes die üblichen Maßnahmen nicht erforderlich waren oder die Aufsichtspflicht auf eine andere geeignete Person übertragen wurde, die ordnungsgemäß ausgewählt, instruiert, informiert und überwacht wurde, oder
- dass **der Schaden auch bei gehöriger Beaufsichtigung** oder wiederholter Belehrung entstanden wäre[160].

---

159 Vgl.: Grüneberg/Sprau, §832 Rn. 8 m.w.N.

160 Vgl. zum Ganzen: Grüneberg/Sprau, §832 Rn. 8 m.w.N.

Liegt hingegen eine Aufsichtspflichtverletzung vor, kann dies nicht nur eine **zivilrechtliche Haftung** auslösen, sondern **auch strafrechtliche Konsequenzen** haben.

Exkurs/Vertiefung

Auch in Bezug auf die strafrechtliche Haftung wird an die sog. **Garantenstellung** angeknüpft, indem in §13 StGB das Unterlassen einem aktiven Tun, also einer Handlung gleichgestellt wird.
D.h. konkret Folgendes: Wenn ein Garant, der **für Andere in besonderer Weise einzustehen** hat, trotz dieser Verpflichtung untätig bleibt, so behandelt wird, als habe er die negative Folge (das StGB spricht hier missverständlich von: »Erfolg«) durch aktives Tun herbeigeführt. Im Strafrecht haftet ein Garant bei Untätigkeit dann z.B. bei einem Unfall nicht wie jedermann wegen »unterlassener Hilfeleistung« i.S.d. §323c StGB, sondern wegen fahrlässiger Körperverletzung oder Tötung durch Unterlassen i.S.d. §§229, 222, 13 StGB.

(c) Aufenthaltsbestimmungsrecht und Kindesherausgabe

Wo das Kind wohnen oder leben soll, bestimmen die Eltern kraft ihres **Aufenthaltsbestimmungsrechts**. Lediglich die freiheitsentziehende Unterbringung gegen oder ohne den Willen des Kindes bzw. sonstige freiheitsentziehende Maßnahmen bedürfen der Genehmigung des Familiengerichts (§1631b BGB). Genehmigungspflichtig i.S.d. Absatzes 1 ist z.B. die Unterbringung in einem geschlossenen psychiatrischen Krankenhaus oder der geschlossenen Abteilung eines Heims, nicht dagegen ein Ausgeh-, Reiseverbot oder Hausarrest[161]. Genehmigungspflichtig i.S.d. Absatzes 2 sind Maßnahmen, die darauf zielen, das Kind an der Fortbewegung und am Verlassen des Aufenthaltsortes zu hindern, wie z.B. Festhalten, Fixierungen, Sedierungen oder der Einschluss in sog. Time-Out-Räumen, aber auch das regelmäßige Verschließen der Eingangstür während der Nacht, sofern deren Öffnung durch Pflegekräfte bis zu 30 Minuten dauert[162].

Ergänzt wird das Aufenthaltsbestimmungsrecht durch den in §1632 I BGB normierten **Anspruch auf Kindesherausgabe. Danach haben** die personensorgeberechtigten Eltern das Recht, die Herausgabe ihres Kindes von

161 Erman/Döll, §1631b Rn. 1, 3f.

162 Erman/Döll, §1631b Rn. 4 m.w.N. und Beispielen.

jedem zu verlangen, der es ihnen **widerrechtlich** vorenthält, es z.B. entführt hat oder es nicht herausgibt, nachdem das Kind zunächst aufgrund seines freien Willens entlaufen ist[163]. Sofern solch einer (berechtigten) Herausgabe-Aufforderung nicht Folge geleistet wird, könnte das Gericht Zwangsmaßnahmen zur Herausgabe des Kindes an den zuständigen Gerichtsvollzieher anordnen, wobei ggf. die Polizei hinzuzuziehen ist. An der Widerrechtlichkeit fehlt es, wenn es einen rechtfertigenden Grund für das Vorenthalten des Kindes geben sollte, wie beispielsweise durch die Schulpflicht bedingt, durch Heimunterbringung nach dem JGG, Strafhaft oder eine Inobhutnahme nach § 42 SGB VIII[164]. Bei **Streitigkeiten entscheidet** nach § 1632 III BGB das **Familiengericht** auf Antrag eines Elternteils, **wobei** nach § 50 I Nr. 1 SGB VIII das **Jugendamt mitzuwirken hat.**

Exkurs/Vertiefung

Ein Elternteil kann nur dann von der/dem Anderen die Herausgabe des Kindes nach §1632 I BGB verlangen, wenn ihr/ihm (zumindest) das alleinige Aufenthaltsbestimmungsrecht zusteht[165].

Da die in §§ 1626 ff. BGB normierten Elternrechte das Ergebnis einer verfassungskonformen Abwägung der zwischen Eltern und Kindern etwaig widerstreitenden Grundrechtspositionen darstellen, verletzt das Herausgabeverlangen der Eltern – solange dadurch das Kindeswohl nicht gefährdet wird – als Ausdruck des nach Art. 6 II 1 GG geschützten Elternrechts nicht die Grundrechte des Kindes aus den Art. 2, 4, 5, 6 oder 12 GG[166].Tatsächlich könnte bei Widerstand des Kindes gegen die Herausgabe nach § 90 II 2 FamFG gegen das Kind auch unmittelbarer Zwang angewendet werden, soweit dies unter Berücksichtigung des Kindeswohls gerechtfertigt wäre[167] und die Zwangsanwendung zwingend erforderlich ist, also mildere Mittel letztlich nicht zum

163 Erman/Döll, §1632 Rn. 1 f.

164 Vgl. dazu: Grüneberg/Götz, §1632 Rn. 3.

165 Vgl. dazu: OLG Naumburg FamRZ 2018, 694, das in seiner Entscheidung festgestellt hat, dass bei uneingeschränkt gemeinsamer elterlicher Sorge kein auf Herausgabe gerichteter Anspruch des einen Elternteils gegen den anderen bestehen kann.

166 Erman/Döll, §1632 Rn. 2.

167 Zur gesonderten Kindeswohlprüfung, bei der nicht die Angemessenheit der zu vollstreckenden Grundentscheidung, sondern die konkrete Auswirkung der Zwangsanwendung

Erfolg führen würden bzw. zum Erfolg geführt haben. Als milderes Mittel käme insbesondere die Zwangsausübung gegen die zurückhaltende Person in Betracht[168]. Bei Kindern ab ca. 14 Jahren, die sich einer Herausgabe widersetzen, müsste die Anwendung unmittelbaren Zwanges unter Berücksichtigung ihres Grundrechts aus Art. 2 I GG i.d.R. eher unterbleiben[169].

Exkurs/Vertiefung

Das Vorenthalten des Kindes kann auch zu Schadensersatzansprüchen nach § 823 I und II BGB führen[170].
Unabhängig von der zivilrechtlichen Beurteilung ist die Entziehung eines Minderjährigen nach § 235 StGB strafbar.

Sofern ein **Kind** seit längerer Zeit **in Familienpflege** leben sollte und die **Eltern** ihr **Herausgabeverlangen gegenüber** der **Pflegeperson** geltend machen möchten, greift § 1631 IV BGB ein. Das Familiengericht hat im Sinne dieser Norm zu prüfen, ob eine Wegnahme von der Pflegeperson das **Kindeswohl** gefährden würde und kann dann nicht nur anordnen, dass das Kind einstweilen bei der Pflegeperson verbleibt, sondern auch, dass dieser **Verbleib im Kindeswohlinteresse auf Dauer** sein soll, wenn sich trotz angebotener geeigneter Beratungs- und Unterstützungsmaßnahmen die Erziehungsverhältnisse bei den Eltern nicht nachhaltig verbessert haben und eine derartige Verbesserung mit hoher Wahrscheinlichkeit auch nicht zu erwarten ist, vgl. § 1631 IV 2 Nr. 1 BGB[171].

(d) Besonderheiten, Schranken, Ausschluss

Die Personensorge der Eltern unterliegt nach dem Gesetz zum Schutze der Kinder gewissen **Einschränkungen, die sich** insbesondere **auf** die **körper-**

---

auf das Kind mit dem verfolgten Zweck der Vollstreckung abzuwägen ist, vgl.: Prütting/Helms/Hammer, FamFG, § 90 Rn. 10 m.w.N.

168 Prütting/Helms/Hammer, FamFG, § 90 Rn. 10 m.w.N.

169 Vgl. dazu: Erman/Döll, § 1632 Rn. 18 m.w.N.

170 Vgl. dazu: Erman/Döll, § 1632 Rn. 2 m.w.N.

171 Absatz 2, der vorsieht, dass das Familiengericht den dauerhaften Verbleib des Kindes bei den Pflegeeltern anordnen kann, wurde durch das Gesetz zur Stärkung von Kindern und Jugendlichen (Kinder- und Jugendstärkungsgesetz) vom 3.6.2021 eingefügt und ist seit dem 10.6.2021 in Kraft (BGBl. 2021 I Nr. 29 S. 1444).

liche Unversehrtheit der Kinder **beziehen** und bestimmte **körperliche Eingriffe** gänzlich **verbieten** – so besteht z.B. nach § 1631c BGB das **Verbot**, dass Eltern in die **Sterilisation** ihres Kindes einwilligen. Auch die **Beschneidung des männlichen Kindes** unterliegt nach § 1631d BGB bestimmten Beschränkungen hinsichtlich der Ausführung.

Zudem wird die **körperliche Unversehrtheit intersexueller Kinder** nunmehr besser geschützt (über ein Verbot bzw. einen Genehmigungsvorbehalt des Familiengerichts) und eine **selbstbestimmte Entscheidung** der Kinder ermöglicht. Seit dem 22.5.2021 stellt § 1631e BGB explizit klar, dass die **Personensorge nicht das Recht umfasst, nicht einwilligungsfähige gesunde Kinder mit einer Variante der Geschlechtsentwicklung zu operieren, ausschließlich mit dem Ziel, das körperliche Erscheinungsbild des Kindes** an das des männlichen oder des weiblichen Geschlechts **anzugleichen.**

Sofern der operative Eingriff an den inneren oder äußeren Geschlechtsmerkmalen nicht lediglich aus Gründen einer Geschlechtsangleichung erfolgen soll, sondern insoweit ein **weiterer Behandlungsgrund** besteht (vgl. § 1631e II i.V.m. I BGB), bedarf die Einwilligung der Eltern in solch eine Operation der **Genehmigung durch das Familiengericht.** Etwas anderes gilt lediglich dann, wenn die Operation zur Abwehr einer Gefahr für Leben oder Gesundheit des Kindes erforderlich ist und die Erteilung der Genehmigung nicht abgewartet werden kann, vgl. § 1631e III BGB. Relevant könnte dies nach Schätzungen des Gesetzgebers für etwa 300 Kinder pro Jahr sein[172].

Für die Frage, **ab wann ein Kind einwilligungsfähig** ist, erfolgt im Gesetz keine konkrete Altersangabe. Mithin ist dies nach den **Umständen des Einzelfalles** zu entscheiden bzw. danach, ob das Kind in der Lage ist,

- Art,
- Bedeutung,
- Tragweite,
- Risiken und
- langfristige Folgen der Behandlung zu erfassen,
- seinen Willen hiernach auszurichten.

172 BT-Drs. 19/24686, S. 22.

Darüber hinaus muss es ein eigenes Verständnis von geschlechtlicher Identität entwickelt haben[173]. Entsprechend ist vor Vollendung des 10. Lebensjahres nur im Ausnahmefall von einer Einwilligungsfähigkeit des Kindes auszugehen, eher ab Vollendung des 12., 14. oder 16. Lebensjahres[174].

(2) Vermögenssorge

Den Eltern steht neben der Personensorge auch die Sorge für das gesamte Vermögen des Kindes zu. Dazu zählen grundsätzlich **alle Maßnahmen, die** das **Kindesvermögen erhalten, vor Schaden bewahren oder vermehren sollen**. Von der Vermögensverwaltung der Eltern nicht erfasst werden nur diejenigen Beträge, die dem Kind als Taschengeld zugewendet worden sind, vgl. § 110 BGB (sog. Taschengeldparagraf).

Ausgenommen von der Vermögenssorge kann nach § 1638 BGB zudem noch dasjenige Vermögen sein, welches das Kind erbt oder welches ihm unentgeltlich zugewendet wird, sofern der Erblasser bzw. der Zuwendende bestimmt hat, dass die Eltern das Vermögen nicht verwalten sollen. Ist ein Elternteil von der Vermögenssorge ausgeschlossen, dann wird sie von dem anderen allein ausgeübt, § 1638 III BGB. Sollten beide Eltern von der Vermögenssorge ausgeschlossen sein, muss ein **Ergänzungspfleger** bestellt werden, § 1809 BGB.

(3) Vertretungsrecht

Das gesetzliche Vertretungsrecht der Eltern i.S.v. **§ 1629 I 1 BGB** bezieht sich auf alle Bereiche der elterlichen Sorge und stellt sicher, dass Eltern ihre Kinder grundsätzlich in allen Fragen der Personen- und Vermögenssorge im Außenverhältnis wirksam vertreten können. Grundsätzlich sind (sofern vorhanden) beide Eltern **Gesamtvertreter** ihres Kindes (§§ 1626 I, 1629 I 2 BGB), wobei dies nicht bedeutet, dass stets die gleichzeitige Abgabe übereinstimmender Erklärungen durch beide Elternteile zu verlangen ist[175].

Vielmehr sind (zwar nicht generell, aber) für **einzelne Geschäfte bzw. bestimmte Arten** von Geschäften alle Formen der **Bevollmächtigung eines Elternteils durch den anderen** (ausdrücklich oder stillschweigend) zulässig, wobei auch die Grundsätze der *Duldungs- und Anscheinsvollmacht* Geltung ha-

173 Erman/Döll, § 1631e Rn. 8.

174 BT-Drs 19/24686, 25.

175 Vgl. dazu auch: Gernhuber/Coester-Waltjen, FamR, § 61 Rn. 26.

ben[176]. Vertritt ein Elternteil das Kind allein, obwohl eine Vollmacht des/der Anderen fehlt bzw. werden die Grenzen der vereinbarten Bevollmächtigung überschritten und greifen die Grundsätze der Duldungs-/Anscheinsvollmacht nicht ein, ist dies wie eine **Vertretung ohne Vertretungsmacht i.S.d. §177ff. BGB** zu behandeln[177]. D.h., dass der ohne Vollmacht Handelnde zum Beispiel nach §179 I BGB schadensersatzpflichtig werden kann. Bei **Gefahr im Verzug** kann ein Elternteil allein handeln, muss aber den anderen davon unverzüglich unterrichten, vgl. §1629 I 4 BGB.

Erklärungen, die von Dritten **gegenüber einem Kind** abzugeben sind, vgl. §131 BGB, sind bereits wirksam, wenn sie nur einem vertretungsbefugten Elternteil gegenüber abgegeben werden, vgl. §1629 I 2 BGB. Ist nur ein Elternteil Inhaber der elterlichen Sorge, ist er auch **allein vertretungsberechtigt** (§1629 I 3 BGB). Das gleiche gilt, soweit das Familiengericht ihm nach §1628 I BGB eine Sorgemaßnahme allein übertragen hat.

Wegen eines **möglichen Interessenkonflikts** sind Eltern oder ggf. auch nur ein Elternteil gemäß §1629 BGB **in bestimmten Fällen von** der **Vertretung** ihres Kindes **ausgeschlossen**. So besteht z.B. trotz gemeinsamer elterlicher Sorge ein **Alleinvertretungsrecht** des Elternteils, in dessen Obhut sich das Kind befindet, in Bezug auf **Unterhaltsansprüche des Kindes** gegen den anderen Elternteil, §1629 II 2 BGB. Diese Vorschrift findet unabhängig davon Anwendung, ob die Eltern miteinander verheiratet (bzw. nach LPartG verpartnert) sind oder nicht.

Sind sie miteinander verheiratet (oder nach LPartG verpartnert) und leben getrennt oder ist eine Ehesache (bzw. Lebenspartnerschaftssache), insbesondere ein Scheidungsverfahren zwischen ihnen *anhängig*, so kann ein Elternteil den Kindesunterhalt gegen den anderen nach §1629 III 1 BGB nur im eigenen Namen geltend machen. Das Kind selbst kann also keinen Antrag auf Unterhaltszahlung einreichen. Diese *gesetzliche Verfahrensstandschaft* soll Kinder aus Streitigkeiten im Rahmen der Ehescheidung und aus sonstigen gerichtlichen Verfahren zwischen den Eltern heraushalten.

Nach §1629 IIa BGB ist **in** einem **Vaterschaftsklärungsverfahren nach §1598a II BGB** die **Vertretung des Kindes weder durch** den **Vater noch** die **Mutter möglich**, da auch hier evtl. divergierende Interessen zwischen Eltern

176 Gernhuber/Coester-Waltjen, FamR, §61 Rn. 26; Erman/Döll, §1629 Rn. 3.

177 Erman/Döll, §1629 Rn. 3 m.w.N.

und Kind bestehen können. Das bedeutet konkret, dass für ein solches Verfahren stets ein **Ergänzungspfleger** nach §1809 BGB zu bestellen ist.

Zudem bestehen weitere Fälle, in denen das Vertretungsrecht ausgeschlossen sein kann, vgl. z.B. §1629 II 1 i.V.m. §1824 BGB. Im Rahmen des Eltern-Kind-Verhältnisses werden diejenigen Fälle, in denen das Kind nicht vertreten werden kann, nicht noch einmal alle explizit aufgezählt, sondern es wird (auch) hier mit einer Verweisungsnorm auf das Betreuungsrecht gearbeitet, sodass das Vertretungsrecht der Eltern für ihre Kinder dann ausgeschlossen ist, wenn auch rechtliche Betreuer:innen i.S.d. §§1814ff. BGB die von ihnen Betreuten nicht vertreten können.

Bei bestimmten Rechtsgeschäften, wie z.B. Grundstücksgeschäften, ist die Vertretungsbefugnis der Eltern zwar gesetzlich nicht ausgeschlossen, für ihre Wirksamkeit ist jedoch die **Genehmigung des Familiengerichts** erforderlich, vgl. §1643 i.V.m. §§1850 bis 1854 BGB[178].

cc) Art und Weise der Ausübung

Wenngleich Art. 6 II GG das Elternrecht verfassungsrechtlich garantiert, dürfen Eltern ihr Erziehungsrecht nicht uneingeschränkt ausüben und haben die Rechte ihrer Kinder zu achten. Das **Kind** soll nicht Gegenstand der elterlichen Sorge sein, sondern eine **Person mit eigenen Grundrechten**, die von den Eltern zu beachten sind[179].

(1) Kinderrechte

Kinder haben sowohl gegenüber ihren Eltern als auch gegenüber dem Staat, wie Art. 6 II 2 GG zeigt, ein **subjektives Recht auf Erziehung**, wobei Pflege und Erziehung nach §1631 II BGB gewaltfrei zu sein haben[180]. §1631 II 2 BGB zählt explizit auf, dass körperliche Bestrafungen, seelische Verletzungen und andere entwürdigende Maßnahmen zu unterbleiben haben.

Erziehungsgrundsätze sind in §1626 II BGB normiert: In diesem Sinne haben Eltern bei der Pflege und Erziehung ihrer Kinder, die wachsende Fähigkeit und das wachsende Bedürfnis der Kinder zu selbständigem, ver-

178 Zur Beschränkung der Minderjährigenhaftung nach §1629a BGB, vgl. Erman/Döll, §1629a Rn. 1.

179 BVerfG FamRZ 1993, 1420.

180 Vgl. auch: Hoppenz/van Els, A I BGB §1631 Rn. 3.

antwortungsbewusstem Handeln zu berücksichtigen. Bei Ausbildung und Berufswahl haben die Eltern zudem auf Eignung und Neigung des Kindes Rücksicht zu nehmen, vgl. § 1631a BGB.

Wie Eltern ihre elterliche Sorge ausüben sollen, regelt § 1627 BGB: **Eigenverantwortlich und einvernehmlich zum Wohl des Kindes** (Satz 1 der Vorschrift). **Bei Meinungsverschiedenheiten** müssen sie versuchen, sich zu **einigen** (Satz 2 der Vorschrift), wobei sie – wenn dies nicht gelingen sollte – und die Regelung der Angelegenheit für das Kind von erheblicher Bedeutung ist, das **Familiengericht** anrufen können, das auf Antrag die Entscheidung über die Streitfrage, ggf. mit Beschränkungen oder Auflagen, auf einen Elternteil übertragen kann, vgl. § 1628 BGB.

(2) Verhinderung und Ruhen

Ist bei zwei Elternteilen ein Elternteil **tatsächlich** (z.B. durch Krankheit, Strafhaft, Auslandsaufenthalt) verhindert, die elterliche Sorge auszuüben, **übt** der andere **mitsorgeberechtigte Elternteil die elterliche Sorge allein aus**, vgl. § 1678 I BGB. Ist ein Elternteil **rechtlich** (wegen Geschäftsunfähigkeit oder beschränkter Geschäftsfähigkeit) **verhindert**, **ruht** seine **elterliche Sorge**, vgl. § 1673 I BGB und § 1673 II BGB. Dem beschränkt Geschäftsfähigen steht jedoch die tatsächliche Personensorge weiter zu, er ist jedoch nicht zur Vertretung des Kindes berechtigt, vgl. § 1673 II 2 BGB. Auch **bei Ruhen** der elterlichen Sorge wird sie **durch den anderen Elternteil** allein **ausgeübt**, vgl. § 1678 BGB.

Einen **Sondertatbestand** für das Ruhen der elterlichen Sorge der Mutter enthält § 1674a BGB: Nach dieser Norm ruht die **elterliche Sorge der Mutter für** ein nach § 25 I 1 des Schwangerschaftskonfliktgesetzes **vertraulich geborenes Kind**, kann jedoch wieder aufleben.

Zudem ordnet § 1751 I 1 BGB an, dass mit der Einwilligung eines Elternteils in die Kindesannahme seine elterliche Sorge ruht und die Befugnis zum persönlichen Umgang mit dem Kind nicht ausgeübt werden darf. Auch diese Bestimmung hat keine Geltung, wenn eine Stiefkindadoption in Rede steht, vgl. § 1751 II BGB.

Sofern beide Eltern tatsächlich oder rechtlich **verhindert sind**, die elterliche Sorge ganz oder teilweise auszuüben, muss ein **Ergänzungspfleger oder Vormund** bestellt werden (§ 1693 BGB i.V.m. §§ 1809, 1773 BGB).

(3) Wechselmodell, Nestmodell, Residenzmodell

Sofern Eltern sich getrennt haben und sich die Betreuung des Kindes, mithin die Ausübung der elterlichen Sorge, teilen möchten, haben sich verschiedene Modell-Bezeichnungen entwickelt, die die unterschiedlichen Konstellationen widerspiegeln und im Sachzusammenhang mit Sorgerecht, Umgangsrecht und Unterhaltsrecht relevant sein können. Bei Wechsel- und Nestmodell ist zwischen den Eltern ein hohes Maß an Kommunikation und Kooperation gefragt, sodass sie grundsätzlich nur bei geringem Konfliktpotential in Frage kommen[181].

Beim **sog. Wechselmodell, bei dem** sich die **Eltern** die **tatsächliche Betreuung paritätisch teilen**, wechselt das Kind in bestimmten Zeitabständen von einigen Tagen bis zu mehreren Wochen zwischen den Haushalten der Eltern hin und her. Bei dem in der Praxis seltener vorkommenden **Nestmodell** lebt das Kind dagegen **in einem Haushalt** und wird dort **abwechselnd von den getrennt lebenden Eltern betreut**. Dabei teilen sich manche Eltern die frühere Ehewohnung auf oder unterhalten neben der Nestwohnung entweder zusammen eine oder zwei getrennte Wohnungen, in der bzw. in denen sie außerhalb der Betreuungszeiten leben, zum Teil mit neuen Partner:innen[182]. Unter dem sog. **Residenzmodell** versteht man, dass ein **Kind überwiegend von einem Elternteil betreut** wird, während es **mit dem anderen** Elternteil **Umgang** pflegt[183].

(4) Rolle des Familiengerichts

§ 1631 III BGB stellt ebenfalls klar, dass das **Familiengericht** auf Antrag die Eltern in geeigneten Fällen bei der Ausübung der Personensorge zu unterstützen hat. Hier hat – wie auch bei anderen Kindschaftssachen, z.B. bei Maßnahmen nach § 1631b und 1632 BGB (Herausgabe) – das **Jugendamt** mitzuwirken, vgl. § 50 I Nr. 1 SGB VIII.

---

181 Für das Wechselmodell hatte dies der BGH in diesem Sinne konstatiert, vgl. BGH FamRZ 2017, 532.

182 Zum Ganzen: Hammer, FamRZ 2015, 1433 ff. m.w.N.

183 Hammer, FamRZ 2015, 1433.

dd) Beschränkung und Beendigung der elterlichen Sorge sowie Haftung der Eltern

Beschränkungen der elterlichen Sorge sowie ihre **Beendigung** können sich

- **aus dem Gesetz** oder
- aufgrund von **Anordnungen des Familiengerichts** ergeben.

(1) Gesetzliche Gründe

Kraft Gesetzes endet die elterliche Sorge,

- wenn das Kind stirbt, vgl. § 1698b BGB,
- volljährig wird, vgl. § 1626 I 1 BGB (Umkehrschluss), oder
- als Kind angenommen wird, vgl. § 1755 I BGB.

Sofern das Kind zwei Elternteile hat, gilt Folgendes: Bei **Tod eines Elternteils endet** die **elterliche Sorge dieses Elternteils** und steht sodann kraft Gesetzes dem überlebenden, mitsorgeberechtigten Elternteil allein zu, § 1680 I BGB. War die/der **Verstorbene allein sorgeberechtigt** (nach § 1626a BGB oder über § 1671 BGB), ist dagegen eine **gerichtliche Übertragung auf den anderen Elternteil** nach § 1680 II BGB erforderlich, sofern dies dem Kindeswohl nicht widerspricht.

(2) Familiengerichtliche Entscheidung

Neben diesen gesetzlichen Vorgaben zur **Beendigung bzw. Beschränkung der elterlichen Sorge**, kann die elterliche Sorge (oder Teile davon) **aufgrund** einer **Gefährdung des Kindeswohls durch** das **Familiengericht** nach **§§ 1666, 1666a BGB** ganz oder teilweise entzogen werden, vgl. § 1666 III Nr. 6 BGB. Bei Trennung der Eltern kann das Sorgerecht nur entzogen werden, sofern einem entsprechenden **Antrag i.S.d. § 1671 BGB** stattgegeben wurde.

Ein Antrag nach § 1671 BGB auf Übertragung der Alleinsorge kann nach Absatz 1 von jedem Elternteil gestellt werden,

- wenn die Eltern **nicht nur vorübergehend getrennt** leben und
- ihnen die **elterliche Sorge gemeinsam** zusteht (was bei verheirateten Eltern die Regel ist; bei nicht miteinander verheirateten Eltern unter den in § 1626a BGB normierten Voraussetzungen).

Das **Familiengericht wird** dem Antrag gemäß § 1671 I Nr. 1 und 2 BGB stattgeben und **die elterliche Sorge auf einen Elternteil übertragen, wenn**

- die **Zustimmung des anderen** Elternteils vorliegt und
- das betreffende **Kind**, sofern es das 14. Lebensjahr vollendet hat, der Übertragung **nicht widerspricht** oder
- zu erwarten ist, dass die **Aufhebung der gemeinsamen Sorge** und die Übertragung auf den Antragsteller **dem Wohl des Kindes am besten** entspricht.

Selbst wenn zwischen den Eltern keine tragfähige soziale Beziehung besteht, kann sich das Familiengericht im Einzelfall dafür entscheiden, die gemeinsame elterliche Sorge aufrechtzuerhalten[184].

Sofern die **elterliche Sorge nach § 1626a III BGB** allein der Mutter zusteht und die Eltern **nicht nur vorübergehend getrennt** leben, kann der **Vater** einen **Antrag auf Alleinsorge oder** auf einen **Teil der elterlichen Sorge** stellen, vgl. § 1671 II BGB. Das Familiengericht wird diesem Antrag stattgegeben, wenn

- die **Zustimmung der Mutter** vorliegt und
- die **Übertragung dem Wohl des Kindes nicht widerspricht** bzw.
- das **Kind**, sofern es das 14. Lebensjahr vollendet hat, der Übertragung **nicht widerspricht** oder
- eine gemeinsame Sorge nicht in Betracht kommt und zu erwarten ist, dass die **Übertragung auf den Vater** dem **Wohl des Kindes am besten** entspricht.

Sofern sich Eltern in einer einzelnen Angelegenheit oder in einem bestimmten Bereich der elterlichen Sorge, deren Regelung für das Kind von erheblicher Bedeutung ist (wie z.B. Aufenthaltsbestimmung) nicht einig sind, kann das Familiengericht auf Antrag eines Elternteils die Entscheidung einem der Elternteile übertragen, vgl. § 1628 BGB.

Entscheidungsmaßstab für sämtliche **Sorgerechtsmaßnahmen** des Familiengerichts ist stets das **Kindeswohl**, vgl. § 1697a BGB (Kindeswohlprin-

184 Vgl. dazu: OLG Ffm FamRZ 2017, 806 ff.

zip). Das in dieser Vorschrift zum Ausdruck kommende allgemeine Rechtsprinzip[185] verpflichtet das Familiengericht in allen kindschaftsrechtlichen Angelegenheiten (also auch in Sorgerechtsverfahren) zur Einhaltung und Verwirklichung des Kindeswohls, das insbesondere bei Interessenkollisionen maßgebliche Orientierungsgrundlage sein muss[186]. Der Terminus: Kindeswohl bedarf als *unbestimmter Rechtsbegriff* der Konkretisierung, die bereits durch diverse gerichtliche Entscheidungen im jeweiligen Sachzusammenhang erfolgt ist.

Für die Frage der Sorgeübertragung auf einen Elternteil hat eine **doppelte Kindeswohlprüfung** stattzufinden:

- auf der auf 1. Stufe ist zu prüfen, ob die **Aufhebung** dem Kindeswohl am besten entspricht (denn grundsätzlich wird die gemeinsame Sorge als beste Option angesehen);
- auf der 2. Stufe ist zu prüfen, ob die **Übertragung auf den antragstellenden Elternteil** dem Kindeswohl am besten entspricht[187].

Nach der ständigen Rechtsprechung ist insoweit auf folgende **Kindeswohlkriterien** abzustellen, die jedoch nicht als kumulativ anzuwendende Tatbestandsmerkmale zu verstehen sind und im Einzelfall mehr oder weniger bedeutsam sein können[188]:

- **Förderungsgrundsatz/Erziehungseignung**,
- **Kontinuitätsgrundsatz**,
- **Bindungen des Kindes an Eltern (und ggf. Geschwister) sowie**
- **Kindeswille**[189].

Im Sinne des **Förderungsprinzip**s sollte demjenigen Elternteil die Sorge übertragen werden, der die meiste Unterstützung **für einen vorteilhaften Aufbau einer in sich gefestigten Kindespersönlichkeit** bietet und für das

185 Grüneberg/Götz, §1697a Rn. 1.

186 Vgl. BVerfG FamRZ 1999, 641 f.; Johannsen/Henrich/Jokisch, §1666 Rn. 43.

187 Grüneberg/Götz, §1671 Rn. 12 m.w.N.

188 Vgl. mit vielen weiteren Nachweisen: Erman/Döll §1671 Rn. 19.

189 Vgl.: Erman/Döll, §1671 Rn. 19 ff. und 33.

Kind die **stabilere und verlässlichere Bezugsperson** zu sein verspricht[190]. Im Rahmen der Prüfung des Förderungsgrundsatzes hat das Familiengericht auch die **Erziehungsfähigkeit** der Eltern i.S.d. § 1631 II und § 1626 II 1 BGB zu prüfen, also konkret zu eruieren, ob die antragstellende Person geeignet und bereit ist, das Kind zu erziehen und zu betreuen. Insofern kann u.a. maßgeblich sein, ob die Bereitschaft besteht, den persönlichen Umgang des Kindes mit dem anderen Elternteil zuzulassen bzw. das Kind hierzu zu motivieren[191]. Entsprechend kann gegen die Erziehungseignung sprechen, dass ein Elternteil jeglichen Kontakt des Kindes zum anderen für längere Zeit unterbindet[192].

Nach dem **sog. Kontinuitätsgrundsatz** sind **Gleichmäßigkeit und Stetigkeit der Erziehung** zu berücksichtigen. Ein häufiger Wechsel der Bezugs- und Betreuungspersonen sowie des sozialen Umfeldes, insbesondere bei jüngeren Kindern, wird allgemein als schädlich angesehen. Bei gleicher Erziehungseignung beider Eltern kann dem Kontinuitätsgrundsatz ausschlaggebende Bedeutung zukommen, sodass relevant sein kann, welcher Elternteil in der Vergangenheit die größten Erziehungsanteile hatte[193].

Den **Neigungen und Bindungen des Kindes** an seine Eltern (und ggf. Geschwister[194]) kann eine erhebliche Bedeutung für die Übertragung der elterlichen Sorge zukommen, wobei der geäußerte **Wille** des Kindes, bei einem Elternteil leben zu wollen, in Abhängigkeit von seinem **Alter und** seiner **Reife**, nicht nur einen gewichtigen Hinweis auf die stärkere **Bindung** an diesen Elternteil darstellt, sondern auch **Ausdruck der verfassungsrechtlich zu achtenden Selbstbestimmung** des Kindes ist[195]. Spätestens ab dem Alter von 11 Jahren wird der vorher noch emotional geprägte Wille i.d.R. rational bestimmt[196] und ab 16 Jahren wird die Willensäußerung lediglich dann übergangen werden können, wenn schwerwiegende Gründe gegen den Wunsch des Kindes sprechen[197].

---

190 Grüneberg/Götz, §1671 Rn. 27.

191 OLG Hamm FamRZ 2009, 1763 f.

192 OLG München, FamRZ 1997, 45.

193 Vgl. Grüneberg/Götz, §1671 Rn. 38 m.w.N.

194 OLG Hamm, FamRZ 1997, 957 f.

195 Grüneberg/Götz, §1671 Rn. 41.

196 OLG Schleswig, FamRZ 1990, 433 ff.

197 OLG Frankfurt, FamRZ 1997, 573 f.

Während das Familiengericht nach der bis zum 30.6.2021 geltenden Fassung des §159 FamFG ein Kind (in Kindschaftssachen, also u.a. Sorgerechtsverfahren) nur persönlich anzuhören hatte, wenn das Kind bereits 14 Jahre alt war, soll das Gericht nach der aktuellen Regelung des §159 FamFG ein Kind nun altersunabhängig anhören und sich einen persönlichen Eindruck verschaffen.

Exkurs/Vertiefung

Selbst wenn in §159 FamFG nun nicht mehr auf die Vollendung des 14. Lebensjahres abgestellt wird, erhalten Kinder ab diesem Alter sowohl im materiellen Recht als auch im Verfahrensrecht eine stärkere Rechtsposition, vgl. z.B. §1617c I 2, §§1671 I 2 Nr. 1, II 2 Nr. 1 BGB und §5 RelKErzG sowie §9 I Nr. 3 FamFG (Verfahrensfähigkeit in bestimmten Angelegenheiten) und §60 FamFG (eigenes Beschwerderecht).

Letztlich ist bei einem Kind, gleich welchen Alters, der geäußerte Wille bzw. sind die tatsächlich bestehenden Bindungen und Neigungen stets daraufhin zu überprüfen, ob sie sich mit dem Kindeswohl vereinbaren lassen[198]. Dazu kann insbesondere ein (familienpsychologisches) Sachverständigen-Gutachten herangezogen werden (vgl. §163 FamFG). Auch für die Beurteilung der Frage, ob der geäußerte Wille des Kindes wesentlich durch nicht billigenswertes Verhalten eines Elternteils (oder Dritter) beeinflusst wurde, kann ein Gutachten hilfreich sein.

Damit (auch etwaig entgegenstehende) Interessen des Kindes ausreichend gewahrt werden können, hat das Familiengericht nach §158 FamFG in Kindschaftssachen, die seine Person betreffen, einen fachlich und persönlich geeigneten **Verfahrensbeistand** zu bestellen.

ee) Haftung der Eltern

In Bezug auf die **Haftung der Eltern** gegenüber ihren Kindern **gilt §1664 BGB.** Im Sinne dieser Norm haben Eltern bei Ausübung der elterlichen Sorge (Personensorge/Vermögenssorge sowie im Außenverhältnis das Vertretungsrecht) dem Kind gegenüber für diejenige Sorgfalt einzustehen, die sie in eigenen Angelegenheiten anzuwenden pflegen (diligentia quam in suis)[199].

198 BGH FamRZ 1985, 1060, 1063 m.w.N.

199 Dazu: Grüneberg/Götz, §1664 Rn. 1.

Die Parallele zum Haftungsmaßstab unter Ehegatt:innen (und Lebenspartner:innen) findet sich in §1359 BGB (und §4 LPartG), wobei §1664 BGB z.T. auch als Anspruchsgrundlage des Kindes gegen seine Eltern qualifiziert wird[200].

b) Umgangsrechte des Kindes

Zu differenzieren ist

- zwischen dem aus der elterlichen Sorge resultierenden Recht der Personensorgeberechtigten, den **Umgang des Kindes mit dritten Personen** (die nicht unbedingt selbst Inhaber eines Umgangsrechts sein müssen), zu **bestimmen**, vgl. §1632 II BGB, und
- dem **Umgangsrecht der Eltern und bestimmten dritten Personen mit dem Kind**, vgl. §§1684, 1685, 1686a BGB (wobei im Verhältnis der Eltern zu ihrem Kind auch eine Umgangspflicht normiert ist).

aa) Umgangsrecht (und -pflicht) der Eltern i.S.d. §1684 BGB

Das **Umgangsrecht** des Kindes mit seinen Eltern und das **Umgangsrecht der Eltern** sowie ihre **-pflicht** sind in §1684 I BGB geregelt. In §1684 BGB kommt der auch in §1626 III 1 BGB normierte Grundsatz zum Ausdruck, dass es dem **Kindeswohl** diene, **Umgang mit beiden Eltern** pflegen zu können.

Das Recht des Kindes auf Umgang mit seinen Eltern besteht mithin unabhängig von seinem Alter (das jedoch bei der Gestaltung des Umgangsrechts eine Rolle spielt) und unabhängig davon, ob seine Eltern zusammen oder getrennt leben bzw. verheiratet waren oder sind. Bedeutung erlangt das Umgangsrecht insbesondere nach einer Trennung der Eltern[201]. Das Umgangsrecht soll v.a. dem Elternteil, der nicht mit dem Kind zusammen lebt, ermöglichen, sich von dem körperlichen und geistigen Befinden des Kindes und seiner Entwicklung fortlaufend zu überzeugen, die verwandtschaftlichen Bindungen aufrechtzuerhalten und einer Entfremdung vorzubeugen sowie dem Liebesbedürfnis beider Teile Rechnung zu tragen[202].

200 Erman/Döll, §1664 Rn. 1 m.w.N.

201 MüKo/Hennemann, §1684 Rn 2.

202 BVerfG FamRZ 2022, 1286, 1287 m.w.N.

Exkurs/Vertiefung

Das Umgangsrecht ist ebenso wie das Sorgerecht ein **absolutes Recht** i.S.d. §823 I BGB. Es ist **unverzichtbar**, sodass eine Vereinbarung darüber, dass der nicht sorgeberechtigte Elternteil gegen Freistellung von seiner Unterhaltspflicht sein Umgangsrecht aufgibt, sittenwidrig wäre[203].

Inhalt des Umgangsrechts ist in erster Linie das **Recht der persönlichen Begegnung** mit dem Kind, ergänzend aber auch **alle** anderen **Formen der Kommunikation** sowie das **Auskunftsrecht nach §1686 BGB**[204]. Da das **Umgangsrecht** der Eltern **unabhängig vom Sorgerecht** besteht, kann auch der/die Mitinhaber:in gemeinsamer Sorge ein Umgangsrecht gegenüber der/dem Anderen geltend machen, wenn sich das Kind dort aufhält.

Sofern ein Elternteil Inhaber:in der **Personensorge** ist und der/dem Anderen lediglich die Befugnis zum **Umgang** zusteht, **beschränken sich** diese **selbstständigen, einander gegenüberstehenden Rechte** grundsätzlich. Da das **Personensorgerecht** sowie das **Grundrecht auf Freizügigkeit** i.d.R. **Vorrang vor** dem **Umgangsrecht** haben, ist der/die Sorgerechtsinhaber:in jedoch berechtigt, ihren/seinen **Wohnsitz** auf Dauer in ein anderes Bundesland, in ein anderes europäisches Land oder auf einen anderen Kontinent zu **verlegen**[205]. Etwas anderes könnte gelten, wenn die Auswanderung ausschließlich in der Absicht erfolgt, das Umgangsrecht zu vereiteln, oder wenn sie absehbar schädliche Folgen für das Kind hat[206].

(1) Ausübung des Umgangsrechts

Grundsätzlich können (und sollen) sich die Eltern über die Ausübung des Umgangsrechts **einigen.** Dies gebietet bereits die verfassungsrechtlich garantierte Elternautonomie aus Art. 6 II 1 GG. Entsprechend soll, wie in §156 FamFG normiert, das Familiengericht in jeder Lage des Verfahrens auf das **Einvernehmen der Eltern** hinwirken, indem es zunächst i.S.d. §156 I 2 FamFG

203 Vgl. Grüneberg/Götz, §1684 Rn. 2 m.w.N.

204 Grüneberg/Götz, §1684 Rn. 13.

205 Dazu: BGH FamRZ 1987, 356, 358 (Auswanderung in die Karibik, dann in die USA); BGH FamRZ 1990, 392 (Umzug von Bayern nach Oberitalien); OLG Karlsruhe FamRZ 1996, 1094 (Mutter hält sich mit dem Kind längere Zeit in der Dominikanischen Republik auf).

206 Erman/Döll, §1684 Rn. 11 m.w.N.

auf Möglichkeiten der Beratung durch die **Beratungsstellen und -dienste der Träger der Kinder- und Jugendhilfe** sowie auf sonstige Wege zur **außergerichtlichen Konfliktbeilegung**, wie z.B. durch **Mediation**, hinweist und diesbezüglich Anordnungen (ggf. ergänzt durch *einstweilige Anordnungen* i.S.d. §156 III FamFG) trifft.

Exkurs/Vertiefung

Die der Mediation und anderen außergerichtlichen Konfliktlösungsstrategien immanente Idee ist, dass die **Beteiligten** ihren Konflikt selbst am besten kennen und entsprechend auch **selbst am ehesten in der Lage** sind, **eine für alle Teile zufriedenstellende Lösung zu finden**, die dann ggf. auch tragfähiger ist, als eine durch das Gericht »verordnete« Entscheidung.

Bei **Umgang**sfragen ist der aufgrund des persönlichen Empfindens gebildete, stabile, intensive, zielorientierte und autonome **Wille des Kindes**[207] als Ausdruck seines Persönlichkeitsrecht stets zu berücksichtigen, wobei ihm größere Bedeutung beizumessen ist, je älter und einsichtsfähiger ein Kind ist[208].

Kommt es zu einer **einvernehmlichen Regelung über** die Ausübung des **Umgangs**, die dem **Kindeswohl** nicht widerspricht, ist die einvernehmliche Regelung als Vergleich aufzunehmen **(gerichtlich gebilligter Vergleich)**, §156 II FamFG. Erst wenn eine einvernehmliche Lösung ausbleibt, hat das Familiengericht i.S.d. §151 Nr. 2 FamFG in Ausübung des **Wächteramt des Staates** aus Art. 6 II 2 GG den Umgang im Interesse des Kindes selbst zu regeln, einen Umgangspfleger einzusetzen, vgl. §1685 III BGB, oder auch das Umgangsrecht einzuschränken oder auszuschließen, vgl. auch §1684 IV BGB. Das Familiengericht hat bei einer Entscheidung über Umfang und Ausübung des Umgangsrechts eine konkrete, d.h. **vollständige und vollstreckbare Regelung** zu treffen, die insbesondere genaue Angaben über Zeit und Häufigkeit des Umgangs enthalten muss und in der Beschlussformel i.S.d. §89 II FamFG auf die Möglichkeit der Vollstreckung durch Anordnung von Ordnungsgeld und Ordnungshaft hinzuweisen hat[209].

---

207 Dazu: KG FamRZ 2013, 709.

208 Vgl. dazu: OLG Saarbrücken, FamRZ 2011, 1409f.; zum Ganzen auch: Erman/Döll, §1684 Rn. 5f., 22.

209 Zum Ganzen m.w.N.: Prütting/Helms/Hammer, FamFG, §151 Rn. 53a.

Mit welcher **Häufigkeit**, in welchem **Umfang** und **zu welchen Zeiten**, also ob an bestimmten Werktagen, Wochenenden, während der Ferien oder zu ausgewählten Feiertagen der Kontakt zwischen dem Kind und der/dem Umgangsberechtigten stattfinden soll, ist am jeweiligen Kindeswohl auszurichten, wobei insbesondere auch das **Alter des Kindes** maßgeblich ist. Üblicherweise soll der umgangsberechtigte Elternteil das Kind (mindestens) alle zwei Wochen über einige Stunden – bei entsprechendem Alter des Kindes und wenn sein Verhältnis zum Umgangsberechtigten stabil ist – auch mit Übernachtungen, bei sich haben können.

Bei Kleinkindern wird im Hinblick auf ihr nicht objektiviertes Zeitempfinden ein Abstand von einer Woche und eine Dauer von 2–4 Stunden als angemessen betrachtet[210]. Periodisch wiederkehrende kürzere Besuche sind i.d.R. einem längeren Aufenthalt am Stück beim Umgangsberechtigten vorzuziehen, um einerseits eine Entfremdung zu vermeiden bzw. eine Gewöhnung zu erreichen sowie andererseits möglichst Ablösungsschwierigkeiten oder Trennungsschmerz zu minimieren.

Formulierungsbeispiel aus einem familiengerichtlichen Beschluss:
»der Vater ist verpflichtet und berechtigt, ab dem 17.5.2023 bis auf Weiteres mit dem Kind an jedem Dienstag und Donnerstag in der Zeit von jeweils 15–18 Uhr zusammen zu sein.« […][211]

Ferien-/Feiertagsregelungen setzen voraus, dass das Kind daran gewöhnt ist, von seiner Hauptbezugsperson, dem sorgeberechtigten Elternteil, getrennt zu sein. Sofern die Ferienzeiten zwischen den Eltern aufgeteilt sind, kann es ggf. geboten sein, dass das Kind mit dem Umgangsberechtigten die 1. Ferienhälfte verbringt, um etwaig psychisch belastende Folgen des Aufenthalts in der 2. Hälfte verarbeiten zu können, bevor die Schule wieder beginnt[212].

Ausgeübt wird das Umgangsrecht grundsätzlich ausgehend vom **räumlichen Bereich des Umgangsberechtigten**[213], sodass das Kind (je nach Alter)

---

210 OLG Brandenburg FamRZ 2002, 414.

211 Ausführliches Formulierungsbeispiel u.a. zu finden bei: OLG Brandenburg FamRZ 2010, 1352 f.

212 Vgl. dazu: KG FamRZ 2006, 878 ff.

213 OLG Celle FamRZ 1996, 364.

i.d.R. abgeholt werden muss und wieder zurückzubringen ist. Die **Kosten der Ausübung des Umgangs** (Verpflegung, Übernachtung, Fahrt-/Flugkosten etc.) sind grundsätzlich vom Umgangsberechtigten zu tragen, können aber ggf. sozialrechtlich relevant sein, da auch mit dem umgangsberechtigten Elternteil eine (temporäre) Bedarfsgemeinschaft besteht. Zudem können sie bei prekären wirtschaftlichen Verhältnissen in sehr engen Grenzen unterhaltsrechtlich relevant sein[214].

(2) Wohlverhaltensklausel

Gemäß der in §1684 II 1 BGB niedergelegten **Wohlverhaltensklausel** haben Eltern alles zu **unterlassen**, was das Verhältnis des Kindes zur/zum Anderen beeinträchtigt oder die Erziehung erschwert. Dieser Grundsatz, der sowohl den betreuenden Elternteil davon abhalten soll, das Kind negativ gegen den/die Andere:n zu beeinflussen, gilt ebenso für den umgangsberechtigten Elternteil, der die Erziehungsanstrengungen des betreuenden nicht beeinträchtigen und seine Erziehungsautorität nicht in Frage stellen soll[215]. Zumal Konflikte, die zwischen Eltern bestehen, nicht dazu führen sollen, den Umgang einzuschränken oder auszuschließen[216].

Bei **dauerhafter** oder **wiederholter erheblicher Verletzung** der in §1684 II BGB normierten Pflicht kann das Familiengericht nach §1684 III BGB eine **Umgangspflegschaft** anordnen. Eine solche dient dazu, Umgangskontakte organisatorisch abzusichern[217].

(3) Ausschluss/Beschränkungen

Gemäß §1684 IV BGB kann das Familiengericht das Umgangsrecht oder den Vollzug früherer Entscheidungen über das Umgangsrecht auf Dauer oder auf bestimmte Zeit einschränken oder ausschließen, soweit dies zum Wohl des Kindes erforderlich ist. Ein **völliger Ausschluss** des Umgangsrechts als gravierender Eingriff in das Elternrecht aus Art. 6 II 1 GG kommt **nur im absoluten Ausnahmefall** in Betracht. Mithin lediglich **dann, wenn** durch die **Einschränkung oder sachgerechte Ausgestaltung des Umgangs** (Umgang

214 Grüneberg/Götz, §1684 Rn. 37f. m.w.N.

215 Vgl. KG FamRZ 2015, 940, 942; Erman/Döll, BGB, §1684 Rn. 10 m.w.N.

216 OLG Saarbrücken FamRZ 2015, 62; Erman/Döll, BGB, §1684 Rn. 10 m.w.N.

217 Grüneberg/Götz, §1684 Rn. 21.

in Gegenwart Dritter, räumliche Beschränkung auf einen bestimmten Ort usw.) das Kindeswohl nicht ausreichend geschützt wäre[218].

Die **»Verfeindung« der Eltern** stellt für sich genommen z.B. **kein**en **Ausschlussgrund** dar[219]. Ebenso wenig wäre es möglich, einen Umgangsausschluss vorrangig auf die ablehnende Haltung des betreuenden Elternteils zu stützen, da dies – sofern die Belange des Kindes und des anderen Elternteils nicht hinreichend berücksichtigt würden – nach Ansicht des BVerfG gegen Art. 6 II 1 GG verstößt[220].

Der die Rechtsprechung regelmäßig beschäftigende **Fall des sexuellen Missbrauchs des Kindes durch den umgangsberechtigten Elternteil**, rechtfertigt den **unbefristeten Ausschluss des Umgangsrechts**[221]. Problematisch im Hinblick auf den Umgangsausschluss ist allerdings, wenn vom sorgeberechtigten Elternteil ein entsprechender **Verdacht** geäußert wird, jedoch nicht feststeht, ob ein Missbrauch tatsächlich vorliegt. Hier obliegt es dem Familiengericht zu eruieren, ob das Kind in Gefahr ist und in welchem Grad Gewissheit in Bezug auf einen etwaigen Missbrauch besteht, da ein einfacher oder gar unsubstantiierter Verdacht jedenfalls nicht ausreicht[222]. Im Zweifel hat das Gericht mildere Maßnahmen, wie z.B. einen begleiteten Umgang i.S.d. §1684 IV 3, 4 BGB, anzuordnen.

(a) Berücksichtigung des Kindeswillens

Wie bereits erwähnt, ist der **Wille des Kindes** als Ausdruck seines Persönlichkeitsrechts bei allen Umgangsfragen stets **zu berücksichtigen**. Bei der Frage, ob ein Umgangsausschluss anzuordnen ist, muss eruiert werden, ob die Einstellung des Kindes auf subjektiv beachtlichen oder verständlichen Beweggründen beruht[223]. Insoweit kommt eine **persönliche Anhörung des Kindes** (vgl. §159 FamFG) in Betracht, aber auch die Verwertung der Erkenntnisse des **Verfahrensbeistand**s (vgl. §158 FamFG) sowie des **Jugendamt**s (vgl. §50 SGB VIII) oder ein **Sachverständigengutachten** (vgl. §163 FamFG).

---

218 Grüneberg/Götz, §1684 Rn. 36 m.w.N.

219 OLG Hamm FamRZ 1994, 58.

220 BVerfG FamRZ 2004, 1166ff.

221 Vgl. dazu: Grüneberg/Götz, §1684 Rn. 29 m.w.N.

222 Vgl. dazu: OLG Frankfurt FamRZ 2018, 597f.; Erman/Döll, §1684 Rn. 29a.

223 BVerfG FamRZ 2016, 917; Grüneberg/Götz, §1684 Rn. 32.

Es existiert insoweit zwar **keine feste Altersgrenze**, aber i.d.R. wird Kindern (spätestens) ab dem 11. Lebensjahr zugestanden, aufgrund ihrer verstandesmäßigen Reife die Bedeutung des Umgangs zu verstehen und einen stabilen, intensiven, zielorientierten und autonomen Willen bilden zu können, sodass eine den Umgang ablehnende Willenshaltung, **insbesondere bei** der **Ausgestaltung des Umgangsrechts**, nicht übergangen werden kann und ernsthaft in die Entscheidung miteinbezogen werden muss[224]. Es wurde aber auch schon ein befristeter Ausschluss für zwei Jahre ausgesprochen, weil ein fünf Jahre altes Kind den Besuch beim Vater hartnäckig abgelehnt hat[225].

(b) Begleiteter Umgang

Der sog. **begleitete Umgang** stellt eine Modalität der **Einschränkung des Umgangsrechts** und seines Vollzugs als **milderes Mittel gegenüber** einem **Umgangsausschluss** dar und ist in §1684 IV 3, 4 BGB ausdrücklich geregelt. Im Sinne dieser Norm kann das Familiengericht anordnen, dass der Umgang nur stattfinden darf, wenn ein mitwirkungsbereiter Dritter anwesend ist. Die Anwesenheit eines Dritten, der den Umgang begleitet, kann es – z.B. bei Missbrauchs- oder Entführungsverdacht – ermöglichen, dass der betreuende Elternteil den Umgang duldet oder sogar fördert.

Als **Dritte** i.S.d. §1684 IV BGB kommen **Privatpersonen** (des Vertrauens der Eltern) wie z.B. Verwandte, Freund:innen, Nachbar:innen, Lehrer:innen, Familientherapeut:innen in Betracht. Zudem können auch Einzelpersonen, die durch **Träger der Jugendhilfe**, also durch das Jugendamt (als öffentlicher Träger) oder z.B. durch einen Kinderschutzverein (als freier Träger) mit dieser Aufgabe betraut werden[226]. Da diese Dritten i.S.d. §1684 IV BGB bereit sein müssen, mitzuwirken, kann das Familiengericht sie bei fehlender Mitwirkungsbereitschaft nicht zur Umgangsbegleitung zwingen und hat entsprechend gegenüber dem Jugendamt und freien Jugendhilfeträgern keine Anordnungskompetenz[227].

224 Erman/Döll, §1684 Rn. 22 m.w.N.

225 OLG Hamm FamRZ 1996, 361.

226 Grüneberg/Götz, §1684 Rn. 35.

227 Grüneberg/Götz, §1684 Rn. 35 m.w.N.

Exkurs/Vertiefung

Nach §18 III SGB VIII haben Kinder und Jugendliche Anspruch auf Beratung und Unterstützung bei der Ausübung ihres Umgangsrechts mit einem Elternteil, wobei sie nach §8 III SGB VIII auch das Recht haben, ohne Kenntnis ihrer Eltern beraten zu werden, wenn die Beratung aufgrund einer Notlage oder Konfliktlage notwendig ist und durch eine Mitteilung an den/die Personensorgeinhaber:innen der Beratungszweck vereitelt würde. (Zur *Legaldefinition* der Begriffe: Kind, Jugendlicher im Rahmen des SGB VIII siehe: §7 SGB VIII.)

(4) Umgangspflicht

Obwohl in §1684 I BGB im 2. Halbsatz nicht nur das Recht zum Umgang mit dem Kind, sondern auch explizit die **Umgangspflicht der Eltern** aufgeführt ist, wird jene sich nur im Ausnahmefall gegen einen umgangsunwilligen Elternteil realisieren lassen, zumal sich (auch) eine diesbezügliche Entscheidung stets an dem in §1697a BGB normierten **Kindeswohl**prinzip messen lassen muss.

Das BVerfG geht davon aus, dass es i.d.R. nicht im Kindeswohlinteresse liege, wenn der Umgang mit dem Kind nur mit Zwangsmitteln gegen seinen umgangsunwilligen Elternteil durchgesetzt werden könne. Etwas anderes könnte jedoch im Einzelfall gelten, wenn hinreichende Anhaltspunkte gegeben wären, die darauf schließen ließen, dass ein erzwungener Umgang dem Kindeswohl dienen würde[228]. Denkbar wäre beispielsweise, dass ein an sich umgangswilliger Elternteil, das ein neue Familie gegründet hat, vor der neuen Familie Probleme hat, zu seinem Kind aus der früheren Verbindung zu stehen und mit Hilfe des entsprechenden familiengerichtlichen Beschlusses dann in der Lage ist, den Kontakt (wieder) aufzunehmen.

bb) Umgangsrecht anderer Personen

Gemäß §1685 BGB kann auch **engen Bezugspersonen** ein **Umgangsrecht** zustehen. In §1685 I BGB werden **Großeltern und Geschwister** als Bezugspersonen explizit erwähnt. Dabei wird grundsätzlich auf die rechtliche und nicht die biologische Verwandtschaft abgestellt. Entsprechend wurde das Umgangsrecht der »biologischen« Großmutter (väterlicherseits) mit ihrem

228 BVerfG NJW 2008, 1287.

Enkelkind, das mit seiner Mutter und seinem gesetzlichen Vater in einer sozialen Gemeinschaft lebt, abgelehnt[229].

Nach §1685 II BGB kann auch weiteren engen Bezugspersonen ein Umgangsrecht zustehen, wie z.B. **Stief- oder Pflegeeltern**. Nach §1685 II BGB sind sie jedoch lediglich dann umgangsberechtigt, wenn sie für das Kind tatsächliche Verantwortung tragen oder getragen haben, also eine **sozial-familiäre Beziehung** besteht, was grundsätzlich voraussetzt, dass die in Rede stehende Person mit dem Kind längere Zeit in häuslicher Gemeinschaft zusammengelebt hat. Für die Frage, ab wann von einer »längeren Zeit« auszugehen ist, kommt es nicht auf die absolut vergangene Zeit, sondern auf den kindlichen Zeitbegriff an, so wurden z.B. 18 Monate ab Geburt bereits als längere Zeit angesehen[230].

Seit dem 13.7.2013 existiert auch ein **Umgangs- und Auskunftsrecht des leiblichen, nicht rechtlichen Vaters** gemäß §1686a I Nr. 1 und Nr. 2 BGB, das auf verfahrensrechtlicher Ebene durch §167a FamFG ergänzt wird. Anspruchsinhaber ist der leibliche (biologische) Vater, dessen Vaterschaft im Umgangs- und/oder Auskunftsrechtsverfahren inzident über §167a FamFG zu klären ist.

Exkurs/Vertiefung

Während im Rahmen eines §1598a BGB-Verfahrens lediglich überprüft wird, ob die bestehende rechtliche Vater-Kind-Zuordnung der tatsächlichen Abstammung entspricht und §1598a BGB auch keinen Anspruch auf Einwilligung in die genetische Untersuchung eines Mannes, der als leiblicher Vater in Betracht kommt, enthält[231], kann über §1686a BGB i.V.m. 167a FamFG die leibliche Vaterschaft geklärt werden. §167a FamFG ordnet nämlich an, dass Personen die Entnahme von Blutproben zu dulden haben, soweit dies zur Klärung der leiblichen Vaterschaft erforderlich (und es der jeweiligen Person zumutbar) ist.

229 OLG Celle FamRZ 2005, 126; zum Umgangs- und Auskunftsrecht des leiblichen Vaters trotz Fehlens einer sozial-familiären Beziehung: EuGHMR Urt. v. 15.9.2011, FamRZ 2011, 1715ff.; zum großelterlichen Umgangsrecht gegen den Willen der Eltern des Kindes: Spangenberg/Spangenberg, FamRZ 2017, 426ff.

230 AG Ffm FamRZ 2004, 720.

231 Vgl. dazu: Grüneberg/Siede, §1598a Rn. 6; Erman/Hammermann, §1598a Rn. 2 und 19 m.w.N.

Ein Anspruch aus §1686a BGB setzt voraus, dass die rechtliche Vaterschaft eines anderen Mannes besteht, der Anspruchsteller ein **ernsthaftes Interesse am Kind** hat und der Umgang **kindeswohldienlich** ist. Mit der Voraussetzung des ernsthaften Interesses am Kind soll sichergestellt werden, dass nicht willkürlich in den Schutzbereich der Familie des Kindes eingegriffen wird[232]. Indizien für ein **ernsthaftes Interesse** können insbesondere darin gesehen werden, dass der leibliche Vater (bzw., derjenige, der sich dafür hält, daher z.T. auch als Putativvater bezeichnet) die Mutter zu Vorsorgeuntersuchungen oder zur Entbindung begleiten wollte, daran interessiert war, das Kind zügig kennenzulernen und sich stets um Kontakt bemüht hat. Er sollte seinen Umgangswunsch wiederholt geäußert und auch Pläne zur Einbeziehung des Kindes in sein Leben aufgestellt haben[233].

Für die Frage der **Kindeswohldienlichkeit** sind Aspekte wie **familiäre Situation**, also Stabilität und Belastbarkeit des Familienverbands, **Beziehungskonstellation bzw. Konfliktniveau** zwischen den betroffenen Erwachsenen, **Alter** und **Resilienz des Kindes, Grad der Bindung des Kindes an seine rechtlich-sozialen Eltern** sowie **Dauer der Kenntnis von der Existenz eines biologischen Vaters** maßgeblich[234].

Exkurs/Vertiefung

Wenngleich in §1686a BGB darauf abgestellt wird, dass die **rechtliche Vaterschaft eines anderen Mannes** besteht, wurde einem leiblichen Vater auch schon ein Umgangsrecht zugebilligt, der als privater Samenspender in die Stiefkindadoption durch die eingetragene Lebenspartnerin der Geburtsmutter eingewilligt hatte[235].

Obwohl der Samenspender in Absprache mit dem Frauenpaar diesem ermöglicht hatte, gemeinsam Eltern zu werden, konnte er über §1686a BGB ein Umgangsrecht erwirken, ohne dass es einen rechtlichen Vater, so wie ihn §1686a BGB vorsieht, gegeben hätte und obschon er in die Kindesannahme eingewilligt hatte, wodurch die Verwandtschaftsverhältnisse zu ihm erloschen sind, §1755 I BGB.

232 OLG Frankfurt FamRZ 2019, 1254 ff.

233 Erman/Döll, §1686a Rn. 4.

234 Vgl. dazu: BGH FamRZ 2016, 2082 ff. m.w.N.

235 BGH FamRZ 2021, 1375 ff.

cc) Auskunftsrecht nach § 1686 BGB

In § 1686 BGB ist in Ergänzung des Umgangsrechts ein (selbstständiger[236]) Anspruch auf **Auskunft** normiert, nach dem ein Elternteil **bei berechtigtem Interesse** von der/dem Anderen **Auskunft über die persönlichen Verhältnisse des Kindes** verlangen kann, soweit dies dem Wohl des Kindes nicht widerspricht. Ein berechtigtes Interesse ist im Allgemeinen gegeben, wenn der dieses Recht in Anspruch nehmende Elternteil keine andere Möglichkeit hat, sich über die Entwicklung des Kindes zu informieren, z.B. wenn das Kind den persönlichen und brieflichen Kontakt ablehnt[237].

Art und Umfang des Auskunftsrechts bestimmt prinzipiell der **Elternteil, bei dem sich das Kind aufhält**, wobei i.d.R. Informationen über den Inhalt von Schulzeugnissen, die Art der besuchten Schule, Lichtbilder aus neuerer Zeit[238] sowie auch ein Bericht über den Gesundheitszustand des Kindes dazu gehören, ohne dass insoweit die behandelnden Ärzte von der ärztlichen Schweigepflicht entbunden werden müssten[239]. § 1686 BGB stellt durch seine Formulierung (»soweit dies dem Wohl des Kindes nicht widerspricht«) sicher, dass das Auskunftsrecht nicht zulasten des Kindes missbraucht wird. Ein Elternteil, dessen persönlicher Umgang mit dem Kind ausgeschlossen ist, soll nicht über § 1686 BGB Auskünfte über den Aufenthalt des Kindes oder z.B. über die von diesem besuchte Schule in Erfahrung bringen und einen verbotswidrigen, dem Kindeswohl abträglichen, persönlichen Kontakt herstellen können.

c) Schutzmaßnahmen i.S.d. § 1666 BGB

Der Staat darf in Ausübung seines Wächteramtes lediglich dann in das in Art. 6 II 1 GG gewährleistete **Recht der Eltern auf Pflege und Erziehung ihres Kindes** eingreifen, wenn dies aus **Gründen des Kindeswohls** geboten ist. In § 1666 BGB wurde das staatliche Wächteramt konkretisiert, indem hier für das **Familiengericht** eine **Eingriffsgrundlage** in die elterliche **Personen- und Vermögenssorge** geschaffen wurde, für den Fall, dass **Eltern**

236 Vgl. dazu: Erman/Döll, § 1686 Rn. 1 m.w.N.

237 OLG Köln FamRZ 1997, 111.

238 BayObLG FamRZ 1996, 813.

239 OLG Hamm FamRZ 1995, 1288 ff.

- **nicht gewillt** oder
- **nicht in der Lage** sind,

eine **Gefahr für das körperliche, geistige oder seelische Wohl ihres Kindes** abzuwenden.

Eingriffe in die Personensorge setzen – **unabhängig von einem etwaigen Verschulden der Eltern** – eine **objektive Gefährdung des Kindeswohl**s voraus, wobei die Gefährdung **gegenwärtig** und in einem solchem Maße vorhanden sein muss, dass bei weiterer Entwicklung der Dinge eine erhebliche **Schädigung** des Kindeswohls mit **hinreichender Wahrscheinlichkeit** zu erwarten ist[240]. Dies ist z.B. bei **Verwahrlosung, Missbrauch** oder **Kindesmisshandlung** der Fall, denen durch sofortige Maßnahmen begegnet werden muss[241].

Eingriffe in die Vermögenssorge sind aufgrund einer **Gefährdung des Kindesvermögens** gerechtfertigt, also z.B. wenn der Inhaber der Vermögenssorge seine Unterhaltspflicht gegenüber dem Kind verletzt, vgl. §1666 II BGB. Der Eingriff in die elterliche Sorge muss stets *verhältnismäßig* sein[242]. Entsprechend sind **nur solche Maßnahmen** zulässig, **die** zur Abwendung der Gefahr **geeignet** und mangels weniger einschränkender Maßnahmen auch **erforderlich** sind, wobei die Maßnahmen in Angelegenheiten der Personensorge auch mit Wirkung gegen einen Dritten getroffen werden können.

In §1666 III BGB wird (nicht abschließend) aufgeführt, welche gerichtlichen Maßnahmen bei einem Eingriff in die Personensorge insbesondere in Frage kommen:

1. ***Gebote, öffentliche Hilfen** wie zum Beispiel Leistungen der Kinder- und Jugendhilfe und der Gesundheitsfürsorge **in Anspruch zu nehmen** […].*
   In diesem Sinne kann das Familiengericht die Eltern beispielsweise verpflichten, die in den §§27ff. SGB VIII geregelten **Hilfen zur Erziehung** (also z.B. Erziehungsberatung, Erziehungsbeistandschaft, sozialpädagogische Familienhilfe, Vollzeitpflege, Heimerziehung etc.) in Anspruch zu nehmen und/oder das Kind ärztlich untersuchen zu lassen.

---

240 Vgl. z.B. BVerfG FamRZ 2009, 1472, 1474 und Erman/Döll, §1666 Rn. 6b.

241 KG (Berlin) FamRZ 2010, 1749 f.

242 Vgl. dazu: BVerfG FamRZ 1982, 567ff.; FamRZ 1994, 223ff.

2. ***Gebote,** für die **Einhaltung der Schulpflicht** zu sorgen [...].*
   Solch ein Gebot kann das Familiengericht gegenüber den Eltern oder aber Dritten aussprechen, wobei die konkrete Umsetzung evtl. nur mit Hilfe eines Ergänzungspflegers (i.S.d. §1809 BGB) möglich ist.
3. ***Verbote,** vorübergehend oder auf unbestimmte Zeit die **Familienwohnung oder eine andere Wohnung zu nutzen, sich in** einem bestimmten **Umkreis** der Wohnung **aufzuhalten** oder zu bestimmende andere **Orte** aufzusuchen, an denen sich das **Kind regelmäßig aufhält.***
4. ***Verbote, Verbindung zum Kind aufzunehmen** oder ein Zusammentreffen mit dem Kind herbeizuführen [...].*

Die in Nr. 3 und 4 geregelten Schutzanordnungen des Familiengerichts lehnen sich an §1 GewSchG an und ermöglichen v.a. bei einer Kindesmisshandlung das Aussprechen von Betretungs-/Nutzungsverboten (»Go-Order«, sodass der Täter ausziehen muss) sowie von Besuchs-, Verbleibens- und Kontaktverboten[243].

Exkurs/Vertiefung

Sofern ein Kontaktverbot gegen ein Elternteil ausgesprochen werden soll, dem das Sorgerecht nicht (mehr) zusteht, wäre Rechtsgrundlage dafür §1684 IV BGB (und nicht §1666 BGB, der eine Eingriffsgrundlage für **Eingriffe in die elterliche Sorge** darstellt)[244].

5. *Die **Ersetzung von Erklärungen des Inhabers der elterlichen Sorge.***
   Maßnahmen i.S.d. §1666 III Nr. 5 BGB können z.B. Zustimmungen zu ärztlichen Behandlungen, Operationen oder psychologischen Begutachtungen sein[245].
6. *Die **teilweise oder vollständige Entziehung der elterlichen Sorge.***
   Als ultima ratio (letztes – geeignetes – Mittel) sieht §1666 III Nr. 6 BGB auch den größtmöglichen Eingriff in Form der **vollständigen Entziehung** der elterlichen Sorge vor, wobei insbesondere auch hier der Verhältnismäßigkeitsgrundsatz zu wahren und jeweils zu eruieren ist, ob zum Schutz des Kindes die teilweise Entziehung, die dann lediglich

243 Erman/Döll, §1666 Rn. 15c m.w.N.

244 Dazu auch: OLG Frankfurt FamRZ 2019, 1865ff.

245 Vgl. Grüneberg/Götz, §1666 Rn. 37 m.w.N.

bestimmte Teilbereiche der elterlichen Sorge betreffen würde, ausreichend ist.

Der im Rahmen des §1666 BGB zu beachtende **Verhältnismäßigkeitsgrundsatz** wird in §1666a BGB in zwei Richtungen verdeutlicht:

- Zum einen in Bezug auf eine **Trennung des Kindes von seinen Eltern** (Absatz 1) und
- zum anderen in Bezug auf die **Entziehung der gesamten elterlichen Sorge** (Absatz 2).

Im Sinne des §1666a II BGB wäre entsprechend die Entziehung der gesamten elterlichen Sorgen nicht erforderlich, solange beispielsweise durch die Entziehung des Aufenthaltsbestimmungsrechts die Gefahr beseitigt werden könnte.

d) Abänderung sorge- und umgangsrechtlicher Entscheidungen und Vergleiche durch das Familiengericht

Da die zum Wohle des Kindes zu treffenden Entscheidungen insofern Momentaufnahmen sind, als sich die weitere Entwicklung des Eltern-Kind-Verhältnisses i.d.R. nicht unbedingt abschätzen lässt, sieht §1696 BGB die grundsätzliche Möglichkeit vor, Entscheidungen zum Sorge- oder Umgangsrecht oder einen gerichtlich gebilligten Vergleich (i.S.d. §156 II FamFG) zu ändern, wenn dies aus triftigen, das Wohl des Kindes nachhaltig berührenden Gründen, angezeigt ist.

e) Fragen zur Wiederholung und Vertiefung mit Lösungshinweisen

Arbeitshinweis:
Bei der Beantwortung der Fragen, die sich auf konkrete Fälle beziehen, ist es stets wichtig, dass Sie Ihre Antwort kurz begründen und die jeweils maßgebliche(n) Norm(en) nennen.

1. Miriam und Tobias, die nicht miteinander verheiratet sind, werden Eltern der Zwillinge Charlotte und Jonas. Die Geburt verlief nicht komplikationslos und Miriam, die nach dem Not-Kaiserschnitt noch im Kran-

kenhaus liegt und sich nun über Vieles Sorgen macht (nachdem sie vor der Geburt ihrer Kinder noch jegliche »Formalia« abgelehnt hat), beauftragt Tobias, möglichst schnell zu klären, ob er alle Entscheidungen in Bezug auf ärztliche Untersuchungen ihrer Kinder treffen darf. Wie ist die Rechtslage?

2. Hätten Miriam und Tobias in Bezug auf Fragen zur elterlichen Sorge Anspruch auf Beratung im Jugendamt? Wenn ja, was könnte Inhalt der Beratung sein?
3. René und Nicole, die sich die Betreuung ihrer Tochter Tara teilen und beide sorgeberechtigt sind, haben sehr unterschiedliche Erziehungsvorstellungen, u.a. auch, was die am besten geeignete weiterführende Schule für Tara betrifft. Tara, die inzwischen 10 Jahre alt ist, besucht die 4. Klasse einer Berliner Grundschule, die in der Nähe der mütterlichen Wohnung liegt. Während die Mutter als Deutschlehrerin in einer Fremdsprachenschule arbeitet, lebt der Vater überwiegend von staatlichen Hilfen und möchte in ein Start-up-Unternehmen eines Freundes in Köln einsteigen, seinen Wohnsitz dorthin verlegen und seine Tochter mitnehmen.
   Nicole ist damit nicht einverstanden und beantragt beim Familiengericht, dass ihr die gesamte elterliche Sorge, zumindest aber das Aufenthaltsbestimmungsrecht übertragen wird.
   Könnte sie damit Erfolg haben? Bitte begründen Sie Ihre Antwort.
   Wie wäre es, wenn ihr tatsächlich das Aufenthaltsbestimmungsrecht übertragen würde, René daraufhin seine Tochter entführt und sie mit in seine Kölner WG nimmt. Auf welche Norm könnte Nicole ihr Herausgabebegehren stützen?
4. Die 13-jährige Maximiliane hat von ihrer Patentante ein Baugrundstück in Barendorf an der Ostsee geerbt. Sie überlegt gemeinsam mit ihren (sorgeberechtigten) Vätern Steffen und Thomas, dass sie das Grundstück doch lieber veräußern und das Geld für gemeinsame Reisen, ein Segelboot und eine kleine Ferienwohnung in Travemünde ausgeben sollten.
   Wäre eine Veräußerung durch Steffen und Thomas unproblematisch möglich? Begründen Sie Ihre Einschätzung.
   Was müssten Steffen und Thomas beachten, wenn Maximiliane von ihrer Tante einen Steinway-B-Flügel, einen wertvollen, alten Jugendstil-Sekretär sowie einige andere Vermögensgegenstände geerbt hätte, die insgesamt einen Wert von 150.000 € aufweisen?

5. Was versteht man unter
   - Wechsel-,
   - Nest-,
   - Residenzmodell? (→ **Seite 121**)
6. Aus welchen Gründen kann die elterliche Sorge enden? Wo findet sich dazu etwas im Gesetz? (→ **Seite 122**)
7. Die 17-jährige Anne und der 21-jährige Malte werden Eltern. Malte und Anne möchten bereits vor der Geburt des Kindes eine Sorgeerklärung abgeben. Ist dies möglich bzw. was müssten sie beachten?
8. Wie haften Eltern ihren Kindern gegenüber, wenn sie bei Ausübung der elterlichen Sorge einen Schaden verursachen? Nennen Sie auch die entsprechende Norm. (→ **Seite 126**)
9. Wem können Umgangsrechte zustehen und wo ist dies im Gesetz geregelt? (→ **Seite 127**)
10. Kann der nicht sorgeberechtigte Jan, dem ein Umgangsrecht zusteht, grundsätzlich verlangen, dass er z.B. über Schulzeugnisse seines Sohnes Henry informiert wird?
11. Wenn Amy den Verdacht äußert, dass ihr Sohn Anton von seinem Vater Kevin missbraucht wird und Kevin sofort das Umgangsrecht zu entziehen ist, muss das Familiengericht dann direkt einen entsprechenden Beschluss erlassen? Bitte begründen Sie Ihre Antwort.
12. Die 14jährige Julie ist mit dem 19jährigen Mario befreundet, der oft bekifft ist und auch mit diversen Substanzen dealt. Julies Eltern verbieten ihr den Umgang mit Mario, mit der Folge, dass Julie Mario zwar nicht mehr einlädt, wenn ihre Eltern zu Hause sind, jedoch deren häufige berufsbedingte Abwesenheit dafür nutzt. Als Julies Eltern riechen, dass in ihrem Haus geraucht wurde und erfahren, dass Julie und Mario auch andere Drogen konsumiert haben, machen sie sich große Sorgen und möchten wissen, was sie dagegen unternehmen können.
    Wie ist die Situation aus familienrechtlicher Sicht zu beurteilen?
13. Nino droht im Haushalt seiner gemeinsam sorgeberechtigten Eltern Marei und Piotr gesundheitlicher und seelischer Schaden. Ninos Eltern weisen beide, aufgrund früheren exzessiven Alkohol- und Hypnotikakonsums, psychosoziale Verhaltensstörungen auf und sind stark nikotinabhängig. Als Marei das Jugendamt um Hilfe bittet, kommt es im Rahmen des sachgerecht durchgeführten Hilfeplanverfahren nach § 36 SGB

VIII zu dem Ergebnis, dass es keine ambulante Hilfe gäbe, die zur Abwendung der Kindeswohlgefahr ausreiche. Das Jugendamt bietet Marei und Piotr daher Vollzeitpflege nach §§ 27, 33 SGB VIII für Nino an. Die Eltern sind damit nicht einverstanden. Das Jugendamt, das eine Inobhutnahme im Vorfeld der familiengerichtlichen Entscheidung nach § 42 I 1 Nr. 2 b) SGB VIII derzeit noch nicht für geboten hält, ruft aufgrund von § 8a II SGB VIII das Familiengericht an.
Auf welcher Rechtsgrundlage wird das Familiengericht entscheiden und welche Möglichkeiten hat es im vorliegenden Fall?

Lösungshinweise zu:

1. Miriam wird mit Geburt ihrer Kinder Charlotte und Jonas deren Mutter nach § 1591 BGB sowie die Inhaberin der elterlichen Sorge i.S.d. § 1626a III BGB.
Tobias dagegen ist nicht schon durch die Geburt als rechtlicher Vater zu qualifizieren und ohne den Vaterschaftsstatus kann er auch nicht elterlicher Sorgerechtsinhaber werden, sodass er die zur elterlichen Sorge gehörenden Entscheidungen in Bezug auf kinderärztliche Untersuchungen etc. nicht treffen kann.
Lediglich Eltern, die bei der Geburt ihres Kindes **miteinander verheiratet** und **verschieden geschlechtlich** (sowie voll geschäftsfähig i.S.d. §§ 2, 104 ff. BGB) sind, steht die **elterliche Sorge** bereits **bei Geburt** ihrer Kinder **gemeinschaftlich** zu.
Da Tobias und Miriam **verschieden geschlechtlich** und **nicht miteinander verheiratet** sind, können sie (einvernehmlich) lediglich gemäß den Voraussetzungen des § 1626a BGB die gemeinsame elterliche Sorge erlangen. D.h., dass sie entweder heiraten oder eine Sorgerechtserklärung z.B. vor dem Jugendamt abgeben können, wobei Tobias zunächst i.S.d. § 1592 Nr. 2 BGB die Vaterschaft anerkennen müsste. Beide Erklärungen können in einem Termin abgegeben werden (vgl. auch: § 59 I Nr. 1 und Nr. 8 SGB VIII).
Bei **gleichgeschlechtlichen** Eltern bliebe (nach wie vor) **nur** der **Weg über** die **Stiefkindadoption**, damit beide Partner:innen auch rechtlich Eltern und gemeinschaftlich Sorgerechtsinhaber:innen werden könnten.

2. Ja, das hätten sie nach § 18 II SGB VIII. Während eine Rechtsberatung nach dem RDG (Rechtsdienstleistungsgesetz) grundsätzlich nur durch Rechtsanwält:innen zu erfolgen hat, stellt der in § 18 SGB VIII normierte Beratungsanspruch eine erlaubte **Rechtsberatung durch das Jugendamt** i.S.d. §§ 2 I, 8 I Nr. 2 RDG dar. Der Anspruch aus § 18 II SGB VIII ist auf eine reine Beratung gerichtet, also weder auf eine rechtliche Vertretung noch auf die Rechtsdurchsetzung.
Das Jugendamt würde Miriam und Tobias mitteilen, dass Tobias zunächst in einem 1. Schritt rechtlicher Vater seiner Kinder werden müsste und dass er dann in einem 2. Schritt – wie unter 1 dargestellt – Sorgerechtsinhaber werden könnte. Sofern Miriam der gemeinsamen elterlichen Sorge durch Abgabe einer Sorgeerklärung nicht zustimmen würde, müsste Tobias die elterliche Sorge erst gerichtlich beantragen, vgl. § 1626a I Nr. 3 BGB. Da Miriam und Tobias jedoch gewillt sind, gemeinsam die Verantwortung für ihre Kinder zu übernehmen, wird dies hier nicht erforderlich sein. Folglich entspricht auch die gemeinsame elterliche Sorge dem Kindeswohl am besten, sodass die Beratung dahingehend erfolgen müsste.
Im Rahmen der Beratung wäre dann auch noch auszuführen, was zur elterlichen Sorge gehört, also **Personensorge**, **Vermögenssorge** und das **Vertretungsrecht** i.S.d. §§ 1626, 1629 BGB. (→ **Seite 109**)
3. Die vollständige Entziehung des Sorgerechts durch das Familiengericht wäre als am weitesten einschneidender Eingriff in das verfassungsrechtlich in Art. 6 GG garantierte Elternrecht nicht verhältnismäßig, vgl. §§ 1666 III Nr. 6, 1666a II BGB.
Sofern sich die Eltern nicht darüber einigen können, bei wem sich das Kind (hauptsächlich) aufhalten soll, müsste das Familiengericht einen Verfahrensbeistand nach § 158 FamFG bestellen sowie ein Sachverständigengutachten nach § 163 FamFG einholen. Sodann müsste es nach Anhörung der Eltern (§ 160 FamFG), der Tochter (§ 159 FamFG) sowie des Jugendamtes entscheiden und könnte nach entsprechender Würdigung zu dem Entschluss kommen, dass das Aufenthaltsbestimmungsrecht für Tara auf die Mutter zu übertragen sei und im Übrigen die gemeinsame elterliche Sorge bestehen bleiben solle.
Sofern René ihre gemeinsame Tochter Tara der Nicole widerrechtlich vorenthält, kommt ein **Anspruch auf Kindesherausgabe** nach § 1632 BGB in

Betracht, der das **Aufenthaltsbestimmungsrecht** ergänzt. Ein Herausgabeanspruch kann auch im Verhältnis der Eltern zueinander bestehen, wenn dem antragstellenden Elternteil zumindest das Aufenthaltsbestimmungsrecht zusteht.

4. Tatsächlich dürfen Steffen und Thomas das Grundstück ihrer Tochter nicht ohne Weiteres veräußern, selbst wenn sie mit der Verfügung einverstanden ist. Dem steht § 1643 I i.V.m. § 1850 I BGB entgegen.
   Nach § 1643 I BGB benötigen Eltern in Bezug auf bestimmte Rechtsgeschäfte, die sie in Vertretung ihres Kindes tätigen möchten, die Genehmigung des Familiengerichts. Dies gilt grundsätzlich für diejenigen Fälle, in denen ein Betreuer nach den §§ 1850 bis 1854 BGB der Genehmigung des Betreuungsgerichts bedarf, also auch für Verfügungen über ein Grundstück.
   Sofern Maximiliane Wertgegenstände geerbt hätte, deren Wert 15.000 € übersteigen (dazu: § 1640 II Nr. 1 BGB), so wie dies in der Weiterführung des Falles beschrieben ist, müssten Thomas und Steffen nach § 1640 I BGB ein Vermögensverzeichnis anlegen, das Verzeichnis mit der Versicherung der Richtigkeit und Vollständigkeit versehen und es beim Familiengericht einreichen.
7. Grundsätzlich ist die Abgabe der Sorgeerklärung bereits vor Geburt des Kindes nach § 1626a I Nr. 1 BGB möglich. Da Anne jedoch minderjährig und damit beschränkt geschäftsfähig ist, vgl. §§ 2, 106 BGB, bedarf sie gemäß § 1626c II BGB der Zustimmung ihres gesetzlichen Vertreters (also i.d.R. ihrer Eltern nach § 1629 BGB).
   Durch die Abgabe der Sorgeerklärung wird gemäß § 1626a II Nr. 1 BGB die elterliche Sorge gemeinsam erworben, jedoch ruht die elterliche Sorge des/der Minderjährigen nach § 1673 II BGB in den Bereichen der Vermögenssorge und Vertretung des Kindes, sodass Malte partiell die elterliche Sorge allein ausübt, bis Anne das 18. Lebensjahr vollendet hat.
10. Ja, grundsätzlich kann Jan Auskunft verlangen, da das Umgangsrecht durch den in § 1686 BGB geregelten (selbstständigen) Anspruch auf Auskunft ergänzt wird. Nach dieser Norm kann ein Elternteil bei berechtigtem Interesse von der/dem Anderen Auskunft über die persönlichen Verhältnisse des Kindes verlangen, soweit dies dem Wohl des Kindes nicht widerspricht.

11. Selbstverständlich rechtfertigt der Missbrauch eines Kindes durch den umgangsberechtigten Elternteil den sofortigen und unbefristeten Ausschluss des Umgangsrechts. Da Amy hier aber erst einen entsprechenden Verdacht geäußert hat, obliegt es dem Familiengericht zu eruieren, ob das Kind in Gefahr ist und in welchem Grad Gewissheit in Bezug auf einen etwaigen Missbrauch besteht, da ein einfacher oder gar unsubstantiierter Verdacht jedenfalls nicht ausreicht.
Grundsätzlich hat das Gericht erst mildere Maßnahmen anzuordnen, wie z.B. einen begleiteten Umgang i.S.d. §1684 IV 3, 4 BGB. Der sog. begleitete Umgang (z.T. auch beschützter Umgang genannt) ist in §1684 IV 3, 4 BGB ausdrücklich geregelt und stellt eine Form des Umgangsrechts dar, bei dem der Umgang nur in Anwesenheit eines mitwirkungsbereiten Dritten stattfinden darf.
12. Aus familienrechtlicher Sicht steht ein Verfahren in Rede, das eine Umgangsregelung zum Gegenstand hat. Bei solch einem Verfahren handelt es sich um eine Familiensache, in concreto eine Kindschaftssache, vgl. §§111 Nr. 2 FamFG, die gemäß §151 Nr. 2 FamFG dem Familiengericht zugewiesen ist. Die Eltern der Julie könnten sich folglich an das sachlich zuständige Amtsgericht als Familiengericht §§23a I Nr. 1, 23b I GVG wenden. Örtlich zuständig ist nach §152 II FamFG das Gericht, in dessen Bezirk das Kind seinen gewöhnlichen Aufenthalt hat. (Funktionell zuständig ist bei einer Entscheidung über die Umgangsregelung zwingend ein:e Richter:in und nicht ein:e Rechtspfleger:in, vgl. §14 Nr. 7 RPflG.)
Da die Eltern als Personensorgeberechtigte eine Umgangsregelung erstreben, ist die Zuständigkeit des Familiengerichts darüber hinaus in §1632 III i.V.m. II und §1631 III normiert.
Zwar können die Eltern der Julie grundsätzlich den Umgang ihrer Tochter bestimmen, Schranken für dieses Elternrecht ergeben sich jedoch aus §1626 II BGB insofern als sie bei der Pflege und Erziehung ihres Kindes die wachsende Fähigkeit und das wachsende Bedürfnis des Kindes zu selbstständigem verantwortungsbewusstem Handeln zu berücksichtigen haben und nach §1631 II BGB keine entwürdigenden Maßnahmen bei der Erziehung einsetzen dürfen.
Im Rahmen einer Interessenabwägung, muss das Bedürfnis der Julie, sich weiter mit Mario treffen zu dürfen, zurückstehen, da das für die Entscheidung maßgebliche Kindeswohl durch den Umgang mit Mario

ernsthaft gefährdet ist und neben gesundheitlichen Problemen eine geistige bzw. seelische Fehlentwicklung durch den von Mario ermöglichten Drogenkonsum bei Julie zu befürchten ist.
Das Familiengericht wird – nach Anhörung der Eltern, ihrer Tochter Julie und des Jugendamtes, vgl. §§ 159, 160, 162 FamFG – dem Antrag entsprechen und durch Beschluss i.S.d. § 116 I FamFG Mario den Umgang mit Julie verbieten, wobei es gemäß § 89 II FamFG im Beschluss bereits auf die möglichen Folgen der Zuwiderhandlung – Ordnungsgeld bzw. Ordnungshaft nach § 89 I FamFG hinweisen wird. Das Familiengericht kann durch Beschluss gemäß § 116 FamFG auch gegenüber Julie solch ein Umgangsverbot aussprechen, wobei die Anwendung unmittelbaren Zwangs gegen ein Kind nur zulässig ist, soweit dies verhältnismäßig und unter Berücksichtigung des Kindeswohls gerechtfertigt wäre, vgl. § 90 II 2 FamFG.

Exkurs/Vertiefung

Unmittelbarer Zwang gegen ein **Kind** darf zwar nach § 90 II 2 FamFG zur Durchsetzung von Beschlüssen, die auf Grundlage der §§ 1632 I, III, 1666 BGB ergehen, ausgeübt werden, **wenn dies unter Berücksichtigung des Kindeswohls gerechtfertigt** ist **und eine Durchsetzung der Verpflichtung mit milderen Mitteln nicht möglich** ist. Dies gilt jedoch nicht, wenn es um die **Durchführung eines Umgangsrechts** geht. Hier darf nach § 90 II 1 FamFG gegen das Kind **kein unmittelbarer Zwang** ausgeübt werden. Möglich wäre dann beispielsweise, gegenüber dem betreuenden Sorgeberechtigten (der den Umgang verhindern möchte) unmittelbaren Zwang anzuordnen und durchzusetzen[246].

13. Rechtsgrundlage für das Familiengericht ist § 1666 BGB. In § 1666 III BGB werden (nicht abschließend) gerichtliche Maßnahmen aufgeführt, die bei einem Eingriff in die Personensorge in Frage kommen können, so z.B. nach § 1666 III Nr. 1 BGB das Gebot, öffentliche Hilfen wie zum Beispiel Leistungen der Kinder- und Jugendhilfe in Anspruch zu nehmen. Entsprechend kann das Familiengericht, sofern es die Einschätzung des Jugendamtes teilt, Marei und Piotr anweisen, die Vollzeitpflege anzunehmen. Sofern die Vollstreckung einer solchen Maßnahme nicht abgewartet

246 Zöller/Feskorn, ZPO, § 90 FamFG Rn. 8 m.w.N.

werden könnte, wäre es z.B. auch möglich, nach §1666 III Nr. 6 BGB den Eltern das Aufenthaltsbestimmungsrecht zu entziehen. Die Entscheidung des Familiengerichts über die konkrete Maßnahme wird davon abhängen, ob die Eltern im Rahmen des Verfahrens ihren Widerstand gegen die stationäre Hilfe aufgeben oder nicht.

6 Unterhaltsrecht

Im Unterhaltsrecht geht es um die Frage, wer wessen Lebensbedarf sicherstellen muss, sodass es für die Beteiligten von existenziellem Belang ist.

Unterhaltsansprüche können zwischen

- (geschiedenen) **Eheleuten** (und **Lebenspartner:innen** i.S.d. LPartG),
- **Verwandten** i.S.d. §§1601ff. BGB (wozu insbesondere die wechselseitige **Unterhaltspflicht zwischen Eltern und ihren Kindern** gehört) sowie zwischen
- **nicht miteinander verheirateten** (verschiedengeschlechtlichen) **Eltern aus Anlass der Geburt ihres Kindes** i.S.d. §1615l BGB

bestehen.

Trotz der **spezifischen Anspruchsgrundlagen im Unterhaltsrecht**, sind stets dieselben, im Folgenden aufgeführten **Voraussetzungen** zu prüfen, um zu klären, ob ein Unterhaltsanspruch besteht:

1. **Unterhaltsbeziehung**: ist gegeben, wenn die Beteiligten in unterhaltsrechtlicher Form miteinander verbunden sind, also durch Verwandtschaft, (frühere) Ehe (oder eingetragene Lebenspartnerschaft) oder als nicht miteinander verheiratete (verschiedengeschlechtliche) Eltern eines Kindes aus Anlass der Geburt.
2. **Bedürftigkeit** des Unterhaltsberechtigten: besteht, wenn die-/derjenige, die/der Unterhalt fordert, einen Unterhaltsbedarf hat, den sie/er nicht selbst decken kann.
3. **Leistungsfähigkeit** des Unterhaltsverpflichteten: ist gegeben, wenn die-/derjenige, die/der Unterhalt zahlen soll, dies auch leisten kann, also über mehr Einkünfte verfügt, als sie/er für ein »angemessenes Leben« benötigt.

4. Rangfolge in Bezug auf **Unterhaltsberechtigte und -verpflichtete**: ist zu beachten. D.h. beispielsweise, dass
   - auf Seiten der Unterhaltsberechtigten **minderjährige Kinder zuerst** versorgt werden müssen, bevor erwachsene, verheiratete Kinder Unterhaltszahlungen erhalten und
   - auf Seiten der Unterhaltsschuldner:innen keine vorrangig Verpflichteten existieren dürfen, was z.B. der Fall wäre, wenn ein Kind seine Großeltern in Anspruch nehmen würde, anstatt sich zunächst an seine Eltern zu wenden.
5. **Kein Ausschluss bzw. keine Minderung** des Unterhaltsanspruches: diesbezüglich ist z.B. zu beachten, dass grundsätzlich kein Unterhalt für Zeiträume verlangt werden kann, die in der Vergangenheit liegen.

Sind die Voraussetzungen erfüllt, erfolgt die **Art der Unterhaltsgewährung**, i.d.R. in Form einer sog. **Geldrente**, wobei die grundsätzliche Höhe ggf. über die **Düsseldorfer Tabelle** beziffert werden kann.

Je nachdem, ob die Unterhaltsbeziehung aus Ehe, Lebenspartnerschaft, Elternstellung oder Verwandtschaft resultiert, lassen sich im jeweiligen gesetzlichen Kontext die unterhaltsrelevanten Regelungen, etwa zu Bedürftigkeit, Leistungsfähigkeit, Rangfolge etc., finden (vgl. zum Unterhaltsrecht zwischen Ehegatt:innen und Lebenspartner:innen →**Seite 39**). § 1615l BGB hält darüber hinaus eine Anspruchsgrundlage für verschiedengeschlechtliche, nicht verheiratete Eltern bereit, da zwischen ihnen (mangels Ehe oder Verwandtschaft), anders als gegenüber dem Kind, ansonsten kein Unterhaltsanspruch bestünde. Im Sinne dieser Norm können Mütter und Väter **aus Anlass der Geburt** Unterhaltsansprüche geltend machen, wobei gemäß § 1615l III BGB die Vorschriften über die Unterhaltspflicht zwischen Verwandten entsprechend anzuwenden ist.

Praxisrelevant im Bereich der Sozialen Arbeit ist **v.a.** der **Verwandtenunterhalt**, sodass im Folgenden hierauf noch ausführlicher eingegangen wird.

a) Unterhaltsbeziehung

Damit eine Unterhaltspflicht überhaupt in Betracht kommen kann, muss zwischen den Beteiligten eine Unterhaltsbeziehung bestehen, die beim Verwandten- und Kindesunterhalt aus der **Verwandtschaft in gerader** Linie

(§1601 BGB) resultiert. Wie oben dargestellt, sind nach §1589 S. 1 BGB Personen, deren eine von der anderen abstammt, in gerader Linie verwandt. Entsprechend sind **Eltern ihren Kindern** und **Kinder ihren Eltern** zum Unterhalt verpflichtet sowie **Großeltern ihren Enkeln** gegenüber **und umgekehrt.**

Nicht einander zum Unterhalt verpflichtet sind dagegen **Geschwister**, da sie (nur) in der Seitenlinie miteinander verwandt sind, **sowie Verschwägerte** i.S.d. §1590 BGB. Diesen Personen bereits gezahlter Unterhalt kann jedoch gemäß §814, 2. Fall BGB nicht zurückgefordert werden[247].

b) Bedürftigkeit

Eine weitere Voraussetzung ist die **Bedürftigkeit** auf Seiten des Unterhaltsberechtigten. Gemäß §1602 I BGB ist **unterhaltsberechtigt bzw. bedürftig, wer außerstande ist, sich selbst zu unterhalten. Bedürftig ist** daher **nicht, wer Vermögen oder Einkünfte besitzt.**

Als **Einkünfte** i.S.d. §1602 BGB gelten **grundsätzlich alle Mittel**, die **geeignet** sind, den **gegenwärtigen Lebensbedarf des Einkommensbeziehers sicherzustellen**[248], also z.B. Arbeitseinkommen, aber auch Vermögenseinkünfte (Zinsen aus Sparguthaben, Einkünfte aus Verpachtung und Vermietung). Als Einkommen kann z.B. auch **Krankengeld** i.S.d. §§44ff. SGB VI qualifiziert werden, da ihm Lohnersatzfunktion zukommt sowie **Krankenhaustagegeld** oder **Erwerbsminderungsrente.** Dagegen verringern **Sozialhilfeleistungen** gemäß §2 I, II SGB XII die Bedürftigkeit **grundsätzlich nicht**, da diese Leistungen kraft Gesetzes der Unterhaltspflicht im Range nachgehen[249].

Minderjährige Kinder trifft weder eine *Erwerbsobliegenheit*, solange sie der vollzeitigen Schulpflicht noch nicht entwachsen sind[250], noch müssen sie gemäß §1602 II BGB ihren etwaig vorhandenen Vermögensstamm angreifen **(Bedürftigkeitsprivileg minderjähriger Kinder[251]).**

---

247 Grüneberg/Sprau, §814 Rn. 9.

248 Erman/Hammermann, §1602 Rn. 7 m.w.N.; zu dem auch im Verwandtenunterhaltsrecht geltenden Prinzip der Eigenverantwortung, vgl.: jurisPK-BGB/Viefhues, §1602 Rn. 2.

249 Zum Ganzen: Erman/Hammermann, §1602 Rn. 40ff. m.w.N.

250 Dazu: Grüneberg/von Pückler, §1602 Rn. 5 auch mit Verweis auf das JArbSchG.

251 Vgl. Grüneberg/von Pückler, §1602 Rn. 12.

Beispiel

Selbst wenn die 12-jährige Johanne von ihrer Patentante Anna 50.000 € geschenkt bekommen hätte, müsste sie dieses Geld zum Bestreiten ihres Unterhalts nicht verwenden. Lediglich die daraus resultierenden Zinseinnahmen müssten in Ansatz gebracht werden, vgl. § 1602 II BGB (»Einkünfte des Vermögens«).

Da zum Unterhalt auch die Kosten einer angemessenen Berufsausbildung gehören, kommt es bei **volljährigen Kindern** für die Bedürftigkeit darauf an, ob sie sich **in der ersten angemessenen Berufsausbildung, entsprechend Eignungen und Neigungen** (vgl. dazu § 1631a BGB) **befinden.** Volljährige Kinder sind dabei verpflichtet, ihre Ausbildung zielstrebig und ernsthaft zu betreiben[252] und müssen sich auch eine **Ausbildungsvergütung** (abzüglich einer Ausbildungspauschale) auf ihren Unterhaltsbedarf anrechnen lassen[253]. Die Unterhaltsverpflichteten (i.d.R. die Eltern) müssen ein vorübergehendes Versagen ihrer Kinder im Rahmen der Ausbildung sowie einen Fachrichtungswechsel zu Beginn bzw. während der Orientierungsphase und auch unverschuldete Verzögerungen hinnehmen, nicht dagegen ein sog. »Bummelstudium«[254].

Entsprach die **Erstausbildung nicht** den **Eignungen und Neigungen** des Kindes, etwa weil die Eltern seine Begabungen fehleingeschätzt bzw. ihr Kind in einen ungeeigneten oder ungeliebten Beruf gedrängt haben, **müssen sie noch eine weitere Ausbildung finanzieren**. Gleiches gilt, wenn sich die Notwendigkeit eines Berufswechsels aus anderen schwerwiegenden Gründen herausstellt, z.B. weil der Beruf aus gesundheitlichen oder anderen nicht vorhersehbaren Gründen keine Lebensgrundlage mehr bietet[255].

Zur ersten angemessen Berufsausbildung können auch Weiterbildungen oder ein Studium gehören, das sich unmittelbar an die Ausbildung anschließt (sog. **mehrstufige Ausbildung**), jedoch nur, wenn ein **enger zeitlicher und sachlicher Zusammenhang** zwischen Ausbildungsberuf und Studium besteht[256] (so z.B. bei einer Ausbildung als Bauzeichnerin und einem sich an-

252 Dazu auch: BGH FamRZ 1998, 671 ff.

253 Vgl. dazu BGH FamRZ 2006, 99 ff.

254 Vgl. dazu: BGH FamRZ 1987, 470 ff.

255 Vgl. zum Ganzen, m.w.N.: Grüneberg/von Pückler, § 1610 Rn. 28.

256 Vgl. dazu: BGH FamRZ 2017, 799 ff.; Grüneberg/von Pückler, § 1610 Rn. 29 ff. m.w.N.

schließenden Architekturstudium[257]). Übt das Kind im Anschluss an eine Ausbildung den erlernten Beruf aus, obwohl es mit dem Studium beginnen könnte, fehlt es am zeitlichen Zusammenhang, sodass die Einheitlichkeit des Ausbildungsgangs in einem solchen Fall aufgehoben sein kann[258]. Dagegen können Kinder auch während des sozialen Jahres Unterhalt erhalten, selbst wenn der Dienst nicht für die spätere Ausbildung benötigt wird[259].

Nach Abschluss einer angemessenen Berufsausbildung besteht **i.d.R. keine Unterhaltsverpflichtung** mehr. Das volljährige Kind muss dann seine **Arbeitskraft** grundsätzlich in vollem Umfang einsetzen, um nicht bedürftig zu sein, wobei auch einfachste, ggf. auch berufsfremde Tätigkeiten ausgeführt werden müssen[260]. Ansonsten kann die Verletzung der Erwerbsobliegenheit zur Hinzurechnung **fiktiver Einkünfte** führen. Insoweit ist die/der Berechtigte entsprechend zu behandeln wie die/der Verpflichtete in Bezug auf die Leistungsfähigkeit[261].

Ob und inwieweit Einkünfte einer/eines sich in der Schulausbildung bzw. im Studium befindlichen Volljährigen in Bezug auf die Bedürftigkeit zu berücksichtigen sind, hängt von den Umständen des Einzelfalles ab. Da sie regelmäßig aus überobligationsmäßiger Tätigkeit stammen (also aus einer Tätigkeit, zu der die/der Volljährige nicht verpflichtet ist), tendiert die Rechtsprechung eher dazu, zumindest einen großzügig zu bemessenden Betrag anrechnungsfrei zu belassen[262].

c) Leistungsfähigkeit

Die Leistungsfähigkeit ist in der Unterhaltsbeziehung auf Seiten des/der Unterhaltsverpflichteten der Gegenpol zur Bedürftigkeit des/der Unterhaltsberechtigten. Was unter **Leistungsfähigkeit** zu verstehen ist, ergibt sich aus einem Umkehrschluss zu § 1603 I BGB. Im Sinne dessen ist **leistungsfähig, wer über mehr Mittel verfügt, als sie/er** unter Berücksichtigung ihrer/seiner **sonstigen Verpflichtungen für den eigenen angemessenen Unterhalt benötigt.**

---

257 BGH FamRZ, 1989, 853.

258 BGH FamRZ 2001, 1601 ff.

259 OLG Celle, FamRZ 2012, 995 f.

260 Vgl. dazu auch: Grüneberg/von Pückler, § 1602 Rn. 5.

261 Erman/Hammermann, § 1602 Rn. 13 m.w.N.

262 Vgl. z.B. OLG Karlsruhe FamRZ 1994, 1278; OLG Hamm FamRZ 1994, 1279.

Gegenüber minderjährigen Kindern trifft Eltern eine **gesteigerte Erwerbsobliegenheit** i.S.v. §1603 II BGB. D.h., dass Eltern alle verfügbaren Mittel gleichmäßig einsetzen müssen, um den eigenen Unterhalt und den des Kindes/der Kinder zu erwirtschaften. Minderjährigen Kindern gleichgestellt sind die sog. **privilegierten volljährigen Kinder**, also unverheiratete, volljährige Kinder, die sich in der allgemeinen Schulausbildung befinden und im Haushalt der Eltern leben, vgl. §1603 II 2 BGB. Auch ihnen gegenüber besteht eine gesteigerte Unterhaltspflicht.

Exkurs/Vertiefung

Wenngleich die sog. **privilegierten volljährigen** Kinder **rangmäßig minderjährigen Kindern gleichstehen**, vgl. §1609 I BGB, und ihnen gegenüber auch eine **gesteigerte Erwerbsobliegenheit** besteht, vgl. §1603 II BGB, müssen gegenüber Volljährigen keine Betreuungsleistungen mehr erbracht werden, sodass **beide Eltern ab Volljährigkeit ihrer Kinder** ihnen gegenüber – unabhängig von der Privilegierung – i.S.d. §1606 III BGB **anteilig barunterhaltspflichtig** sind.

aa) Einkünfte und Vermögen

Für die Leistungsfähigkeit ist neben dem **Vermögen und dessen Erträgen** insbesondere das erzielte bzw. erzielbare **(Arbeits-)einkommen des:der Verpflichteten** relevant, wozu ggf. auch Weihnachts- und Urlaubsgratifikationen gehören, die anteilig auf die einzelnen Monate umzurechnen sind[263]. Bei **selbstständig Tätigen** ist ein Mehrjahreszeitraum von i.d.R. drei Jahren zur Ermittlung des – nach steuerrechtlichen Grundsätzen zu bestimmenden – Einkommens zugrunde zu legen, um etwaige monatliche Schwankungen (oder auch Auswirkungen der COVID-19-Pandemie) berücksichtigen zu können[264]. **Erziehungsgeld** soll nach §9 BErzGG nur in den dort aufgeführten Ausnahmefällen unterhaltsrelevant sein, d.h. aber, dass ein Elternteil, der lediglich Erziehungsgeld bezieht, aufgrund der gesteigerten Unterhaltspflicht nach §1603 II BGB gegenüber einem minderjährigen Kind (aus früherer Ehe) als leistungsfähig qualifiziert werden kann[265].

263 BGH FamRZ 1991, 416ff.

264 Zur Einkommensermittlung bei selbstständig Tätigen, vgl.: BGH FamRZ 2004, 117 und Erman/Hammermann, §1603 Rn. 26 m.w.N.

265 Vgl. dazu OLG Nürnberg FamRZ 1994, 1402f.

Sachbezüge, wie z.B. die Überlassung einer Wohnung, eines Dienstwagens oder der verbilligte Warenbezug sind im Sinne der Leistungsfähigkeit zu berücksichtigen, wenn sie **zusätzlich** gewährt werden, wobei ihr Wert dann gemäß §113 I 2 FamFG i.V.m. §287 ZPO zu schätzen ist[266]. Zu den die Leistungsfähigkeit erhöhenden **geldwerten Gütern** kann – insbesondere, wenn der Unterhalt eines Minderjährigen in Rede steht – auch der **Wohnvorteil** bei mietfreiem Wohnen im eigenen Haus gehören, wobei der Wert des Eigenheims nicht subjektiv nach den ersparten Mietaufwendungen, sondern objektiv nach der bei Fremdvermietung erzielbaren Marktmiete zu bemessen ist[267].

Nach objektiven Merkmalen eindeutig abgrenzbare **berufsbedingte Aufwendungen** (im Steuerrecht Werbungskosten genannt, vgl. §9 EStG), mindern die Leistungsfähigkeit – anders als im Steuerrecht – nur, soweit sie notwendig mit der Berufsausübung verbunden sind[268].

Inwieweit **Schulden** des/der Unterhaltsverpflichteten (als sonstige Verpflichtungen i.S.d. §1603 I BGB) seine/ihre Leistungsfähigkeit herabsetzen, ist im Rahmen einer umfangreichen **Interessenabwägung** von Unterhaltsschuldner:innen und Unterhaltsgläubiger:innen zu eruieren, bei der insbesondere auch der **Zweck** der Verbindlichkeiten einzubeziehen ist[269].

Die Leistungsfähigkeit kann sich nicht nur nach den **tatsächlich erzielten Einkünften** aus Arbeit und Vermögen richten, sondern **im Ausnahmefall** auch nach **erzielbaren Einkünften**. Die Zurechnung solcher **fiktiver Einkünfte** resultiert aus der den/die Unterhaltsschuldner:in (sowie auch den/die Unterhaltsgläubiger:in) treffenden Obliegenheit, alle zumutbaren Einkünfte zu erzielen[270]. Wenn jemand z.B. seinen Arbeitsplatz kündigt, um sich der Unterhaltspflicht zu entziehen, kann er/sie sich nicht darauf berufen, leistungsunfähig zu sein.

Exkurs/Vertiefung

In Bezug auf die **Leistungsfähigkeit erwachsener Kinder** bei einer **Unterhaltsverpflichtung gegenüber** ihren **Eltern** hat das BVerfG in seiner Entscheidung vom

266 OLG Karlsruhe FamRZ 2016, 237.

267 OLG Rostock, FamRZ 2005, 645.

268 Erman/Hammermann, §1603 Rn. 21.

269 Grüneberg/von Pückler, §1603 Rn. 5; Erman/Hammermann, §1603 Rn. 113.

270 Grüneberg/von Pückler, §1603 Rn. 22ff.

7.6.2005 (1 BvR 1508/96) klargestellt, dass sie nicht dazu verpflichtet werden können, ein zinsloses Darlehen des Sozialhilfeträgers anzunehmen und dafür eine Grundschuld auf die eigene Immobilie zugunsten des Sozialhilfeträgers zu bestellen. In dem konkreten Fall sollte die Leistungsfähigkeit der Tochter hergestellt werden, um dann entsprechend Regress nehmen zu können. Nach Ansicht des BVerfG wurde dadurch aber die von Art. 2 I GG geschützte finanzielle Dispositionsfreiheit der Tochter in verfassungswidriger Weise eingeschränkt[271].

bb) Eigenbedarf

Da ein unterhaltspflichtiger Verwandter nach § 1603 BGB nur dann Unterhalt zahlen muss, wenn er dadurch seinen **Eigenbedarf** nicht gefährdet, stellt sich die Frage, wie jener Teil des Einkommens, der selbst behalten werden darf, konkret zu beziffern ist.

Es ist insoweit zu unterscheiden:

Gegenüber volljährigen Kindern oder anderen **Verwandten in gerader Linie** ist i.S.d. § 1603 I BGB der sog. **angemessene Eigenbedarf (großer Selbstbehalt)** in Ansatz zu bringen und **gegenüber minderjährigen Kindern und privilegierten Volljährigen** i.S.d. § 1603 II BGB der sog. **notwendige Eigenbedarf (Selbstbehalt).** Für die Bemessung des Selbstbehalts werden zunächst die sozialrechtlich anzulegenden Maßstäbe zum notwendigen Lebensunterhalt i.S.d. § 27a SGB XII sowie zum Regelbedarf i.S.d. § 20 SGB II berücksichtigt und sodann angemessene Kosten für Wohnen sowie eine pauschale Reserve monatlich addiert. Der jeweilige, in regelmäßigen Abständen (meist zum 1.1. eines jeden Jahres) angepasste Betrag, lässt sich dann aus Ziffer 5 der **Düsseldorfer Tabelle** ablesen, die **Leitlinien für den Unterhaltsbedarf von Unterhaltsberechtigten** enthält.

Die Düsseldorfer Tabelle, deren Namen daher rührt, dass sie ursprünglich (ab 1962) die Unterhaltsleitlinie des OLG Düsseldorf darstellte, die in Abstimmung mit einigen anderen Oberlandesgerichten und dem Deutschen Familiengerichtstag erstellt wurde, beruht nunmehr auf **Koordinierungsgesprächen**, die **unter Beteiligung aller Oberlandesgerichte und der Unterhaltskommission des Deutschen Familiengerichtstages e.V.** stattgefunden haben. Sie hat zwar als solche **keine Gesetzeskraft**, stellt aber eine **Richtli-**

---

271 BVerfG Urt. v. 7.6.2005, 1 BvR 1508/96, Rn. 35: www.bundesverfassungsgericht.de/SharedDocs/Entscheidungen/DE/2005/06/rs20050607_1bvr150896.html.

nie dar, die insbesondere auch monatliche Unterhaltsrichtsätze des Barunterhaltspflichtigen gegenüber seinem Kind bzw. seinen Kindern, gestaffelt nach der Höhe des (bereinigten) Nettoeinkommens und dem Kindesalter, ausweist. Da im Zuge der Bestimmung der jeweiligen Unterhaltsberechtigung auch der Eigenbedarf des Unterhaltspflichtigen relevant ist, findet sich unter Nr. 5 die entsprechende Festlegung.

Die jeweils aktuelle Tabelle findet sich hier: https://www.olg-duesseldorf.nrw.de/infos/Duesseldorfer_Tabelle/index.php

Nach der Düsseldorfer Tabelle vom 1.1.2023[272]

- beträgt der notwendige Eigenbedarf (Selbstbehalt) gegenüber minderjährigen Kindern sowie gegenüber privilegierten volljährigen Kindern **monatlich 1.120 €, sofern** der **Unterhaltspflichtige nicht erwerbstätig** ist und – um einen Anreiz der Erwerbstätigkeit zu schaffen – **monatlich 1.370 €, sofern** der **Unterhaltspflichtige erwerbstätig** ist.
  Hierin sind bis 520 EUR für Unterkunft einschließlich umlagefähiger Nebenkosten und Heizung (Warmmiete) enthalten.
- Der angemessene Eigenbedarf, insbesondere gegenüber anderen volljährigen Kindern, beträgt in der Regel mindestens **monatlich 1.650 €**, wobei darin eine Warmmiete bis 650 EUR enthalten ist.

Des Weiteren wird ausgeführt, dass der notwendige bzw. der angemessene Eigenbedarf erhöht werden soll, wenn die Wohnkosten (Warmmiete) 520 EUR (notwendiger Eigenbedarf) bzw. 650 EUR (angemessener Eigenbedarf) übersteigen und nicht unangemessen sind.

Exkurs/Vertiefung

Hinsichtlich des monatlichen **Eigenbedarfs (Selbstbehaltes)** gegenüber einem getrennt lebenden oder geschiedenen Unterhaltsberechtigten, wird in der Tabel-

272 https://www.olg-duesseldorf.nrw.de/infos/Duesseldorfer_Tabelle/Tabelle-2023/index.php. Auf den Seiten des OLG Düsseldorf finden sich auch einige frühere Tabellen. Noch weiter in der Vergangenheit liegende Tabellen sind auf den Seiten des Deutschen Familiengerichtstages zu finden (https://www.dfgt.de).

le bei B. Ehegattenunterhalt unter III. (Stand 2023) ein Betrag in Höhe von **1.510 €** angesetzt, wenn der Unterhaltsverpflichtete erwerbstätig ist, und in Höhe von **1.385 €**, wenn er es nicht ist, wobei darin 580€ für Unterkunft einschließlich umlagefähiger Nebenkosten und Heizung (Warmmiete) enthalten sind und eine Erhöhung stattfinden soll, wenn die Wohnkosten (Warmmiete) 580€ übersteigen und nicht unangemessen sind.

d) Rangfolgen

Sofern mehrere Unterhaltspflichtige und/oder -berechtigte vorhanden sind, müssen Rangverhältnisse beachtet werden. D.h., dass zum einen zu eruieren ist, an welche Person sich der/die Unterhaltsberechtigte zuerst wenden muss, und zum anderen, wer – bei mehreren Unterhaltsberechtigten – durch den Unterhaltspflichtigen zuerst befriedigt werden muss. Bei mehreren Unterhaltspflichtigen richten sich die Rangverhältnisse nach den §§1606ff. BGB, bei mehreren Unterhaltsberechtigten nach §1609 BGB.

aa) Rangfolge bei mehreren Unterhaltspflichtigen

Nach §1606 I BGB sind Abkömmlinge vor den Verwandten der aufsteigenden Linie unterhaltspflichtig, wobei in beiden Richtungen die näheren Verwandten vor den entfernteren haften, vgl. §1606 II BGB. **Vorrangig haftet** grundsätzlich – sofern vorhanden – der **Ehegatte des/der Berechtigten**, §1608 BGB (ggf. auch der geschiedene, vgl. 1584 BGB).

Falls der **Ehegatte nicht leistungsfähig** ist **oder** aber eine **erschwerte Durchsetzbarkeit** vorliegt, schulden die nächsten Verwandten (also **Kinder** oder **Eltern**) Unterhalt, vgl. §§1608 I, 1607 II BGB. **Nachrangig** haften **anteilig die Enkel bzw. Großeltern**, §1606 I, III 1 BGB.

Beispiele

Martha Mahlow ist Mutter der erwachsenen Tochter Kristiane Mahlow, die ihrerseits einen erwachsenen Sohn – Elian – hat.

Variante 1: An wen müsste sich Kristiane wenden, wenn sie Unterhalt benötigte, den sie selbst nicht erwirtschaften kann?

Variante 2: An wen müsste sich Elian wenden, wenn er bedürftig wäre und sowohl Martha als auch Kristiane leistungsfähig wären?

Variante 3: An wen müsste sich der bedürftige Elian wenden, wenn der Aufenthaltsort seiner Mutter Kristiane unbekannt wäre? Wie wäre die Rechtslage, wenn

Kristiane, die nach einem traumatischen Ereignis für zwei Jahre unter falschem Namen im Ausland lebte – ohne jemanden darüber zu informieren – und nun, da sie das Trauma überwunden hat, sich bei ihrer Familie zurückmeldet, vermögend ist und wieder ihren Wohnsitz nach Deutschland verlegt?
Tipp: Die Lösung ergibt sich aus §1607 BGB.
Variante 4: An wen müsste sich der bedürftige Elian wenden, wenn Kristianes Aufenthaltsort zwar bekannt, sie jedoch leistungsunfähig wäre?

Lösung Variante 1: Wenn Kristiane bedürftig wäre, müsste sie sich i.S.d. §§1601 I, 1606 BGB mit ihrem Unterhaltsbegehren zunächst an Elian wenden, bevor sie Martha in Anspruch nehmen kann.
Lösung Variante 2: Sofern der bedürftige Elian einen Anspruch auf Unterhalt geltend machen möchte, kann er sich nicht unmittelbar an seine Großmutter Martha wenden, da Kristiane gegenüber ihrem Sohn vorrangig vor Martha auf Unterhalt haftet, vgl. §1606 II BGB.
Lösung Variante 3: Soweit Kristianes Aufenthaltsort unbekannt wäre, haftet Martha nach §1607 II BGB.
Da Martha nachrangig verpflichtet ist und nur in Anspruch genommen wurde, weil die Rechtsverfolgung gegen die an sich vorrangige Schuldnerin Kristiane nur unter erschwerten Umständen (bzw. nicht) durchsetzbar war, hat Martha eine fremde Schuld erfüllt. Damit ist der Anspruch in Höhe der von ihr geleisteten Unterhaltsbeträge im Wege eines gesetzlichen Forderungsüberganges (cessio legis) gemäß §1607 II 2 BGB auf sie als Leistende übergegangen. D.h. konkret, dass Martha, sobald ihre Tochter wieder in Deutschland ist, von ihr das geleistete Geld zurückfordern kann.
Lösung Variante 4: Wenn und soweit Elians Mutter Kristiane leistungsunfähig ist, haftet Martha nach §1607 I BGB. (Wären mehrere Großeltern vorhanden, würden alle anteilig haften.)

Sind **mehrere gleichnahe Verwandte** vorhanden, **haften** sie **anteilig** ohne Gesamtschuldnerschaft **entsprechend ihrer Erwerbs- und Vermögensverhältnisse.** Dies gilt z.B. für einen bedürftigen Elternteil, der mehrere Kinder hat, die dann als Geschwister entsprechend ihrer Erwerbs- und Vermögensverhältnisse für den Unterhalt des Elternteils aufkommen.

Insbesondere schulden aber auch **beide Eltern,** aufgrund der gleichnahen Verwandtschaft in Bezug auf ihr **Kind**, diesem gegenüber i.S.d. §1606 III 1

BGB **anteilig Unterhalt**, wobei für minderjährige Kinder Besonderheiten gelten. **Solange** das **Kind minderjährig** ist und **überwiegend von einem Elternteil betreut wird, genügt der Elternteil, der das Kind betreut** i.S.d. §1606 III 2 BGB, i.d.R. **seiner Unterhaltsverpflichtung durch die Pflege und Erziehung** des Kindes. Als Pflege und Erziehung gelten dabei alle **Dienstleistungen**, die mit der persönlichen Betreuung verbunden sind (z.B. Waschen der Kleidung, Einkaufen, Essenszubereitung, Hausaufgabenüberwachung), nicht dagegen Geldaufwendungen oder Gewährung von Unterkunft[273].

Exkurs/Vertiefung

Während der **Naturalunterhalt** (Gewährung von Lebensmitteln, Kleidung, Unterkunft) gemäß §1612 BGB im Einzelfall den Unterhalt in Form der Geldrente **ersetzen** kann, tritt der **Betreuungsunterhalt** i.S.d. §1606 III 2 BGB **neben** den **Barunterhalt**, sodass diese Unterhaltsformen nicht gleichzusetzen sind, wenngleich insoweit nicht immer ausreichend differenziert wird[274].

Sofern Eltern getrennt leben und das **Residenzmodell** praktizieren, ist nur der **Elternteil barunterhaltspflichtig, bei dem das Kind nicht lebt**. Teilen sie sich die Betreuung des Kindes paritätisch im Sinne des **Wechselmodell**s, haben grundsätzlich **beide Elternteile** für den **Barunterhalt des Kindes** einzustehen[275].

Auch wenn das minderjährige Kind von keinem der Elternteile betreut, sondern Dritten zur Betreuung überlassen wird (im Heim, bei Verwandten, bei einer Pflegefamilie), sind beide Eltern anteilig barunterhaltspflichtig nach §1606 III 1 BGB.

bb) Rangfolge bei mehreren Unterhaltsberechtigten

Die **Rangfolge bei mehreren Unterhaltsbedürftigen** ergibt sich aus §1609 BGB:

- Danach sind **vorrangig** (also auf dem **ersten Rang**) vor allen anderen **alle minderjährigen** und **privilegierten volljährigen Kinder** zu berücksich-

---

273 Staudinger/Klinkhammer, §1606 Rn. 25.

274 Vgl. dazu auch: Erman/Hammermann, §1606 Rn. 10 m.w.N.

275 Dazu: BGH FamRZ 2017, 437ff.; zum Unterhalt im **Wechsel- und Residenzmodell** und dem dringenden Reformbedarf des Unterhaltsrechts: Grüneberg/von Pückler, §1606 Rn. 10 m.w.N.

tigen, unabhängig davon, aus welcher Beziehung sie stammen, vgl. § 1609 Nr. 1 BGB.

- Den **zweiten Rang** nehmen **Elternteile** ein, **die wegen** der **Betreuung** eines Kindes **unterhaltsberechtigt** sind oder im Fall einer Scheidung berechtigt wären, **sowie Ehegatten und geschiedene Ehegatten bei einer Ehe von langer Dauer**, vgl. dazu § 1609 Nr. 2 BGB.
- **Drittrangig** sind **Ehegatten und geschiedene Ehegatten** zu berücksichtigen, die nicht unter Nummer 2 fallen, vgl. dazu § 1609 Nr. 3 BGB.
- Auf Rang 4, 5 und 6 stehen:
  - **Kinder, die nicht unter Nummer 1** fallen (Nr. 4),
  - **Enkelkinder** und **weitere Abkömmlinge** (Nr. 5) sowie
  - **Eltern** (Nr. 6).
- **Auf dem letzten Rang stehen weitere Verwandte** der aufsteigenden Linie, wobei die Näheren den Entfernteren vorgehen (Nr. 7).

e) Kein Ausschluss bzw. keine Beschränkung des Unterhaltsanspruches

Ein Unterhaltsanspruch kann aus bestimmten Gründen **ausgeschlossen, beschränkt** (auf einen Betrag, der der Billigkeit entspricht, vgl. § 1611 I 1 a.E. BGB) oder **nicht durchsetzbar** sein. Dies ist z.B. der Fall,

- wenn der Unterhaltsberechtigte i.S.d. § 1611 BGB »**durch sein sittliches Verschulden« bedürftig geworden** ist (z.B. bei Weigerung, sich, insbesondere bei einer Suchterkrankung, einer ärztlichen Behandlung oder Therapie zu unterziehen[276]) oder
- wenn er seine eigene **Unterhaltspflicht** gegenüber dem Unterhaltspflichtigen **gröblich vernachlässigt** hat oder sich **vorsätzlich** einer **schweren Verfehlung gegen den Unterhaltspflichtigen oder** gegen einen **nahen Angehörigen** des Unterhaltspflichtigen schuldig gemacht hat.
  - Eine **gröbliche Vernachlässigung der eigenen Unterhaltspflicht** kann insbesondere in Betracht kommen, wenn Eltern von ihrem volljährigen Kind Unterhalt verlangen und selbst den Unterhalt früher ihrem Kind gegenüber häufig nicht oder über einen längeren Zeitraum verspätet erbracht haben oder er zwangsweise eingetrieben werden musste[277].

276 Erman/Hammermann, § 1611 Rn. 7.

277 Erman/Hammermann, § 1611 Rn. 8.

– Als **schwere Verfehlungen** sind Handlungen einzustufen, die sich gegen **Leben, Freiheit, Gesundheit, Ehre** (also Beleidigungen oder Verleumdungen) **und Vermögen** richten. Ein Beispiel für eine schwere Verfehlung ist z.B. eine bewusst falsche Strafanzeige[278].

Mögliche Einwendungen des in Anspruch Genommenen können sich auch ergeben,

- wenn der **Anspruch auf Unterhalt** i.S.d. §§ 195 ff. BGB **verjährt** ist (wobei ein bereits gerichtlich festgestellter Anspruch auf Unterhalt i.S.d. § 197 I Nr. 3, 4 BGB erst nach 30 Jahren verjährt),
- **verwirkt** ist[279] oder
- der **Unterhalts**berechtigte **für die Vergangenheit** Unterhalt erhalten möchte, vgl. § 1613 BGB.

Um den Unterhaltsschuldner vor einer Inanspruchnahme auf Unterhalt in unabsehbarer Höhe für lange zurückliegende Zeiträume zu schützen[280] bzw. aufgrund des Grundsatzes, dass nicht in der Vergangenheit gelebt wird (in praeteritum non vivitur), können **Unterhaltsansprüche für die Vergangenheit nur unter** den **engen Voraussetzungen** des § 1613 BGB geltend gemacht werden.

I.S.d. § 1613 I BGB ist insoweit erforderlich,

- dass der Berechtigte den Verpflichteten aufgefordert hat, **Auskunft über Einkünfte und Vermögen** zu erteilen,
- der Verpflichtete i.S.d. § 286 BGB in **Verzug** ist oder
- der Unterhaltsanspruch *rechtshängig* ist.

Nach § 1613 II BGB kann noch in drei weiteren Fällen Unterhalt für die Vergangenheit verlangt werden:

---

278 OLG Hamm NJW-RR 2006, 509 ff.

279 Vgl. dazu: KG, Beschluss vom 28.6.2017 – 13 UF 75/16 https://openjur.de/u/971221.html

280 Grüneberg/von Pückler, § 1613 Rn. 1.

- Wegen **Sonderbedarfes** (z.B. Baby-Erstausstattung, Klassenfahrt etc.[281]). Grundsätzlich innerhalb eines Jahres ab Entstehung des Anspruchs.
- Bei **Verhinderung aus rechtlichen Gründen**, d.h. wenn der Unterhalt erst gefordert werden konnte, nachdem die Vaterschaft wirksam anerkannt oder gerichtlich festgestellt worden ist (vgl. §§1594 I, 1600d V BGB).
- Bei **Verhinderung aus tatsächlichen Gründen**, die in den Verantwortungsbereich des Unterhaltspflichtigen fallen, z.B. wenn der Unterhalt wegen eines Auslandsaufenthalts des Pflichtigen überhaupt nicht oder nur mit zeitlicher Verzögerung gefordert werden konnte.

Während ein **Unterhaltsverzicht** für die Vergangenheit ausdrücklich oder stillschweigend zulässig ist, kann gemäß der *zwingenden Vorschrift* des §1614 BGB **für die Zukunft** nicht auf Kindesunterhalt verzichtet werden. Ein dennoch erklärter Verzicht ist i.S.d. §134 BGB **nichtig.** Zulässig wäre insoweit lediglich eine **Freistellungsvereinbarung** in dem Sinne, dass sich ein Elternteil gegenüber dem anderen verpflichtet, die Erfüllung von dessen Unterhaltspflicht im Innenverhältnis (also im Verhältnis zum anderen Elternteil) zu übernehmen. Das Kind wäre seinerseits jedoch in keinem Falle gehindert, seinen Unterhaltsanspruch geltend zu machen.

f) Art der Unterhaltsgewährung

Während der Unterhalt nach §1612 I 1 BGB grundsätzlich durch eine sog. **Geldrente** zu gewähren ist, besteht für Eltern, die gegenüber einem unverheirateten Kind Unterhalt zu gewähren haben, nach §1612 II BGB eine **Ausnahme**. Sie können – unter Abwägung der Belange des Kindes – bestimmen, in welcher Art **(Barunterhalt oder Naturalunterhalt)** und für welche Zeit im Voraus sie Unterhalt gewähren. Solch eine Bestimmung muss nicht ausdrücklich erfolgen: Sofern **minderjährige** Kinder **gemeinsam mit beiden Eltern leben**, erfolgt sie *konkludent* dadurch, dass die Eltern für Nahrung, Kleidung, Unterkunft und Schulbedarf etc. aufkommen[282].

---

281 Vgl. dazu: Grüneberg/von Pückler, §1613 Rn. 8 m.w.N.

282 Erman/Hammermann, §1612 Rn. 13.

g) Umfang des zu gewährenden Unterhalts

Der Umfang bzw. das Maß des zu gewährenden (angemessenen) Unterhalts bestimmt sich i.S.d. § 1610 I BGB **nach** der **Lebensstellung des Bedürftigen.** Umfasst ist nach § 1610 II BGB der gesamte Lebensbedarf, also **Elementar-, Grund- und Vorsorgebedarf**, in concreto **Nahrung, Kleidung, Unterkunft, Hausrat** sowie **Aufwendungen für Gesundheit/Körperpflege, Freizeit, Sport und Kultur**[283], einschließlich der in § 1610 II BGB explizit aufgeführten **Erziehungs- und Berufsausbildungskosten**.

Bestandteil des Unterhaltsanspruches kann aber z.B. auch ein **Verfahrens- bzw. Prozesskostenvorschuss** sein, den Eltern ihren Kindern für ein von jenen avisiertes Gerichtsverfahren ggf. zu gewähren haben. Dies setzt voraus, dass es sich um eine persönliche Angelegenheit des Kindes handelt, die Rechtsverfolgung nicht mutwillig oder offensichtlich aussichtslos und der Rechtsstreit für den Verpflichteten nicht unzumutbar ist. Solch eine Vorschusszahlung durch die Eltern wäre vorrangig gegenüber der bei Bedürftigkeit zu gewährenden staatlichen Verfahrens- oder Prozesskostenhilfe[284].

Während es **bei erwachsenen Bedürftigen** in Bezug auf die **Angemessenheit des Unterhalts** grundsätzlich auf ihre **Lebensstellung** ankommt, ist **bei minderjährigen Kindern und privilegierten Volljährigen** i.S.d. § 1603 II 2 BGB ohne eigene Einkünfte die Lebensstellung ihrer Eltern maßgeblich. **Sofern das minderjährige Kind von einem Elternteil versorgt und betreut wird** – entweder aufgrund der entsprechend getroffenen Aufgabenverteilung oder auch, weil die Eltern getrennt leben/geschieden sind – **und der andere Teil Barunterhalt leistet, bestimmt sich** die **Lebensstellung des Kindes** grundsätzlich **nach den Einkünften und Vermögensverhältnissen des barunterhaltspflichtigen Elternteils**[285].

aa) Düsseldorfer Tabelle

Um nun den **angemessene Barunterhalt** von Kindern nach § 1610 I BGB konkret beziffern zu können, ist die **Düsseldorfer Tabelle** heranzuziehen. Sie hat **zwar keine Gesetzeskraft** und ist für Gerichte letztlich nicht bindend,

283 Erman/Hammermann, § 1610 Rn. 4 ff.

284 Vgl. dazu: Grüneberg/von Pückler, § 1610 Rn. 14 ff. m.w.N.

285 Vgl. z.B. BGH FamRZ 2002, 536; BGH FamRZ 1996, 160.

fungiert **jedoch** als **Richtlinie**, da sie **die regelmäßig festgesetzten Pauschalbeträge in Tabellenform ausweist**.

Die Düsseldorfer Tabelle ist in 5 Abschnitte unterteilt:

A. Kindesunterhalt,
B. Ehegattenunterhalt,
C. Mangelfälle,
D. Verwandtenunterhalt und Unterhalt nach § 1615l BGB sowie
E. Übergangsregelung.

Im Anhang findet sich noch eine Tabelle, die Zahlbeträge enthält, die sich nach Abzug des jeweiligen Kindergeldanteils (hälftiges Kindergeld bei Minderjährigen, volles Kindergeld bei Volljährigen, vgl. § 1612b BGB) ergeben.

Abschnitt A., der für den **Kindesunterhalt** maßgeblich ist, teilt die Kinder in Bezug auf ihren jeweiligen Unterhaltsbedarf in **vier Altersklassen** und die barunterhaltspflichtigen Eltern in **fünfzehn Einkommensgruppen** ein. Entsprechend der Einteilung sind **pauschale Bedarfssätze** in Euro festgelegt, die im jeweiligen Feld abgelesen werden können.

Der in der 2. Spalte von rechts aufgeführte Prozentsatz weist die **Steigerung des Kindesunterhalts** in der jeweiligen Einkommensgruppe **gegenüber dem Mindestunterhalt** aus. Multipliziert man den Mindestunterhaltsbetrag, der in Zeile 1 aufgeführt ist, mit dem jeweiligen Prozentsatz, ergibt sich die Höhe des Unterhaltsanspruchs, der sich auch in der Tabelle ablesen lässt.

Ergänzt wird die **Tabelle unter A. durch die Anmerkungen 1.–10.**, die erläuternde Erklärungen enthalten, u.a. auch zu den vom Nettoeinkommen **abzugsfähigen Positionen** wie berufsbedingte Aufwendungen und Schulden, vgl. Anmerkung 3 und 4. Aus Anmerkung 1 ergibt sich, dass die Tabellensätze den Unterhaltsbedarf eines Kindes für den Fall ausweisen, dass der Unterhaltspflichtige **zwei Unterhaltsberechtigten** Unterhalt schuldet (ohne Rücksicht auf den Rang). Ebenfalls der Anmerkung 1 ist zu entnehmen, dass bei einer größeren oder geringeren Anzahl Unterhaltsberechtigter Ab- oder Zuschläge durch Einstufung in niedrigere bzw. höhere Gruppen angemessen sein können, wobei Anmerkung 6 zum Bedarfskontrollbetrag zu beachten ist.

Der **Bedarfskontrollbetrag** ist in der letzten Spalte (ganz rechts) aufgeführt und ist ab Gruppe 2 **nicht identisch mit dem notwendigen Eigen-**

Abbildung 10: Düsseldorfer Tabelle

Stand: 01.01.2023

DÜSSELDORFER TABELLE[1]

A. Kindesunterhalt

	Nettoeinkommen des/der Barunterhaltspflichtigen (Anm. 3, 4)	Altersstufen in Jahren § 1612 a Abs. 1 BGB)				Prozent-satz	Bedarfs-kontrollbetrag (Anm. 6)
		0 - 5	6 - 11	12 - 17	ab 18		
Alle Beträge in Euro							
1.	bis 1.900	437	502	588	628	100	1.120/1.370
2.	1.901 - 2.300	459	528	618	660	105	1.650
3.	2.301 - 2.700	481	553	647	691	110	1.750
4.	2.701 - 3.100	503	578	677	723	115	1.850
5.	3.101 - 3.500	525	603	706	754	120	1.950
6.	3.501 - 3.900	560	643	753	804	128	2.050
7.	3.901 - 4.300	595	683	800	855	136	2.150
8.	4.301 - 4.700	630	723	847	905	144	2.250
9.	4.701 - 5.100	665	764	894	955	152	2.350
10.	5.101 - 5.500	700	804	941	1.005	160	2.450
11.	5.501 - 6.200	735	844	988	1.056	168	2.750
12.	6.201 - 7.000	770	884	1.035	1.106	176	3.150
13.	7.001 - 8.000	805	924	1.082	1.156	184	3.650
14.	8.001 - 9.500	840	964	1.129	1.206	192	4.250
15.	9.501 - 11.000	874	1.004	1.176	1.256	200	4.950

1 Die neue Tabelle nebst Anmerkungen beruht auf Koordinierungsgesprächen, die unter Beteiligung aller Oberlandesgerichte und der Unterhaltskommission des Deutschen Familiengerichtstages e.V. stattgefunden haben.

bedarf (Selbstbehalt). Während der **Eigenbedarf** in Anmerkung 5 beziffert wird und **gewährleisten soll, dass dem Unterhaltspflichtigen ausreichend Geld zum Leben zur Verfügung steht, soll der Bedarfskontrollbetrag eine gleichmäßige Einkommensverteilung zwischen Unterhaltspflichtigem und dem:den Unterhaltsberechtigten sicherstellen**, vgl. Anmerkung 6 der Düsseldorfer Tabelle.

Sofern der Bedarfskontrollbetrag – unter Berücksichtigung auch anderer Unterhaltsverpflichtungen – unterschritten wird, ist eine Einstufung bis hin zu jener nächst niedrigeren Gruppe vorzunehmen, deren Bedarfskontrollbetrag nicht mehr unterschritten wird. Reichen die Einkünfte des Unterhaltspflichtigen zur Deckung seines Bedarfs sowie des Bedarfs gleichrangiger Unterhaltsberechtigter (i.S.d. §1609 Nr. 1 BGB) nicht aus (sog. **Mangelfall**), hat eine Mangelberechnung nach **Abschnitt C. der Düsseldorfer Tabelle** zu erfolgen, wobei der nach Abzug des notwendigen Eigenbedarfs des Unterhaltspflichtigen verbleibende Rest auf die Unterhaltsberechtigten anteilig zu verteilen ist.

Die Bemessung des **Mindestunterhalt**es **minderjähriger Kinder**, der betragsmäßig **unter A. in Zeile 1, also bei der 1. Einkommensgruppe der Düsseldorfer Tabelle** abzulesen ist, wird in **§ 1612a BGB** geregelt. § 1612a BGB nimmt auf das **sozialrechtlich relevante Existenzminimum** sowie auf das Steuerrecht Bezug und enthält in Absatz 4 eine Verordnungsermächtigung zur **regelmäßigen Festlegung des Mindestunterhaltes** durch das Bundesministerium der Justiz und für Verbraucherschutz. Damit soll sichergestellt werden, dass der **Mindestunterhalt** dem auf das nach Durchschnittswerten bemessene **Existenzminimum** entspricht. Zudem sieht § 1612a BGB die Möglichkeit vor, **dynamisierten Unterhalt** festsetzen zu lassen. Der geschuldete Unterhalt wird dann im Unterhaltsbeschluss als Prozentsatz angegeben, um bei Erreichen der nächsten Altersstufe oder bei Veränderung des sächlichen Existenzminimums den *Unterhaltstitel* nicht erst in einem Abänderungsverfahren nach § 238 FamFG anpassen zu müssen[286].

Sofern ein minderjähriges Kind in einem Unterhaltsverfahren lediglich den Mindestunterhalt geltend macht, muss es seinen Bedarf in dieser Höhe weder konkret darlegen noch beweisen, da der Regelung des § 1612a BGB die Wertung zugrunde liegt, dass der Mindestunterhalt als Existenzminimum zum Leben benötigt wird. Es obliegt dann dem in Anspruch genommenen Elternteil ggf. nach § 1603 II BGB darzulegen und zu beweisen, dass er nicht einmal diesen Mindestunterhalt zahlen kann[287].

Beispiele

Marina Matuszek und Vincent Valero sind Eltern der Kinder Karoline, 4 Jahre, und Nadja, 13 Jahre.

Als sich Marina und Vincent trennen und Marina aus der gemeinsamen Wohnung auszieht, werden Karoline und Nadja vorwiegend von Vincent versorgt und betreut, der selbst nicht bedürftig ist.

---

286 Vgl. auch: Grüneberg/von Pückler, § 1612a Rn. 5.

287 Grüneberg/von Pückler, § 1612a Rn. 25.

Variante 1: Welchen Unterhalt können Karoline und Nadja, vertreten durch ihren Vater i.S.d. §1629 II 2 BGB, gegenüber Marina geltend machen, wenn Marinas Nettoeinkommen 3.050 € beträgt?
Kindergeldbezüge lassen Sie bitte jeweils unberücksichtigt.
Variante 2: Wie wäre es, wenn Marinas Nettoeinkommen mit 2.900 € zu beziffern wäre?
Variante 3: Wie wäre es, wenn Marina und Vincent neben den beiden Mädchen noch den 18-jährigen Sohn Samuel hätten, der zu Hause bei Vincent wohnt, ein Gymnasium besucht und sich gerade auf das Abitur vorbereitet? Wie hoch wäre der Unterhaltsbedarf der 3 Kinder anzusetzen, wenn Marinas Nettoeinkommen mit 4.300 € zu beziffern ist?

Lösung Variante 1: Wenn Marinas Nettoeinkommen 3.050 € beträgt, ist sie in Einkommensstufe 4 einzuordnen. Da es sich lediglich um 2 Unterhaltsberechtigte handelt, ist der abzulesende Betrag, der dem jeweiligen Alter entspricht, maßgeblich, wenn der Bedarfskontrollbetrag in der letzten Spalte nicht unterschritten wird.
Karoline ist in die 1. Altersstufe einzuordnen, sodass ihr 503 € zustünden, und Nadja in Altersstufe 3, sodass ihr 677 € zustehen müssten. Subtrahiert man von 3.050 € die Summe aus 503 € und 677 € (=1.180 €), erhält man 1.870 €. Dieser Betrag liegt über dem mit 1.850 € angegebenen Bedarfskontrollbetrag, sodass Karoline und Nadja tatsächlich Ansprüche auf Unterhalt in Höhe von 503 € und 677 € (jeweils i.S.d. §1629 BGB vertreten durch Vincent) geltend machen können.
Lösung Variante 2: Bei Variante 2 wird der Bedarfskontrollbetrag unterschritten. Die Differenz aus 2.900 € und 1.180 € (503 € für Karoline und 677 € für Nadja) ergibt: 1.720 €.
Es ist zu eruieren, ob auch eine Unterschreitung gegeben wäre, wenn die Pauschalbeträge zugrunde gelegt werden, die für Einkommensgruppe 3 maßgeblich sind. Das wären für Karoline 481 € und für Nadja 647 €. Subtrahiert man die Summe aus diesen beiden Beträgen (=1.128 €) von 2.900 €, erhält man 1.772 €. Da in diesem Falle der Bedarfskontrollbetrag nicht unterschritten wird, könnten Karoline und Nadja (jeweils i.S.d. §1629 BGB vertreten durch ihren Vater) Unterhalt in dieser Höhe geltend machen.
Lösung Variante 3: Bei Variante 3 muss berücksichtigt werden, dass die Tabellensätze, wie sich aus Anmerkung 1 ergibt, den Unterhaltsbedarf eines Kindes für den Fall ausweisen, dass der Unterhaltspflichtige zwei Unterhaltsberechtigten Unter-

halt schuldet. Bei einer größeren Anzahl Unterhaltsberechtigter können Abschläge durch Einstufung in niedrigere Gruppen angemessen sein, wobei der Bedarfskontrollbetrag zu berücksichtigen ist.
Marina, die sich mit einem Nettoeinkommen von 4.300 € an sich in Einkommensstufe 7 befinden würde, ist (zunächst) in Einkommensstufe 6 einzuordnen. Sodann ist zu eruieren, ob die addierten Unterhaltsbeträge beim Abzug von Marinas Nettoeinkommen dazu führen würden, dass der Bedarfskontrollbetrag in der letzten Spalte ganz rechts unterschritten würde:
Für Karoline wären 560 €, für Nadja 753 € und für Samuel 804 € anzusetzen. Zieht man die Summe dieser Beträge (2.117 €) von Marinas Nettoeinkommen (4.300 €) ab, ergibt sich ein Betrag von 2.183 €, der über dem Bedarfskontrollbetrag in Höhe von 2.050 € liegt, sodass keine weitere »Umstufung« erfolgen muss.

Exkurs/Vertiefung

In den Beispielen reicht Marinas Nettoeinkommen aus, um den eigenen Bedarf sowie den Bedarf gleichrangiger Unterhaltsberechtigter (i.S.d. § 1609 Nr. 1 BGB) zu decken, sodass keine Mangelberechnung nach Abschnitt C. der Düsseldorfer Tabelle zu erfolgen hat. Käme es auf die Rangfolge an, wäre zu beachten, dass der 18-jährige Samuel als privilegiertes volljähriges Kind (das sich in der allgemeinen Schulausbildung befindet, unverheiratet ist und im Haushalt seines Vaters lebt) i.S.d. § 1603 II 2 BGB seinen minderjährigen Schwestern gleichgestellt ist.
Anderenfalls, also ohne Privilegierung, wäre er erst im 4. Rang zu berücksichtigen und würde bei Vorhandensein weiterer Unterhaltsberechtigter ein entsprechend größeres Risiko tragen, wenig oder keinen Unterhalt zu erhalten.
Anders als bei minderjährigen Kindern, sind bei volljährigen Kindern und damit auch bei privilegiert volljährigen Kindern i.d.R. beide Eltern entsprechend ihrer finanziellen Leistungsfähigkeit barunterhaltspflichtig. Lebt das volljährige Kind weiterhin bei einem Elternteil, so wie hier, kann jener seinen Haftungsanteil mit den erbrachten Naturalleistungen verrechnen, sodass er seine Unterhaltspflicht weiterhin dadurch erfüllt, dass er für Lebensmittel-, Wohn- Haushaltskosten, Kleidung etc. aufkommt.

bb) Berechnung bei außerhalb des Elternhauses lebenden Kindern

Wie § 1606 III 2 BGB zu entnehmen ist, besteht gegenüber **minderjährigen Kindern** (bei zwei Elternteilen) eine Gleichwertigkeit von **Betreuung und Unterhaltszahlung**, da der Elternteil, der das Kind betreut, seine Unterhaltsverpflichtung i.d.R. durch die Pflege und Erziehung erfüllt und der andere Barunterhalt schuldet. Bei Kindern, die nicht (mehr) von ihren Eltern betreut werden, etwa weil sie volljährig sind, in einem eigenen Haushalt leben oder aber mit Einverständnis der Eltern oder auf Veranlassung des Jugendamtes bzw. Familiengerichtes von Dritten betreut werden (bei Verwandten, bei einer Pflegefamilie, im Internat, im Heim), sind **beide Eltern** i.S.d. §1606 III 1 BGB **barunterhaltspflichtig**.

Bei der **Berechnung des** konkreten **Unterhaltsbetrages** wird bei beiden Eltern für ihren eigenen Unterhalt ein **Sockelbetrag in Höhe des Eigenbedarfs** berücksichtigt, der in der Höhe der Anmerkung 5 der Düsseldorfer Tabelle zu entnehmen ist, wobei zu differenzieren ist, ob der Unterhalt von **minderjährigen** bzw. **privilegierten volljährigen** Kindern zu berechnen ist oder von **Volljährigen**. Während bei minderjährigen/privilegierten volljährigen Kindern wegen §1603 II BGB der **notwendige Eigenbedarf (Selbstbehalt)** in Ansatz gebracht werden muss, ist für **volljährige** Kinder der **angemessene Eigenbedarf** maßgeblich (vgl.: §1603 I BGB: »seines angemessenen Unterhalts«).

Ob unterhaltspflichtige Eltern gegenüber einem unverheirateten volljährigen Kind Bar- oder Naturalunterhalt gewähren, können sie zwar i.d.R. selbst bestimmen, jedoch ist dabei auf die Belange des Kindes die gebotene Rücksicht zu nehmen, vgl. §1612 II BGB. Sofern die:der **Volljährige** noch im Haushalt der Eltern oder eines Elternteils lebt, richtet sich ihre/seine Lebensstellung nach derjenigen der Eltern, mithin nach deren (addiertem) Einkommen und die 4. Altersstufe der Tabelle ist maßgeblich (Anmerkung 2 der Düsseldorfer Tabelle), wobei für in Berufsausbildung stehende Kinder Anmerkung 7 zu beachten ist.

Bei studierenden Kindern mit eigenem Hausstand beträgt der angemessene **Unterhaltsbedarf i.d.R. monatlich 930€** (vgl. Anmerkung 7 der Tabelle vom 1.1.2023). Bei der Berechnung der konkreten Unterhaltszahlungen ist der **Lebensbedarf** des Kindes der **Düsseldorfer Tabelle** zu entnehmen, wobei von der Summe beider Einkommen auszugehen ist[288]. Vom gesamten Lebensbedarf sind etwaige eigene Einkünfte des Kindes abzuziehen, z.B. auch das Kindergeld, sofern es bei Drittbetreuung der Pflegeperson zufließt, vgl. §1612b I BGB. Um den Anteil des jeweiligen Elternteils zu ermitteln, wird der Bedarf des Kindes mit dem verfügbaren Einkommen des jeweiligen El-

288 Grüneberg/von Pückler, §1606 Rn. 12.

ternteils multipliziert und durch die Summe der beiden bereinigten Einkommen (Nettoeinkommen, abzüglich etwaiger berufsbedingter Aufwendungen und berücksichtigungsfähiger Schulden nach Anmerkung 3 und 4 der Düsseldorfer Tabelle) der Eltern geteilt.

Fallbeispiel und Lösung

Melanie und Pino Lattuarda sind Eltern des dreijährigen Kindes Klara, die von Pinos Mutter Anita (Klaras Oma) betreut wird. Anita erhält das Kindergeld in Höhe von 250 € (seit 1.1.2023 einheitlich pro Kind gezahlter Betrag).
Melanie und Pino sind beide erwerbstätig.
Melanie steht ein monatliches (bereinigtes) Nettoeinkommen i.H.v. 2.500€ zur Verfügung, Pino i.H.v. 2.250 €.
Nach dem zusammengerechneten Einkommen der Eltern, also (2.500 € + 2.250 € =) 4.750 €, beträgt der Regelbedarf des Kindes nach der Düsseldorfer Tabelle, Altersstufe 1, Einkommensgruppe 9 = 665 €.
Klaras Restbedarf ist mit 415 € (665 € – 250 € Kindergeld) anzusetzen.
Nach Abzug des Selbstbehalts (vgl. Anm. 5 der Düsseldorfer Tabelle) bleiben:
Melanie 1.130 € (= 2.500 € – 1.370 €) und
Pino 880 € (= 2.250 € – 1.370 €).
Die Summe beider verfügbarer Einkommen ist: 2.010 € (= 1.130 € + 880 €).
Melanie muss: 1.130 € × 415 € ÷ 2.010 € = 233,31€ zahlen und
Pino: 880 € × 415 € ÷ 2.010 € = 181,69 €.
Damit ist Klaras oben ermittelter Restbedarf in Höhe von 415 € gedeckt.

cc) Kindergeld

Wer in Deutschland wohnt und unbeschränkt **einkommenssteuerpflichtig** ist, kann für seine Kinder, ggf. auch Stief- oder Enkelkinder nach den §§ 62 ff., 32 III, IV EStG (Einkommensteuergesetz) **als Steuervergütung Kindergeld** erhalten und zwar, wenn die **Kinder**

- das 18. Lebensjahr noch nicht vollendet haben oder
- das 21. Lebensjahr noch nicht vollendet haben, nicht in einem Beschäftigungsverhältnis stehen und als arbeitssuchend gemeldet sind oder
- das 25. Lebensjahr noch nicht vollendet haben und sich in einer Ausbildung befinden.

Eltern, die nicht in Deutschland wohnen, etwa weil sie als Entwicklungshelfer:innen tätig sind, können unter bestimmten Voraussetzungen nach dem Bundeskindergeldgesetz (BKGG) Kindergeld erhalten.

Sinn und Zweck des **staatlichen Kindergeldes** ist es, die finanziellen Belastungen, die durch Betreuung, Erziehung oder Ausbildung von Kindern entstehen, zu vermindern, vgl. § 31 EStG. Das **Kindergeld wird lediglich an eine:n Bezugsberechtigten ausbezahlt** und zwar grundsätzlich an die Person, bei der das Kind lebt. Lebt das Kind mit beiden Elternteilen zusammen oder bei keinem von ihnen, kann i.S.d. § 64 EStG bestimmt werden, wer von mehreren Berechtigten das Kindergeld erhalten soll. Lediglich Vollwaisen oder Kinder, die den Aufenthalt ihrer Eltern nicht kennen, können Kindergeld nach dem BKGG für sich selbst beantragen.

In den §§ 1612b, 1612c BGB wird geregelt, dass Kindergeldzahlungen bzw. die kindbezogenen Leistungen (vgl. dazu: § 65 EStG und § 4 I BKGG) zur Deckung des Barunterhaltsbedarfs des Kindes zu verwenden sind und wie sich der Bezug von Kindergeld bzw. kindbezogenen Leistungen auf die Unterhaltszahlungen auswirkt, die an das Kind zu leisten sind. Im Anhang der Düsseldorfer Tabelle findet sich die Auflistung der Unterhaltszahlbeträge nach Abzug des jeweiligen Kindergeldanteils (hälftiges Kindergeld bei Minderjährigen, volles Kindergeld bei Volljährigen). Seit dem 1.1.2023 beträgt das Kindergeld einheitlich je Kind 250,00 EUR[289].

dd) Unterhaltsvorschuss

Mit dem **Unterhaltsvorschussgesetz** (UhVorschG), das nach § 68 Nr. 14 SGB I als besonderer Teil des Sozialgesetzbuches zu qualifizieren ist, wurde die Möglichkeit geschaffen, dass **Kinder eines alleinerziehenden Elternteils** einen **Unterhaltsvorschuss** beantragen können, um von staatlicher Seite **zur Sicherung ihrer finanziellen Lebensgrundlage** beizutragen, wenn der **andere Elternteil beispielsweise verstorben ist oder keinen bzw. nicht den vollen Kindesunterhalt zahlt.**

Ein Anspruch auf Unterhaltsvorschuss kann höchstens bis zum vollendeten 18. Lebensjahr bestehen, wobei ab Vollendung des 12. Lebensjahres zusätz-

289 Früher (vor 2023) wurden je nach Anzahl der Kinder noch unterschiedlich hohe Kindergeldbeträge bezahlt, sodass es zu einem sog. Zählkindvorteil kommen konnte, wenn jemand aus einer früheren Beziehung bereits Kinder hatte.

liche Voraussetzungen erfüllt sein müssen, vgl. §1a UhVorschuG. Die Höhe der monatlichen Unterhaltsleistung entspricht gemäß §2 UhVorschG dem Mindestunterhalt nach §1612a BGB. Beantragt wird der Vorschuss schriftlich durch den allein erziehenden Elternteil bei der Unterhaltsvorschusskasse (Jugendamt), wobei der Antrag bei Einreichung an einen unzuständigen Leistungsträger i.S.d. §16 SGB I an die zuständige Stelle weitergeleitet werden muss.

Bei Zahlung des Unterhaltsvorschusses **verliert das Kind** seinen nach den §§1601 ff. BGB bestehenden **Unterhaltsanspruch** gegen den anderen Elternteil **nicht** grundsätzlich, es **kann jedoch bis zur Höhe der** durch den Staat gewährten **Unterhaltsvorschusszahlung nicht mehr** über diesen Anspruch **verfügen**, da jener kraft Gesetzes als sog. *cessio legis* i.S.d. §7 UhVorschG auf das zuständige Bundesland, vertreten durch die jeweilige Unterhaltsvorschusskasse, übergegangen ist.

7 Beistandschaft

Im Zusammenhang mit dem Unterhaltsrecht ist auch die sog. Beistandschaft ein wichtiges Instrument, das das Jugendamt vorhält. Das **Jugendamt** kann **als Beistand für ein Kind** i.S.d. §§1712 ff. BGB und §§55, 52a, 18 SGB VIII die

- **Aufgaben der Vaterschaftsfeststellung** und
- **Geltendmachung von Unterhaltsansprüchen** übernehmen.

Beispiel

Olivia, die sich von ihrem Freund Peter getrennt hat, ist schwanger. Da sie während ihrer Beziehung mit Peter auch ein Verhältnis mit Niklas hatte, ist sie sich nicht ganz sicher, ob Peter tatsächlich der Vater ist. Peter, der zwar nichts von Niklas weiß, aber sich nicht vorstellen kann, eine Vaterrolle einzunehmen, lehnt es bereits im Vorfeld ab, irgendeine Verantwortung für das Kind zu übernehmen.
Nach der Geburt ihrer Tochter Nina erhält Olivia einen Brief des Jugendamtes, in dem ihr ein Gespräch und – wenn gewünscht – auch Hilfe angeboten wird.
Olivia sucht das Jugendamt auf und erfährt, dass eine spezielle Hilfe zur Klärung der Vaterschaft und Geltendmachung des Unterhalts bestehe, die kostenlos sei. Olivia möchte diese Unterstützungsleistung gern in Anspruch nehmen.

Frage 1: Wo finden sich entsprechende Rechtsgrundlagen für diese Art der Unterstützung?
Frage 2: Warum sind die Rechtsgrundlagen zur Beistandschaft z.T. im BGB und z.T. im SGB VIII zu finden?
Frage 3: Welche Voraussetzungen müssen erfüllt sein, damit eine Beistandschaft für Olivia installiert wird?
Frage 4: Wann beginnt und wann endet eine Beistandschaft?
Frage 5: Wo ist eine Regelung dazu zu finden, dass eine Urkundsperson im Jugendamt die Vaterschaftsanerkennung beurkunden kann?

Die **Beistandschaft wird** grundsätzlich auf **schriftlichen Antrag** des Elternteils, der die alleinige elterliche Sorge innehat bzw. nach Geburt haben wird (da auch eine vorgeburtliche Antragstellung möglich ist) oder – bei gemeinsamer elterlicher Sorge – des Elternteils, bei dem das Kind lebt, **eingerichtet**, vgl. § 1713 BGB. Damit der entsprechende Personenkreis von diesem Beratungs- und Unterstützungs-Angebot Kenntnis hat, ist das Jugendamt gemäß § 52a SGB VIII verpflichtet, unverzüglich nach der Geburt eines Kindes, dessen Eltern nicht miteinander verheiratet sind, darüber zu informieren. In § 18 SGB VIII ist zudem ein verpflichtender Anspruch auf Unterstützung und Beratung in Fragen der Geltendmachung von Unterhaltsansprüchen zu finden. Mit Antragseingang beim Jugendamt wird es zum Beistand nach § 55 SGB VIII, wodurch die elterliche Sorge nicht eingeschränkt wird, vgl. § 1716 BGB.

Die **Beistandschaft endet**,

- wenn der/die Antragsteller:in dies schriftlich verlangt, vgl. § 1715 I BGB,
- wenn der/die Antragsteller:in keine der in § 1713 BGB genannten Voraussetzungen mehr erfüllt, also z.B. mit Änderung der elterlichen Sorgeberechtigung oder mit Vollendung des 18. Lebensjahres oder
- wenn das Kind seinen gewöhnlichen Aufenthalt im Ausland begründet, vgl. § 1717 S. 1, 2. Hs. BGB.

Lösungen zu:

Frage 1: Die Rechtsgrundlagen zur Beistandschaft finden sich zum einen in den § 1712 ff. BGB und zum anderen in den §§ 52a, 55 SGB VIII.

Frage 2: Im BGB sind die privatrechtlichen, materiellen Voraussetzungen für das Entstehen einer Eltern-Kind-Beziehung normiert, mithin sind hier auch die inhaltlichen Regelungen zu finden, nach denen eine Person nach dem BGB als Vater qualifiziert wird (§ 1592 BGB) sowie die Regelungen zum Unterhalt zwischen Verwandten (vgl. §§ 1601 ff. BGB).

Im SGB VIII finden sich öffentlich-rechtliche Regelungen, also solche, die die Rechtsverhältnisse zwischen Staat und Bürger:innen bzw. zwischen Hoheitsträgern untereinander betreffen. Ganz konkret sind im SGB VIII u.a. Rechtsgrundlagen zu finden, die das Jugendamt als Exekutive (Behörde) des dahinterstehenden Staates (Bundeslandes) berechtigten und verpflichten, Hilfe- und Unterstützungsleistungen im Rahmen der Kinder- und Jugendhilfe gegenüber Bürger:innen zu erbringen.

Während die inhaltlichen Regelungen mithin im BGB zu finden sind, würden die Rechtsgrundlagen, die für das Jugendamt relevant sind, dort vergeblich gesucht werden, sie befinden sich im (öffentlich-rechtlichen) SGB VIII.

Frage 3: Olivia müsste als allein sorgeberechtigte Mutter i.S.d. §§ 1626, 1626a III BGB schriftlich die Beistandschaft nach § 1713 I BGB beantragen.

Frage 4: Die Beistandschaft beginnt, sobald Olivias Antrag dem Jugendamt zugeht, vgl. § 1712 BGB.

Sie würde enden, wenn

- Olivia dies schriftlich verlangte, vgl. § 1715 I BGB,
- sie nicht mehr Inhaberin der elterlichen Sorge für ihre Tochter Nina wäre sowie
- spätestens mit Ninas Vollendung des 18. Lebensjahres.
- Sie würde ebenfalls enden, wenn Olivia und Nina ihren gewöhnlichen Aufenthalt im Ausland begründen würden, vgl. § 1717 S. 1, 2. Hs. BGB.

Frage 5: Eine solche Regelung, die das Jugendamt zu einer bestimmten hoheitlichen Handlung im familienrechtlichen Sachzusammenhang legitimiert, kann sich nur im SGB VIII finden lassen. Schlägt man unter Urkundsperson nach, findet man unter § 59 I Nr. 1 SGB VIII die Befugnis, die Vaterschaftsanerkennung zu beurkunden.

8 Fragen zur Wiederholung und Vertiefung mit Lösungshinweisen

Arbeitshinweis:
Bei der Beantwortung der Fragen, die sich auf konkrete Fälle beziehen, ist es stets wichtig, dass Sie Ihre Antwort kurz begründen und die jeweils maßgebliche(n) Norm(en) nennen.

1. Die 19-jährige Franziska wendet sich ans Jugendamt, um i.S.d. §18 IV SGB VIII eine Beratung zum Thema Unterhalt in Anspruch zu nehmen. Sie möchte wissen,
   a) ob sie vom neuen Freund ihrer Mutter, der sehr vermögend ist und bei ihrer Mutter und ihr eingezogen ist, Unterhalt verlangen kann bzw.
   b) welche Grundvoraussetzungen generell erfüllt sein müssen, damit ein Unterhaltsanspruch besteht.

   Im Rahmen der Beratung kommt auch die Frage auf,
   c) was unter der Düsseldorfer Tabelle zu verstehen ist und
   d) was »Bedarfskontrollbetrag« bedeutet bzw. ob er mit dem notwendigen Eigenbedarf (Selbstbehalt) gleichzusetzen ist.
2. Sechs Wochen vor dem errechneten Geburtstermin des gemeinsamen Kindes von Lucy und Tyler, verlässt Tyler Lucy. Lucy verlangt von ihm Unterhalt. Tyler meint, es sei ausreichend, wenn er nach der Geburt für das Kind Unterhalt zahlen würde. Er könne nicht auch noch für Lucy aufkommen.
   a) Wer hat Recht?
   b) Wenn Lucy im Recht wäre, für welchen Zeitraum könnte sie dann mindestens Unterhalt verlangen?
   c) Als Tochter Mia schließlich geboren ist, kümmert sich zunächst Lucy um sie. Ab Beginn des 2. Lebensjahres übernimmt dies dann Tyler, der deshalb keiner Erwerbstätigkeit mehr nachgehen kann, da eine Kinderbetreuung anders nicht gesichert wäre. Hätte er Anspruch auf Unterhalt gegenüber Lucy?
3. Fred ist gerade 18 Jahre alt geworden, geht zur Schule und wohnt bei seiner Mutter Maike, die eine kleine Erwerbsunfähigkeitsrente bezieht. Fred möchte nach dem Abitur eine Ausbildung als Bankkaufmann absolvieren und im Anschluss noch studieren. Freds Vater Knut ist in 2. Ehe verheiratet und hat mit seiner jetzigen Frau 2 Kinder, die sich noch im Kindergarten- und Grundschulter befinden.

a) Müsste der leistungsfähige Knut an Fred Unterhaltszahlungen leisten und dessen avisierte schulische/berufliche Bildung finanzieren oder kann er sich darauf berufen, dass er zunächst seine 2 minderjährigen Kinder versorgen muss?
b) Wie wäre die Rechtslage, wenn Knut bewusst seinen Job kündigt, um sich seinen Unterhaltspflichten zu entziehen?
c) Könnte sich Fred auch an seine Mutter Maike wenden, um Barunterhaltsleistungen zu erhalten?
d) Wäre es möglich, dass Fred (so er denn selbst leistungsfähig ist) für seine Mutter unterhaltspflichtig wird?

4. Kann die 5-jährige Laya, vertreten durch ihre alleinerziehende Mutter Milena, Unterhaltsvorschuss bei der Unterhaltsvorschusskasse beantragen, wenn Layas Vater Timo keinen Unterhalt zahlt?
5. In welcher Höhe ließe sich der Unterhaltsbedarf des 10-jährigen Yussuf, der bei seiner alleinerziehenden Mutter Vildan lebt, die auch das Kindergeld in Höhe von 250 € bezieht, gegen seinen Vater Fausto im Jahr 2023 beziffern, wenn Fausto über ein Nettoeinkommen von 3.500 € verfügt und ansonsten keine weiteren Unterhaltspflichten zu erfüllen hat.
6. Wegen der Frühgeburt ihres Sohnes Tristan ist Julia nicht in der Lage, die Auseinandersetzung mit dem potentiellen Vater ihres Kindes – Roberto – zu leisten und möchte – noch im Krankenhaus – erfahren, wer ihr helfen könnte. An wen sollte sie sich wenden?

Lösungen zu:

1. a) und b) Franziska kann den neuen Freund ihrer Mutter nicht auf Unterhalt in Anspruch nehmen, da sie in keiner rechtlich relevanten Unterhaltsbeziehung stehen. Für die Frage, ob ein Anspruch eines Unterhaltsberechtigten gegen einen Unterhaltsverpflichteten gegeben sein kann, gilt folgendes Prüfungsschema:
   - Zwischen den Beteiligten muss eine **Unterhaltsbeziehung** bestehen, d.h., dass sie in unterhaltsrechtlich relevanter Art und Weise miteinander verbunden sein müssen, also z.B. durch Verwandtschaft oder (frühere) Ehe. Dies wäre zwischen Franziska und dem neuen Freund der Mutter jedoch nicht gegeben.

- Des Weiteren müsste Franziska **bedürftig** sein, d.h., dass sie einen Unterhaltsbedarf hat, den sie nicht selbst decken kann.
- Der- oder diejenige, von der sie Unterhalt verlangt, müsste **leistungsfähig** sein, also über mehr Einkünfte verfügen, als sie/er für ein »angemessenes Leben« benötigt.
- Darüber hinaus ist die **Rangfolge** in Bezug auf **Unterhaltsberechtigte und -verpflichtete** zu beachten. Minderjährige Kinder müssen in diesem Sinne erst versorgt werden, bevor erwachsene, etwaig verheiratete Kinder Unterhaltszahlungen erhalten (Rangfolge der Unterhaltsberechtigten). Zudem dürfen keine vorrangig Verpflichteten existieren, was z.B. der Fall wäre, wenn ein Kind seine Großeltern in Anspruch nehmen würde, anstatt sich zunächst an seine Eltern zu wenden (Rangfolge der Unterhaltsverpflichteten).
- Zuletzt darf der Unterhaltsanspruch auch nicht **ausgeschlossen** sein. Hier wäre z.B. einzuordnen, wenn erstmals Unterhalt für einen Zeitraum verlangt wird, der in der Vergangenheit liegt.

Zu Franziskas weiteren Fragen:

c) Die Düsseldorfer Tabelle stellt eine Richtlinie dar, die pauschale Unterhaltsbedarfe in Euro ausweist. Sie ist in 5 Abschnitte und einen Anhang unterteilt, wobei sich im 1. Abschnitt unter A. die monatlichen Unterhaltsrichtsätze des Barunterhaltspflichtigen gegenüber seinem Kind bzw. seinen Kindern, gestaffelt nach der Höhe des (bereinigten) Nettoeinkommens und dem Kindesalter befinden.

d) Der Bedarfskontrollbetrag ist in der Spalte ganz rechts in der Düsseldorfer Tabelle enthalten und soll eine gleichmäßige Einkommensverteilung zwischen dem/der Unterhaltspflichtigen und dem/den Unterhaltsberechtigten sicherstellen, wie sich aus Anmerkung 6 der Düsseldorfer Tabelle ergibt.

   Unter Bedarfskontrollbetrag und Selbstbehalt sind unterschiedliche Dinge zu verstehen.

   Während der Bedarfskontrollbetrag eine gleichmäßige Einkommensverteilung sicherstellen soll, dient der Selbstbehalt der finanziellen Absicherung des:der Unterhaltspflichtigen, dem/der seinerseits/ihrerseits ausreichend Geld zum Leben zur Verfügung stehen muss. Entsprechend ist der Selbstbehalt oder Eigenbedarf derjenige Teil des Ein-

kommens, den der/die Unterhaltspflichtige selbst behalten darf, wenn er/sie auf Unterhalt in Anspruch genommen wird.
Unterschieden wird dabei zwischen dem Selbstbehalt an sich, als dem sog. notwendigen Eigenbedarf und dem großen Selbstbehalt, als dem sog. angemessenen Eigenbedarf.
Während gegenüber minderjährigen Kindern aufgrund der gesteigerten Unterhaltspflicht der notwendige Eigenbedarf angesetzt werden muss, ist gegenüber volljährigen Kindern und anderen Verwandten in gerader Linie der angemessene Eigenbedarf maßgeblich. Der jeweilige, in regelmäßigen Abständen angepasste Betrag, lässt sich aus Anmerkung 5 der Düsseldorfer Tabelle ablesen.

2.

a) Lucy hat Recht. Sie hat gegen Tyler Anspruch auf Unterhalt aus § 1615l I BGB aus Anlass der Geburt des Kindes Mia.
b) Dieser besteht (mindestens, siehe dazu auch Absatz 2) nach § 1615l I BGB für die Dauer von sechs Wochen vor und acht Wochen nach der Geburt.
c) Sofern Tyler wegen der Pflege oder Erziehung des Kindes Mia keiner Erwerbstätigkeit nachgehen kann und die Kinderbetreuung anders auch nicht gewährleistet wäre, würde ihm ein Unterhaltsanspruch gegenüber Lucy nach § 1614l IV i.V.m. § 1615l II BGB zustehen (der in der Regel für mindestens drei Jahre nach der Geburt besteht).

3.

a) Freds Vater kann sich nicht darauf berufen, erst seine Kinder aus 2. Ehe versorgen zu müssen. Fred ist i.S.d. § 1603 II 2 BGB als privilegiertes volljähriges Kind zu qualifizieren, da er, zwar volljährig, aber unter 21 Jahre alt sowie unverheiratet ist, sich in der allgemeinen Schulausbildung befindet und im Haushalt eines Elternteils (seiner Mutter Maike) lebt. Er steht damit gegenüber Knut auf demselben Rang wie dessen minderjährige Kinder aus 2. Ehe. Knut obliegt auch gegenüber seinem Sohn Fred eine gesteigerte Unterhaltspflicht, d.h., dass er alle verfügbaren Mittel gleichmäßig einsetzen muss, um den eigenen Unterhalt und den seiner Kinder zu erwirtschaften.
Sofern eine der Voraussetzungen, die zur Privilegierung führen, wegfällt, Fred also z.B. 21 Jahre alt wird, kann sich sein Vater tatsächlich darauf berufen, zunächst seine minderjährigen Kinder versorgen zu

müssen. Fred wäre dann nur noch auf dem 4. Rang der Unterhaltsberechtigten, vgl. § 1609 BGB und nicht mehr auf dem 1.

Nach Abschluss einer angemessenen Berufsausbildung (also bei Fred, nach Abschluss seiner Banklehre) besteht i.d.R. keine Unterhaltsverpflichtung der Eltern gegenüber ihren Kindern.

Die Finanzierung eines Anschlussstudiums nach Abschluss eines Ausbildungsberufes i.S.e. mehrstufigen Ausbildung kann zwar in Betracht kommen, setzt aber voraus, dass der Ausbildungsberuf als nützliche und sinnvolle Vorbereitung für das konkrete Studium anzusehen ist. Es muss insoweit ein enger zeitlicher und sachlicher Zusammenhang bestehen, sodass es in Bezug auf die Frage, ob Fred während seines Studiums noch unterhaltsberechtigt sein kann, (u.a.) auf seine konkrete Studienwahl ankommt.

b) Wenn Knut mit dem Ziel seinen Job kündigt, sich seinen Unterhaltspflichten zu entziehen, bleibt er dennoch leistungsverpflichtet. Die Leistungsfähigkeit kann sich nämlich nicht nur nach den tatsächlich erzielten Einkünften aus Arbeit und Vermögen richten, sondern im Ausnahmefall auch nach fiktiven Einkünften. Die Zurechnung solcher Einkünfte, die hätten erzielt werden können, basiert auf dem Treu und Glaubens-Grundsatz i.S.d. § 242 BGB und kann insofern erfolgen, als es dem Unterhaltsschuldner obliegt, alle zumutbaren Einkünfte tatsächlich auch zu erzielen. Aufgrund der gesteigerten Unterhaltspflicht gegenüber minderjährigen Kindern sowie gegenüber privilegierten Volljährigen ist hier die Zurechnung fiktiver Einkünfte besonders relevant.

c) Mit Volljährigkeit ihres Kindes sind i.d.R. beide Eltern barunterhaltspflichtig und haften anteilig nach ihren Erwerbs- und Vermögensverhältnissen[290]. Sofern der Volljährige weiterhin bei einem Elternteil lebt, so wie hier, kann jener seinen Haftungsanteil mit den erbrachten Naturalleistungen verrechnen, sodass er seine Unterhalts-

290 Obwohl privilegiert Volljährige über §1603 II 2 BGB den minderjährigen Kindern gleichgestellt sind, findet in einigen Familiengerichten eine besondere Aufteilung des anzusetzenden Einkommens des unterhaltspflichtigen Elternteils statt, sofern sowohl barunterhaltspflichtige minderjährige als auch privilegiert volljährige Kinder unterhaltsberechtigt sind: vgl. Leitlinien des OLG Hamm, 13.3.2: https://www.olg-hamm.nrw.de/infos/Hammer_Leitlinie/HLL_2023.pdf

pflicht weiterhin dadurch erfüllt, dass er für Lebensmittel-, Wohn-Haushaltskosten, Kleidung etc. aufkommt. Fred kann von seiner Mutter Maike daher eher keinen Barunterhalt verlangen.

d) Ja, Fred kann auch für Maike unterhaltspflichtig werden, denn nach § 1601 BGB sind nicht nur Eltern gegenüber ihren Kindern unterhaltspflichtig, sondern auch umgekehrt Kinder gegenüber ihren Eltern. Auch zwischen Großeltern und Enkeln können Unterhaltspflichten bestehen. Vorrangig sind die Kinder bzw. Eltern des Bedürftigen unterhaltspflichtig, nachrangig (anteilig) die Enkel bzw. Großeltern, vgl. § 1606 BGB. (Sofern ein Ehegatte/Lebenspartner vorhanden ist, haftet jener grundsätzlich vorrangig, vgl. § 1608 BGB.)

4. Ja. Da Laya Kind eines alleinerziehenden Elternteils ist und das 12. Lebensjahr noch nicht vollendet hat, kann sie nach § 1 I UhVorschG bei der Unterhaltsvorschusskasse (Jugendamt) einen Unterhaltsvorschuss in Höhe des Mindestunterhalts nach § 1612a BGB beantragen (entspricht der 1. Stufe der Düsseldorfer Tabelle), wenn ihr Vater Timo keine Unterhaltszahlungen leistet.
   Ein Anspruch auf Unterhaltsvorschuss kann höchstens bis zum vollendeten 18. Lebensjahr bestehen, wobei ab Vollendung des 12. Lebensjahres zusätzliche Voraussetzungen erfüllt sein müssen, vgl. § 1a UhVorschG.

5. Mit einem Nettogehalt von 3.500 € wäre Fausto im Sinne der Düsseldorfer Tabelle[291] an sich in die 5. Einkommensstufe einzuordnen, sodass in der für Yussuf passenden Altersstufe ein Zahlbetrag in Höhe von 603 € abzulesen wäre.
   Da die Düsseldorfer Tabelle jedoch, wie der Anmerkung 1 zu entnehmen ist, den monatlichen Unterhaltsbedarf bezogen auf zwei Unterhaltsberechtigte (ohne Rücksicht auf den Rang) ausweist und Fausto lediglich für eine Person unterhaltsverpflichtet ist, kann, wie sich ebenfalls aus Anmerkung 1 ergibt, eine Einstufung in eine höhere Gruppe angemessen sein. Fausto würde dann so behandelt werden, als würde er mehr verdienen (da er weniger als zwei Unterhaltsberechtigte zu versorgen hat). Er würde entsprechend in Gruppe 6 eingestuft werden, sodass sich in Yussufs Altersstufe ein Zahlbetrag in Höhe von 643 € ablesen ließe. Auch

291 Zu finden hier: https://www.olg-duesseldorf.nrw.de/infos/Duesseldorfer_Tabelle/Tabelle-2023/Duesseldorfer-Tabelle-2023.pdf

bei dieser Einstufung würde der Bedarfskontrollbetrag in Höhe 2.050 € nicht unterschritten, da Fausto noch 2.857 € verbleiben würden.
Fraglich ist, wie sich die Kindergeldzahlung an Vildan auswirkt. Sinn und Zweck des staatlichen Kindergeldes ist es, die i.d.R. von den Eltern getragenen finanziellen Belastungen, die durch Betreuung, Erziehung oder Ausbildung von Kindern entstehen, zu vermindern. Da das Kindergeld aber stets nur an ein Elternteil ausgezahlt wird, partizipiert der getrenntlebende, barunterhaltspflichtige andere Elternteil dadurch, dass seine Unterhaltspflicht sich um die Hälfte des Kindergeldbetrages reduziert.
Von den 643 € sind folglich 125 € abzuziehen, sodass sich Yussufs Unterhaltsbedarf gegenüber seinem Vater Fausto mit 518 € beziffern ließe.
Im Anhang zur Düsseldorfer Tabelle findet sich auch die tabellarische Auflistung der Zahlbeträge, die sich nach Abzug des jeweiligen Kindergeldanteils ergeben. Bei Minderjährigen wird das hälftige Kindergeld abgezogen und bei volljährigen das volle, da (wenn vorhanden) beide Elternteile ihnen gegenüber (anteilig) barunterhaltspflichtig sind.

Exkurs/Vertiefung

Das Kindergeld wird grundsätzlich nicht an das Kind selbst ausgezahlt, sondern an die Person, in deren Obhut es sich befindet. Lebt das Kind mit beiden Eltern zusammen, bestimmen sie, wer von ihnen das Kindergeld erhalten soll, da stets nur eine Person bezugsberechtigt ist. Da das Kindergeld aber letztlich dem Kind zugutekommen soll, haben Kinder, z.B. wenn ihre Eltern der Unterhaltspflicht nicht nachkommen, gemäß § 74 EStG die Möglichkeit, einen Abzweigungsantrag zu stellen, aufgrund dessen das Kindergeld an die Kinder selbst ausgezahlt wird.

6. Julia kann sich an das Jugendamt wenden. Es wird dann als Beistand für ihr Kind (vgl. §§ 1712 ff. BGB, §§ 52a, 55 SGB VIII) die Aufgaben der Vaterschaftsfeststellung und Geltendmachung von Unterhaltsansprüchen gegenüber Roberto übernehmen. Die Beistandschaft würde auf Julias Antrag hin eingerichtet. Julia würde, sobald sie wieder zu Hause ist, sicherlich auch einen entsprechenden Informationsbrief des Jugendamtes vorfinden, da das Jugendamt gemäß § 52a SGB VIII verpflichtet ist, unverzüglich nach der Geburt eines Kindes, dessen Eltern nicht miteinander verheiratet sind, über dieses Beratungs- und Unterstützungs-Angebot zu informieren.

IV Vormundschaft, rechtliche Betreuung, Pflegschaft

Abbildung 11: Übersicht BGB-Familienrecht III

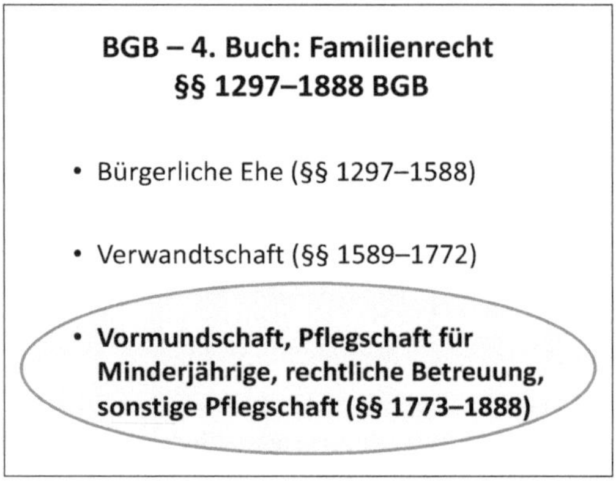

Im Familienrechtsbuch (4. Buch des BGB) sind im 3. Abschnitt die drei Rechtsinstitute **Vormundschaft, Betreuung** und **Pflegschaft** geregelt, die allesamt **Fürsorge- bzw. Beistandstätigkeiten** beinhalten und im Interesse des **Mündels, Betreuten** oder **Pfleglings** eingerichtet werden.

Am 1.1.2023 trat die Neuregelung des Vormundschafts- und Betreuungsrechts in Kraft, durch die u.a. der 3. Abschnitt des BGB umfassend reformiert wurde[292], wobei dieses umfangreiche Reformgesetz vor Inkrafttreten dann noch zwei Mal geändert wurde, um Korrekturen und Nachbesserungen mitaufzunehmen[293].

Vormundschaft als **Ersatz elterlicher Sorge** (für Minderjährige) sowie **rechtliche Betreuung als Unterstützungsmöglichkeit Erwachsener**, die aufgrund von Krankheit oder Behinderung Unterstützungsbedarf haben, wurden in Bezug auf:

- Begründung/Bestellung,
- Führung,
- Beratung und Aufsicht,

---

292 Vgl. dazu das Gesetz zur Reform des Vormundschafts- und Betreuungsrechts, BGBl. 2021 I Nr. 21, S. 882 (vom 12. Mai 2021).

293 Vgl.: BGBl. 2022 I Nr. 22 (vom 30.6.2022 in Art. 15) und BGBl. 2022 I Nr. 38 vom 25.10.2022 in Art. 3.

- Beendigung sowie
- Vergütung bzw. Aufwendungsersatz

neu und einheitlich gegliedert[294].

In Bezug auf die **Pflegschaft** wird durch die **Differenzierung** zwischen **Pflegschaft für Minderjährige** und **sonstige Pflegschaft** deutlich gemacht, dass dieses Rechtsinstitut **sowohl für Minderjährige als auch für Volljährige** installiert werden kann, wobei je nachdem auf die Regelungen zum Vormundschaftsrecht, vgl. § 1813 BGB, oder diejenigen zum Betreuungsrecht, vgl. § 1888 BGB, verwiesen wird.

Während vor Inkrafttreten der Gesetzesänderung die Vormundschaft in gesetzestechnischer Hinsicht als Grundregelung ausgestaltet war und im Betreuungsrecht auf die Vormundschaftsregelungen verwiesen wurde, sind nunmehr die **Vermögensangelegenheiten in** die **Betreuung**sregelungen **eingebettet**, vgl. §§ 1835–1860 BGB, und es wird im Vormundschaftsrecht (sowie im Rahmen der Regelungen zur elterlichen Sorge, vgl. §§ 1634–1645 BGB) auf das Betreuungsrecht verwiesen, vgl. §§ 1798–1801 BGB. Dies folgt der Logik, dass der Vermögenssorge im Vormundschaftsrecht eine deutlich geringere Bedeutung zukommt als im Betreuungsrecht[295].

1 Vormundschaft

Die in den §§ 1773–1808 BGB normierte **Vormundschaft** stellt ein familienrechtliches, also privatrechtliches Rechtsverhältnis dar, das als **Ersatz elterlicher Sorge** konzipiert ist und **durch** das **Familiengericht angeordnet** wird.

Der Abschnitt zur Vormundschaft ist in fünf Untertitel aufgeteilt:

- Untertitel 1 – **Begründung** der Vormundschaft (§§ 1773–1787 BGB)
- Untertitel 2 – **Führung** der Vormundschaft (§§ 1788–1801 BGB)
- Untertitel 3 – **Beratung und Aufsicht durch** das **Familiengericht** (§§ 1802–1803 BGB)
- Untertitel 4 – **Beendigung** der Vormundschaft (§§ 1804–1807 BGB)
- Untertitel 5 – **Vergütung und Aufwendungsersatz** (§ 1808 BGB)

---

294 Vgl. auch: Grüneberg/Götz, Einf. v. § 1773 Rn. 5.

295 Dazu: Grüneberg/Götz, Einf. v. § 1773 Rn. 5.

a) Begründung und Führung

Gemäß §1773 BGB hat das Familiengericht die Vormundschaft für einen **Minderjährigen** anzuordnen und ihm einen **Vormund** zu bestellen, **wenn**

- er **nicht unter elterlicher Sorge** steht (Nr. 1),
- seine **Eltern weder zur Vertretung in den Angelegenheiten der Personen- noch der Vermögenssorge berechtigt** sind (Nr. 2) oder
- der **Familienstand des Minderjährigen nicht zu ermitteln** ist (Nr. 3), wie z.B. beim Findelkind,

wobei i.S.d. §1773 II BGB auch die vorgeburtliche Vormundsbestellung möglich ist, die jedoch erst mit Geburt des Kindes Wirksamkeit erlangt.

In §1774 BGB wird (zusammenfassend) aufgeführt, wer zum Vormund bestellt werden kann (wobei für Geschwister möglichst ein- und derselbe Vormund zu bestellen ist, vgl. §1775 II BGB). Als Vormund kann nach §1774 BGB bestellt werden:

1. eine **natürliche Person**, die die Vormundschaft **ehrenamtlich** führt,
2. eine **natürliche Person**, die die Vormundschaft **beruflich selbstständig** führt **(Berufsvormund)**,
3. ein:e **Mitarbeiter:in eines** vom Landesjugendamt anerkannten **Vormundschaftsvereins**, wenn der/die Mitarbeiter:in dort ausschließlich oder teilweise als Vormund tätig ist (**Vereinsvormund)** oder
4. das **Jugendamt**.

Zudem wird in Absatz 2 aufgeführt, dass zum **vorläufigen Vormund**

1. ein vom Landesjugendamt anerkannter **Vormundschaftsverein** und
2. das **Jugendamt**

bestellt werden kann.

Exkurs/Vertiefung

Neu ist, dass

- der **Berufsvormund** ausdrücklich aufgeführt wird und
- **nicht** mehr ein **Verein als solcher** zum **Vormund** bestellt wird, **sondern** ein:e **Mitarbeiter:in des Vereins**.

Anders ist es jedoch **bei der vorläufigen Vormundschaft**. Hier wird der **Verein** selbst **zum Vormund bestellt** (und nicht der/die Mitarbeiter:in).

aa) Auswahl des Vormunds

Sorgeberechtigte Eltern können i.S.v. §1782 BGB eine natürliche Person als Vormund in einer letztwilligen Verfügung (wie z.B. in einem Testament) benennen, die dann ein grundsätzliches Recht auf Bestellung hat (vgl. aber: §1783 BGB).

Ist solch eine Benennung nicht erfolgt, hat das **Familiengericht** nach §1778 BGB **als Vormund diejenige Person** auszuwählen, **die am besten geeignet** ist, **für** das **Mündel** die **Personen- und Vermögenssorge** zu übernehmen (zu den Eignungskriterien vgl. §1779 BGB).

Die insoweit erforderlichen Ermittlungen hat das **Familiengericht** i.S.d. §26 FamFG **von Amts wegen in Zusammenarbeit mit** dem **Jugendamt** durchzuführen, wobei das **Jugendamt** i.S.d. §53 SGB VIII dem Familiengericht **geeignete Personen vorzuschlagen** und den **Vorschlag (in einem Bericht)** zu **begründen** hat. Des Weiteren soll das Jugendamt dem Familiengericht darlegen, welche Maßnahmen es zur Ermittlung des für den Mündel am besten geeigneten Vormunds unternommen hat und ggf., warum kein ehrenamtlicher Vormund gefunden werden konnte, da **bei gleicher Eignung** ein **Vorrang des ehrenamtlichen Vormundes** besteht, vgl. §1779 II BGB.

Nach §1778 II BGB sind bei der Auswahl des Vormunds die **persönlichen Belange des Mündels** (familiäre Beziehungen, persönliche Bindungen, religiöses Bekenntnis und kultureller Hintergrund) **an erster Stelle zu berücksichtigen**. Zudem stellt §1775 BGB klar, dass **nur** (noch) **Ehegatten gemeinschaftlich** zu **Vormündern** bestellt werden können (vgl. Abs. 1). Durch die Anlehnung an das gemeinsame Sorgerecht der Eltern soll eine Annäherung an das natürliche Eltern-Kind-Verhältnis erreicht werden. Ansonsten wird die **Verantwortung für den Mündel** grundsätzlich **in die Hände eines Vor-**

munds gelegt (auch das Konzept des Gegenvormunds wurde abgeschafft), wobei §§ 1776, 1777 BGB spezifische Ausnahmen vorsehen[296].

Bei Bestellung einer **ehrenamtlich geführten Vormundschaft**, schafft § 1776 BGB für das **Familiengericht** die Grundlage, **mit Einverständnis des** ehrenamtlichen **Vormunds**, bestimmte **Sorgerechtsbereiche** (wie z.B. Unterhalts- oder Umgangsfragen) **auf** eine:n **zusätzlichen Pfleger:in** zu **übertragen**, ohne dass dadurch die generelle Eignung des Vormunds in Frage gestellt würde.

Selbst wenn der Vormund im Umfang der Übertragung nicht mehr vertretungsbefugt ist, hat die/der Pfleger:in die Auffassung des Vormunds nach § 1792 III BGB in seine Entscheidungen miteinzubeziehen (und umgekehrt haben auch Vormünder:innen die Belange/Auffassungen der Pflegepersonen zu berücksichtigen, vgl. § 1796 BGB).

Pfleger:in nach § 1777 BGB kann insbesondere eine Pflegeperson sein, bei der der Mündel bereits seit längerer Zeit in (Familien-)Pflege lebt oder mit der ihn bereits bei Begründung des Pflegeverhältnisses eine persönliche Beziehung verbindet. Entsprechend kann ein Antrag auf Übertragung von Sorgeangelegenheiten auf die Pflegeperson als Pfleger i.S.d. § 1777 I 1 BGB auch der Mündel selbst stellen, wenn er das 14. Lebensjahr vollendet hat und Vormund und Pflegeperson zustimmen.

Entscheidungsmaßstab in allen Sorgerechts-Fragen ist stets das **Kindeswohl**.

Damit das Familiengericht ausreichend Zeit hat, einen geeigneten Vormund zu finden, wurde die Bestellung eines **vorläufigen Vormunds** in das BGB mitaufgenommen, vgl. § 1781 BGB, sodass das Familiengericht seine diesbezüglichen Ermittlungen abschließen kann, während in der Interimsphase – die bis zu drei Monate bzw. bei Verlängerungsbeschluss höchstens bis zu sechs Monate dauern kann, vgl. § 1781 III BGB – der vorläufige Vormund agieren kann.

In § 1784 BGB werden **Gründe** aufgeführt, **weshalb** eine **Person nicht** zum **Vormund** bestellt werden kann bzw. soll, also weil sie

- **geschäftsunfähig** (Abs. 1) oder
- **minderjährig** (Abs. 2 Nr. 1) ist,

296 Grüneberg/Götz, § 1775 Rn. 1 f. und Einf. v. § 1773 Rn. 6.

- i.S.d. Abs. 2 Nr. 3 **unter Betreuung steht**,
- **von den Eltern** nach § 1782 BGB als Vormund **ausgeschlossen wurde** (Abs. 2 Nr. 3) oder
- **zu** einer **Einrichtung**, in der der Mündel lebt, in einem **Abhängigkeitsverhältnis oder** in einer **anderen engen Beziehung** steht (Abs. 2 Nr. 4).

Die Ausschlussgründe in Abs. 2 sind als Soll-Vorschrift ausgestaltet und stellen mithin Grundsätze dar, von denen in begründeten Ausnahmefällen abgewichen werden kann. Dies kann insbesondere in Bezug auf Nr. 4 relevant sein, da eine Person als Vormund geeignet sein könnte, die beim Träger einer Einrichtung angestellt ist, in der das unter Vormundschaft zu stellende Kind bzw. der unter Vormundschaft zu stellende Jugendliche betreut wird.

Wenn das Familiengericht dann eine **Person** ausgewählt hat, ist diese zwar nach § 1785 BGB **verpflichtet**, die Vormundschaft zu übernehmen, sofern ihr die Übernahme unter Berücksichtigung ihrer familiären, beruflichen und sonstigen Verhältnisse zugemutet werden kann. Sie **darf** jedoch **erst bestellt werden, wenn sie sich zur Übernahme der Vormundschaft bereit erklärt hat.**

bb) Amtsvormundschaft des Jugendamtes

Wie bereits erwähnt, kann auch das **Jugendamt** i.S.d. § 1774 I Nr. 4 BGB als Vormund bestellt werden, wobei Eltern insoweit nach § 1782 BGB nicht das Recht haben, es als Vormund zu benennen oder auszuschließen (da sich § 1782 BGB lediglich auf natürliche Personen bezieht).

Eine weitere Besonderheit in Bezug auf die **bestellte Amtsvormundschaft** besteht darin, dass die Benennung des Jugendamtes als Vormund im Gegensatz zu natürlichen Personen (auch Vereinsvormünder) und dem Vormundschaftsverein, vgl. § 1785 II, III BGB, nicht erst seine Einwilligung in die Übernahme voraussetzt. Durch Neufassung des § 87c SGB VIII ist sichergestellt, dass das zunächst zuständige Jugendamt aus Gründen der Kontinuität auch bei Umzug in den örtlichen Zuständigkeitsbereich eines anderen Jugendamtes zuständig bleibt[297].

Das **Jugendamt hat** i.d.R. **jährlich zu prüfen, ob** ein **geeigneter ehrenamtlicher Vormund zur Verfügung steht.** Ist dies der Fall und würde eine

297 Dazu m.w.N.: Grüneberg/Götz, § 1774 Rn. 6.

Bestellung dem Wohl des Mündels nicht widersprechen, wäre der ehrenamtliche Vormund zu bestellen und das Jugendamt als Amtsvormund zu entlassen.

Im Rahmen der laufenden Verwaltung überträgt das Jugendamt die mit der Vormundschaft verbundenen Aufgaben nach §55 II SGB VIII einzelnen seiner Bediensteten, die das Kind bei der Ausübung der Aufgaben gesetzlich vertreten, vgl. §55 IV 2 SGB VIII, wobei der/die jeweilige Mitarbeiter:in dadurch (anders als der Vereinsvormund) nicht zum Einzelvormund des Kindes wird. Vielmehr bleibt das Jugendamt als Behörde Vormund und kann bei Ausübung dieses Amtes gewisse Freistellungen i.S.d. §56 II, III SGB VIII, z.B. in Bezug auf Mündelgelder, für sich beanspruchen.

Neben der bestellten Amtsvormundschaft existiert auch in den Fällen der §§1786, 1787 BGB die **gesetzliche Amtsvormundschaft**. Anders als bei der bestellten Amtsvormundschaft übernimmt das **Jugendamt** seine **Aufgabe als Vormund** i.S.d. §§1786, 1787 BGB **qua Gesetz** und **wird nicht erst durch** das **Familiengericht bestellt**, sodass die durch das Familiengericht nach §168b II FamFG unverzüglich zu erteilende Bescheinigung lediglich deklaratorischen Charakter aufweist.

Eine **gesetzliche Amtsvormundschaft** des Jugendamtes ist nach §1786 BGB zum Schutz von nicht in einer Ehe geborenen Kindern vorgesehen, **die keinen sorgeberechtigten Elternteil** haben sowie nach §1787 BGB **bei vertraulich geborenen Kindern** i.S.d. §25 I 2 Schwangerschaftskonfliktgesetz (Findelkinder bzw. Kinder, die in einer Babyklappe abgelegt wurden insoweit nicht einbezogen).

Durch die gesetzlich in den §§68 I PStG, 168g FamFG, 52a III, IV, 57 I SGB VIII verankerten **Datenaustausch- bzw. Anzeigepflichten** zwischen **Standesamt, Familiengericht** und **Jugendamt** wird sichergestellt, dass das **Jugendamt seine Aufgaben als Vormund unmittelbar wahrnehmen kann**.

cc) Rechtsstellung des Vormunds

Im Zuge der Reform wurden nun über **§1788 BGB** erstmals auch **explizit Rechte** eingefügt, **auf die sich** die unter Vormundschaft stehenden **Kinder und Jugendlichen gegenüber ihrem Vormund berufen können**.

Die in dieser Norm gewählten Formulierungen nehmen auf andere gesetzliche Regelungen Bezug bzw. entsprechen ihnen z.T. wörtlich: so z.B. die Nr. 1, die wortgetreu §1 I SGB VIII abbildet. Nr. 2 wiederholt den Wortlaut des § 1631 II BGB, um klarzustellen, dass die hier niedergelegten Erziehungsmaximen, die Gewalt, körperliche Bestrafungen, seelischen Verletzungen und andere entwürdigenden Maßnahmen ausschließen, auch im Rahmen des Vormundschaftsrechts Geltung haben sollen und Nr. 4 und Nr. 5 greifen Kinderrechte aus der UN-KRK auf, z.B. Art. 12, Art. 2, Art. 8 UN-KRK.

Die Aufnahme von Rechten der Mündel – wie auch weitere Neuformulierungen und die **stärker am Kind orientierte Auswahl** des Vormunds – zeigen, dass die unter Vormundschaft stehenden Kinder und Jugendlichen durch die Neuregelung mehr in das Zentrum rücken und ihre subjektiven Rechte gestärkt werden sollen[298]. Entsprechend wurde auch in § 1789 I BGB normiert, dass der **Vormund** die **Pflicht und** das **Recht** hat, für die **Person und** das **Vermögen** des Mündels zu sorgen, **während in der alten Fassung** (in § 1793 BGB a.F.) das **Recht** zur Personen- und Vermögenssorge noch **vor** der **Pflicht** genannt wurde.

In § 1795 BGB wird aufgeführt, was als **Bestandteil der Personensorge** zu qualifizieren ist und welche **Entscheidungen des Vormunds** der **Genehmigung des Familiengerichts** bedürfen. Während v.a. die **Aufenthaltsbestimmung** explizit als Bereich der Personensorge aufgeführt wird, sodass sich die Verantwortlichkeit für eine geeignete Unterbringungsmöglichkeit des Mündels direkt aus § 1795 I BGB ergibt, wird z.T. auf das Kindschaftsrecht verwiesen und die Inhalte der §§ 1631a–1632 BGB über die Verweisung zum Bestandteil der vormundschaftlichen Personensorge.

In Bezug auf die **Vermögenssorge**, die der **Vormund** nach § 1798 BGB **zum Wohl des Mündels** unter Berücksichtigung der Grundsätze einer wirtschaftlichen Vermögensverwaltung und der wachsenden Bedürfnisse des Mündels zu selbständigem und verantwortungsbewusstem Handeln auszuüben hat, wird im Wesentlichen auf die Regelungen über die Vermögenssorge im Betreuungsrecht verwiesen (auch, was die gerichtliche Genehmigung bestimmter Rechtsgeschäfte betrifft, vgl. § 1799 BGB).

Das **Vertretungsrecht des Vormunds**, das mit dem elterlichen Vertretungsrecht i.S.d. § 1629 BGB korrespondiert, wird in § 1789 II BGB aufgeführt. In Bezug auf den Ausschluss der Vertretungsmacht wird auf das Betreuungsrecht verwiesen, vgl. § 1824 BGB.

---

298 Grüneberg/Götz, Einf. v. § 1773 Rn. 6.

Wie bisher haftet der Vormund gegenüber dem Mündel für Schäden, die durch eine Pflichtverletzung entstehen, vgl. § 1794 BGB. Anders als bisher wird aber die *Darlegungs- und Beweislast* in Bezug auf die begangene Pflichtverletzung **zugunsten des Mündels umgekehrt**, sodass der Vormund darlegen und beweisen muss, dass er/sie keine Pflichtverletzung begangen hat, vgl. § 1794 I 1 BGB.

Der Verweis auf die betreuungsrechtliche Norm des § 1826 BGB zeigt, dass **mehrere Vormünder, also Ehegatten**, die für einen dem Mündel entstandenen Schaden nebeneinander verantwortlich sind, **als** *Gesamtschuldner* **haften**.

Sofern der Mündel zur Pflege und Erziehung in den Haushalt des ehrenamtlichen Vormunds aufgenommen ist, vgl. § 1794 II BGB, gilt die **elterliche Haftungsbeschränkung des § 1664 BGB** (nach der Eltern nur für diejenige Sorgfalt einzustehen haben, die sie in eigenen Angelegenheiten anzuwenden pflegen – diligentia quam in suis) entsprechend. Auch hier zeigt sich, dass durch die Anlehnung an die Regelungen zur elterlichen Sorge eine Annäherung an das natürliche Eltern-Kind-Verhältnis erreicht werden soll.

Nach § 1802 BGB hat das **Familiengericht** den **Vormund** zu **unterstützen**, zu **beraten** und zu **beaufsichtigen**. Ggf. hat es auch nach § 1803 BGB den Mündel persönlich anzuhören.

b) Vergütung und Aufwendungsersatz

Das BGB geht in Bezug auf die Vormundschaft vom **Grundsatz** einer **unentgeltlich**en und **ehrenamtlich**en Führung aus, vgl. § 1808 BGB. Hinsichtlich des Aufwendungsersatzes eines ehrenamtlichen Vormundes sowie einer ausnahmsweise zu leistenden Vergütung wird (entsprechend der seit dem 1.1.2023 eingeführten Verweisungsstruktur) auf Regelungen des Betreuungsrechts verwiesen, vgl. § 1808 II BGB. Für die ausnahmsweise berufsmäßig durchgeführte Vormundschaft wird in § 1808 III BGB auf das VBVG Bezug genommen.

Nach § 1 III VBVG kann ein Vormund vom Mündel **lediglich** dann **Vergütung und Aufwendungsersatz** verlangen, **wenn** die Führung der **Vormundschaft** als **berufliche Tätigkeit** zu qualifizieren ist. Bei

- einem **Vereinsvormund** (bzw. einem **Vormundschaftsverein** als vorläufiger Vormund) und
- dem **Jugendamt**

besteht die entsprechende **Berufsmäßigkeit**, vgl. §1 II VBVG, wobei dem **Jugendamt** nach §6 I VBVG dennoch **keine Vergütung** zusteht (zum begrenzten Aufwendungsersatzanspruch des Jugendamtes, vgl. §6 II VBVG).

Ansonsten hat das **Familiengericht** zu **entscheiden**, ob eine entsprechende **Berufsmäßigkeit** besteht, wobei sie i.S.d. §1808 III BGB i.d.R. dann **festzustellen** ist,

- **wenn** der **Vormund mehr als zehn Vormundschaften führt** oder
- **für** die **Führung der Vormundschaft** voraussichtlich **mindestens 20 Wochenstunden** erforderlich sind,

vgl. §1 I VBVG.

Die **Höhe des Stundensatzes** der Vormündern zu bewilligen ist, wird in §3 VBVG geregelt und ist abhängig von den jeweiligen **Kenntnissen** sowie der Art einer etwaig absolvierten insoweit qualifizierenden **Ausbildung**. Darüber hinaus kann bei einer ggf. vorliegenden besonderen Schwierigkeit der vormundschaftlichen Angelegenheit durch das Familiengericht ein höherer Stundensatz bewilligt werden, sofern der Mündel nicht mittellos ist. Der Aufwendungsersatz ist in §4 VBVG geregelt, wobei hier auf §1877 BGB verwiesen wird.

c) Beendigung

Die **Vormundschaft endet** gemäß §1806 BGB **mit** dem **Wegfall ihrer Voraussetzungen**, also z.B., wenn der Mündel volljährig wird. Entsprechend endet auch das Amt des Vormundes. Darüber hinaus ist auch eine **Amtsbeendigung durch Entlassung** i.S.d. §1804 BGB oder durch Tod (vgl. dazu: §1805 BGB) möglich.

2 Betreuung

Durch das Gesetz zur Reform des Vormundschafts- und Betreuungsrecht (ein *Artikelgesetz*)[299], das am 1.1.2023 in Kraft getreten ist, wurde neben den umfassenden **Änderungen im BGB** u.a. auch das **Betreuungsorganisationsgesetz** (BtOG) eingeführt, das das bisherige BtBG ablöst und Rege-

299 BGBl. 2021 I Nr. 21 S. 882.

lungen zur **Betreuungsbehörde**, zu **Betreuungsvereinen**, **ehrenamtlichen und beruflichen Betreuer:innen** enthält. Ziel der Neuregelung des Betreuungsrechts war es insbesondere, die **Selbstbestimmung und Autonomie volljähriger, unterstützungsbedürftiger Menschen** zu **stärken** und damit die Vorgaben des Artikel 12 der UN-Behindertenrechtskonvention zu berücksichtigen[300].

Zudem sollte die **Qualität der Betreuung** sichergestellt bzw. verbessert werden. Dazu wurden die Zugangsvoraussetzungen in Bezug auf den Betreuerberuf normiert und Unterstützungsmaßnahmen für ehrenamtliche Betreuer:innen geschaffen.

Rechtliche Betreuung, der aufgrund des demografischen Wandels und dem steigenden Hilfebedarf im Alter ein hoher praktischer Stellenwert zukommt, stellt **keine tatsächliche Hilfe** dar, sondern **Beistand in Form von Rechtsfürsorge**. D.h. ganz konkret, dass ein:e Betreuer:in in Bezug auf die ihr/ihm übertragenen Aufgabenbereiche **lediglich** die **rechtlichen Interessen der/des Betreuten wahr**zu**nehmen** hat und sie/ihn nicht etwa selbst pflegen, Einkäufe tätigen oder den Wohnraum reinigen muss. Vielmehr wäre insoweit ggf. Hilfe zu organisieren.

Eine **Betreuungsanordnung** hat **keinen Einfluss auf die Geschäfts-/ Ehe- oder Testierfähigkeit des zu Betreuenden**, sodass für die Beurteilung der Frage, ob eine betreute Person zur Abgabe einer wirksamen Willenserklärung in der Lage ist, die §§ 104 ff. BGB maßgeblich sind. Zum Schutz der/des Betreuten kann das Betreuungsgericht i.S.d. § 1825 BGB jedoch einen Einwilligungsvorbehalt anordnen, sodass die/der Betreute in Bezug auf bestimmte Willenserklärungen die Einwilligung der Betreuerin/des Betreuers benötigt.

a) Voraussetzungen und Führung

Die **rechtliche Betreuung** i.S.d. § 1814 BGB wird durch das Amtsgericht als Betreuungsgericht, vgl. §§ 23a II Nr. 1, 23c GVG, angeordnet, **wenn** ein **Volljähriger** (bzw. 17-Jähriger im Falle des § 1814 V BGB) **aufgrund einer Krankheit oder Behinderung seine Angelegenheiten ganz oder teilweise nicht selbst regeln kann**.

Voraussetzungen für die Anordnung einer Betreuung sind

300 Vgl. auch: Grüneberg/Götz, Einf. v. § 1814 Rn. 19.

- ein **objektiver Betreuungsbedarf**,
- die **subjektive Betreuungsbedürftigkeit** sowie
- die **kausale Verknüpfung** dieser beiden Tatbestandsmerkmale[301].

Ein **objektiver Betreuungsbedarf** liegt dann vor, **wenn nach der konkreten gegenwärtigen Lebenssituation** ein **rechtliches Unvermögen des/der Volljährigen besteht, die eigenen Angelegenheiten** (z.B. in Bezug auf Finanzen, Wohnung, medizinische Versorgung etc., vgl. §1815 BGB) **zu besorgen** und die/der Betroffene sie – ohne Krankheit oder Behinderung – hätte selbst erledigen können[302].

In **subjektiver Hinsicht** nennt das Gesetz in §1814 I BGB (inzwischen nur noch) zum einen **Krankheit**, wozu z.B. Demenz als Folge der Alzheimer-Krankheit gehört, und zum anderen **Behinderung**, wie z.B. aufgrund des Down Syndroms.

Die **Krankheit oder Behinderung** muss **ursächlich** dafür sein, dass die/der Volljährige ganz oder teilweise **nicht in der Lage ist, die eigenen Angelegenheiten zu besorgen.**

I.S.d. §1814 II BGB darf ein:e Betreuer:in **nicht gegen den freien Willen** der/des Betreuten bestellt werden, d.h., dass **bei Ablehnung** der Betreuung **kein:e Betreuer:in** bestellt werden darf **oder** zweifelsfrei – **unter Hinzuziehung eines Sachverständigen – festgestellt** werden muss, **dass eine freie Willensbildung** auf Seiten der/des Betreuten **ausgeschlossen ist**[303].

Die Bestellung eines Betreuers unterliegt (aufgrund des Grundrechtseingriffs auf Seiten der/des Betreuten) dem in §1814 III BGB normierten **Erforderlichkeitsgrundsatz**, wobei in §1814 III 1 BGB auf die grundsätzliche Erforderlichkeit und in Satz 2 auf die **Nachrangigkeit der Betreuung** (im Sinne des *Subsidiaritätsprinzips*) abgestellt wird.

D.h., dass eine **Betreuung** für eine oder mehrere **bestimmte Angelegenheiten lediglich erforderlich** ist **und** mithin auch **nur** dann **angeordnet werden darf, wenn und soweit die/der Volljährige sie nicht selbst regeln kann** oder sie/er nicht die Besorgung durch Dritte veranlasst hat, vgl. §1814 III Nr. 1 und Nr. 2 BGB.

---

301 Grüneberg/Götz, §1814 Rn. 2 ff.

302 BGH FamRZ 2021, 1657; 1737; BGH FamRZ 2022, 891.

303 Grüneberg/Götz, §1814 Rn. 9 ff.

Ein:e Betreuer:in darf also z.B. nicht eingesetzt werden, wenn Familienangehörige, Nachbar:innen, Bekannte oder private Pflegepersonen entsprechend tätig werden. Auch jede auf sozialrechtlichen Vorschriften beruhende Unterstützung, wie z.B. Hilfen für junge Volljährige nach § 41 SGB VIII, hätte Vorrang vor einer Betreuung. Entsprechend stünde es einer Betreuungsanordnung auch entgegen, wenn die betroffene Person für den jeweiligen Bereich eine **Patientenverfügung** i.S.d. § 1827 BGB erstellt oder eine **Vorsorgevollmacht** i.S.d. § 1820 BGB erteilt hätte.

Darüber hinaus wurden nunmehr auch **erweiterte Unterstützungsangebote durch Betreuungsbehörden** gesetzlich verankert, mit Hilfe derer eine rechtliche Betreuung vermieden werden soll, vgl. §§ 8 II, 11 III BtOG.

Exkurs/Vertiefung

Die **Vorsorgevollmacht**, für die die Stellvertretungsregelungen i.S.d. §§ 167 ff. BGB maßgeblich sind, zielt darauf ab, die rechtliche Vertretung des Vollmachtgebenden für den Fall zu sichern, dass er/sie rechtlich handlungsunfähig werden sollte.
Die Vorsorgevollmacht sollte nur solchen Personen gegenüber erteilt werden, denen man uneingeschränkt vertraut, da sie erst zum Einsatz kommt, wenn man selbst nicht mehr in der Lage ist, Entscheidungen zu treffen.
Um sicherzustellen, dass sich andere nicht über die eigene Vorsorgevollmacht hinwegsetzen können, kann sie im **zentralen Vorsorgeregister** hinterlegt werden, das von der **Bundesnotarkammer** geführt wird.
Die **Patientenverfügung** ermöglicht grundsätzlich Volljährigen insofern vorzusorgen, als sie im Vorfeld schriftlich festlegen können, ob sie in bestimmte, zum Zeitpunkt der Festlegung noch nicht unmittelbar bevorstehende Untersuchungen, Heilbehandlungen oder ärztliche Eingriffe einwilligen oder sie untersagen, vgl. § 1827 BGB.

aa) Auswahl der Betreuungsperson

Bei der Auswahl der Betreuungsperson hat das **Betreuungsgericht** i.S.d. § 1816 I BGB eine:n in Bezug auf den angeordneten Aufgabenkreis **geeignete:n Betreuer:in** zu wählen (zur Bestellung mehrerer bzw. spezieller Betreuer:innen, vgl. § 1817 BGB). Es hat dabei grundsätzlich die **Wünsche der zu betreuenden Person zu berücksichtigen**, vgl. § 1816 II BGB.

Schlägt die zu betreuende Person niemanden vor, der zum/zur Betreuer:in bestellt werden kann (und existiert auch keine entsprechende Betreuungsverfügung) oder ist die gewünschte Person nicht geeignet, hat das Betreuungsgericht nach §1816 III BGB als rechtliche:r Betreuer:in **bevorzugt** eine Person aus dem **familiären** bzw. **engen persönlichen Umkreis** zu wählen, also insbesondere den:die Ehegatt:in oder Lebensgefährt:in, Eltern/Kinder in Betracht zu ziehen und auch die **Gefahr von Interessenkonflikten** zu berücksichtigen.

Sofern keine Person mit familiärer Beziehung oder persönlicher Bindung zur Verfügung steht, ist die Bestellung eines »fremden« **ehrenamtlichen Betreuers** möglich, vgl. §19 II BtOG, wobei jener nur dann zum/zur Betreuer:in bestellt werden soll, wenn er/sie mit einem nach §14 BtOG anerkannten Betreuungsverein oder mit der zuständigen Betreuungsbehörde eine Vereinbarung über eine Begleitung und Unterstützung i.S.d. §§5 II 3, 15 I 1 Nr. 4 BtOG geschlossen hat.

Subsidiär, also wenn keine geeignete Person gefunden werden konnte, die die Betreuung ehrenamtlich übernimmt, ist nach §1816 V BGB ein **beruflicher Betreuer** i.S.d. §19 II BtOG einzusetzen.

Ist auch kein Berufsbetreuer verfügbar und/oder wünscht sich dies die betreute Person, bestellt das Betreuungsgericht nach §1818 I BGB einen **anerkannten Betreuungsverein** zum Betreuer. Subsidiär dazu ist die **zuständige Betreuungsbehörde** zum Betreuer zu bestellen, §1818 IV 1 BGB.

(1) Anforderungen an Berufsbetreuer:innen

Um die Qualität der beruflichen Betreuung zu sichern bzw. zu optimieren, müssen sich Personen, die zu beruflichen Betreuer:innen bestellt werden und Anspruch auf Vergütung haben möchten, bei der zuständigen Betreuungsbehörde am (Wohn-)Sitz des Betreuers/der Betreuer:in registrieren. Dies ist nur möglich, wenn die betreffende Person die Voraussetzungen des §23 BtOG erfüllt. Dazu gehört nach §23 I BtOG, dass sie

- persönlich **geeignet und**
- **zuverlässig** ist (zur etwaig fehlenden Zuverlässigkeit, vgl. §23 II BtOG) sowie
- über **ausreichende Sachkunde** für die Tätigkeit verfügt und
- eine **Berufshaftpflichtversicherung für Vermögensschäden** mit einer Mindestversicherungssumme von 250.000€ pro Versicherungsfall bzw. von 1.000.000€ für alle Versicherungsfälle eines Versicherungsjahres abschließt.

Die nachzuweisende Sachkunde umfasst nach § 23 III Nr. 1–3 BtOG insbesondere Kenntnisse:

- des Betreuungs- und Unterbringungsrechts,
- des sozialrechtlichen Unterstützungssystems und
- der Kommunikation mit Personen, die Erkrankungen/Behinderungen aufweisen.

Exkurs/Vertiefung

Da diese Anforderungen bisher nicht an Berufsbetreuer:innen gestellt wurden, gelten Übergangsvorschriften für Personen, die bereits vor dem 1. Januar 2023 berufsmäßig Betreuungen geführt haben, vgl. § 32 BtOG. Wer beispielsweise bis zum 1. Januar 2023 seit mindestens drei Jahren beruflich Betreuungen geführt hat, muss seine für die Registrierung erforderliche Sachkunde nicht mehr nachweisen, vgl. § 32 II BtOG.

(2) ehrenamtliche Betreuer:innen

Ebenfalls vor dem Hintergrund, die Betreuungsqualität zu gewährleisten und entsprechend **sicher**zu**stellen**, dass **ehrenamtliche Betreuer:innen** (vgl. dazu: § 19 BtOG) ausreichend **unterstützt und beraten** werden, wurde ihre **Anbindung an Betreuungsvereine** oder die zuständige **Betreuungsbehörde** gesetzlich verankert.

Sofern ehrenamtliche Betreuer:innen keine familiäre Beziehung oder persönliche Bindung zur zu betreuenden Person aufweisen, sollen sie lediglich dann zu Betreuer:innen bestellt werden, wenn sie mit einem nach § 14 BtOG anerkannten Betreuungsverein oder mit der zuständigen Betreuungsbehörde eine Vereinbarung über eine Begleitung und Unterstützung i.S.d. §§ 5 II 3, 15 I 1 Nr. 4 BtOG geschlossen haben.

bb) Umfang der Betreuung

§ 1815 BGB trifft eine Regelung zum Umfang der Betreuung. Im Sinne dieser Norm besteht der **Aufgabenkreis eines Betreuers/einer Betreuer:in** aus **ein**em **oder mehrere**n **Aufgabenbereiche**n, wie z.B. die Organisation ambulanter oder sozialer Pflegedienste, Krankheitsvorsorge etc.[304], die **vom Betreuungsgericht spezifisch anzuordnen** sind.

304 Weitere Beispiele, vgl.: Grüneberg/Götz, § 1815 Rn. 4 ff.

§ 1815 II BGB stellt darüber hinaus besonders sensible Bereiche, wie

- eine freiheitsentziehende Unterbringung,
- eine Aufenthalts- und Umgangsbestimmung sowie
- Entscheidungen über (elektronische oder Tele-)Kommunikationsmittel

unter einen Anordnungsvorbehalt des Betreuungsgerichts.

Dies bedeutet, dass ein:e Betreuer:in insoweit nur tätig werden darf, wenn sich dies aus dem Betreuungsbeschluss explizit ergibt.

Grundsätzlich kann eine Betreuung sowohl

- Personen- (dazu die §§ 1827–1834 BGB) als auch
- Vermögensangelegenheiten (dazu die §§ 1835–1860 BGB)

umfassen.

In § 1815 I 3 BGB ist ebenfalls – wie auch noch einmal in § 1821 BGB – der Erforderlichkeitsgrundsatz in Bezug auf die Betreuung normiert. **Handlungsmaßstab** bei der Ausübung der jeweiligen Aufgaben sind allein die **Wünsche der betreuten Person**, soweit sie sich realisieren lassen, vgl. § 1821 III BGB, ggf. ihr mutmaßlicher Wille, vgl. § 1821 IV BGB.

cc) Pflichten, Beratung und Aufsicht

Der/die Betreuer:in muss sich durch **regelmäßige persönliche Kontakte** und Besprechung anstehender Angelegenheiten einen Eindruck davon verschaffen, was den Wünschen der betreuten Person entspricht und ggf. nahestehenden Angehörigen bzw. sonstigen Vertrauenspersonen der/des Betreuten **Auskünfte erteilen**, §§ 1821 V, 1822 BGB. Bei Pflichtverletzungen gegenüber der/dem Betreuten können Betreuer:innen gemäß § 1826 BGB auf **Schadensersatz** in Anspruch genommen werden.

Darüber hinaus bestehen **gegenüber** dem **Betreuungsgericht Berichtspflichten**, vgl. § 1863 BGB, die es dem Gericht erleichtern, die Betreuer:innentätigkeiten zu kontrollieren. Die **Kontrollfunktion des Gerichts** ist an mehreren Stellen des Betreuungsrechts verankert, vgl. §§ 1829 ff. BGB.

Zum Schutz des Betreuten knüpft z.B. § 1833 BGB das **Aufgeben von Wohnraum**, der von einer betreuten Person **selbst genutzt wird,** an bestimmte Voraussetzungen: Hat ein:e Betreuer:in die Absicht, von der betreuten Person genutzten Wohnraum aufzugeben, muss dies dem **Betreuungsgericht** unter Angabe der Gründe und der Sichtweise der betreuten Person **unverzüglich angezeigt werden**, wobei in bestimmten Fällen auch eine **Genehmigung des Betreuungsgerichts** erforderlich ist.

Zudem hat das **Betreuungsgericht** die Betreuer:innen nicht nur nach § 1861 BGB zu **beraten**, sondern auch i.S.d. § 1862 BGB über die gesamte Tätigkeit der Betreuer:innen **Aufsicht** zu **führen**, **ggf.** die **betreute Person persönlich anzuhören** (vgl. § 1862 II BGB) sowie **evtl. einzuschreiten**, vgl. § 1862 III BGB.

Soweit dies zur Wahrnehmung der Interessen des Betroffenen erforderlich ist, hat das Gericht für den Betroffenen auch einen geeigneten **Verfahrenspfleger** zu bestellen. Dies ist nach § 276 FamFG i.d.R. der Fall, wenn:

- von der persönlichen Anhörung des Betroffenen nach § 278 IV i.S.v. § 34 II FamFG abgesehen werden soll oder
- die Bestellung eines Betreuers oder die Anordnung eines Einwilligungsvorbehalts gegen den erklärten Willen des Betroffenen erfolgen soll.

Des Weiteren ist die Bestellung eines Verfahrenspflegers erforderlich, wenn durch das Gericht

- über die Genehmigung einer Einwilligung (oder vergleichbaren Erklärungen) des Betreuers in Bezug auf eine ärztliche Maßnahme zu entscheiden ist, vgl. § 298 II FamFG i.V.m. § 1829 BGB, oder
- über die Genehmigung in eine Sterilisation des Betreuten zu entscheiden ist und der Betreute sich nicht durch einen anderen geeigneten Verfahrensbevollmächtigten vertreten lässt, vgl. § 297 V FamFG i.V.m. § 1830 BGB.

b) Vergütung und Aufwendungsersatz

Das BGB enthält – ausgehend vom Leitbild der ehrenamtlich tätigen Betreuer:innen, die Aufwendungsersatz und nur im Ausnahmefall eine Vergütung erhalten – lediglich Regelungen in Bezug auf Vergütungs- und Aufwendungsersatzansprüche ehrenamtlich tätiger Betreuer:innen, vgl. §§ 1875 ff. BGB. Die Vergütung von Berufsbetreuer:innen (wird ebenso wie jene von Berufsvormünder:innen und -Pfleger:innen) im VBVG geregelt.

Nach **§7 VBVG** kann ein selbständig tätiger, registrierter Berufsbetreuer (vgl. §19 II BtOG) vom Betreuten **Vergütung und Aufwendungsersatz** gemäß den §§8 ff. VBVG verlangen. Als Mitarbeiter eines anerkannten Betreuungsvereins wäre der Betreuungsverein anspruchsberechtigt.

Die Bewilligung der Zahlung erfolgt durch das Betreuungsgericht nach §292 FamFG, wobei Betreuer:innen in Bezug auf die monatlichen Fallpauschalen bei dem für ihren Sitz (bzw. Wohnsitz) zuständigen Amtsgericht eine verbindliche Einstufung in die Vergütungstabellen A-C beantragen können, aus denen sich die Höhe der jeweiligen Vergütung ergibt, vgl. §8 III VBVG.

Die Höhe der Fallpauschalen richtet sich i.S.d. §9 I VBVG nach der **Dauer der Betreuung**, dem **gewöhnlichen Aufenthaltsort des Betreuten** und dem **Vermögensstatus des Betreuten** sowie der **Art der beruflichen Qualifikation** des Betreuers, vgl. §8 II VBVG. Sie ist am höchsten gemäß Vergütungstabelle C, wenn der/die Betreuer:in über eine abgeschlossene Ausbildung an einer Hochschule oder eine vergleichbare abgeschlossene Ausbildung verfügt. Zur Zusatzpauschale für den Fall, dass der Betreute nicht mittellos ist, vgl. §10 VBVG.

c) Beendigung

Die Betreuung **endet** gemäß §1870 BGB **mit** der **Aufhebung** der Betreuung durch das Betreuungsgericht **oder** mit dem **Tod** des/der Betreuten. Sofern der/die Betreuer:in entlassen wird oder stirbt, ist ein:e neue:r Betreuer:in zu bestellen, vgl. §1869 BGB.

3 Pflegschaft

Bei der Pflegschaft handelt es sich um eine **Fürsorge**, die sowohl **für Minderjährige** (vgl. §§1809 ff. BGB) als auch **für Volljährige** installiert werden kann und grundsätzlich **auf einzelne Angelegenheiten beschränkt** ist. Das BGB differenziert (seit der am 1.1.2023 in Kraft getretenen Reform) zwischen der Pflegschaft für Minderjährige und der sonstigen Pflegschaft.

a) Pflegschaft für Minderjährige i.S.d. §§1809 ff. BGB

Anders als die **Vormundschaft**, die die **elterliche Sorge für Minderjährige** umfassend ersetzt, bezieht sich die **Pflegschaft** für Minderjährige **lediglich** auf **bestimmte Teilbereiche**, wie z.B. die Ergänzungspflegschaft nach §1809 BGB.

Eines **Ergänzungspflegers** bedarf es zum Beispiel, wenn

- Eltern oder Vormünder:innen wegen einer Interessenskollision mit Blick auf bestimmte Rechtsgeschäfte als gesetzliche Vertreter nicht tätig werden dürfen, wie z.B. bei der Veräußerung eines dem eigenen Kind gehörenden Erbstücks an die neue Ehepartnerin, vgl. §§1629 II 1, 1824 BGB, oder
- den Eltern Teilbereiche der elterlichen Sorge nach §1666 BGB entzogen worden sind.

Im Einzelnen kennt das BGB in Bezug auf Pflegschaften für Minderjährige:

- die **Ergänzungspflegschaft**, §1809 BGB;
- die **Pflegschaft für ein ungeborenes Kind**, §1810 BGB: Eine solche Pflegschaft wrd für ein bereits gezeugtes Kind (bis zu seiner Geburt) zur Wahrung seiner künftigen Rechte (z.B. als Erbe) installiert, sofern die Eltern an der Ausübung der elterlichen Sorge verhindert wären, wenn das Kind bereits geboren wäre;
- die **Zuwendungspflegschaft**, §1811 BGB: Eine solche Pflegschaft kommt z.B. in Betracht, wenn dem Minderjährigen eine Geldsumme zugewendet werden soll und die/der Zuwendende bestimmt hat, dass Eltern bzw. Vormund das Vermögen nicht verwalten dürfen.

In Bezug auf die Pflegschaft für Minderjährige wird grundsätzlich auf die Regelungen zum Vormundschaftsrecht i.S.d. §§1773ff. BGB, §§168ff. FamFG verwiesen, vgl. §1813 BGB. D.h. z.B., dass die Bestellung eines/eine:r Pfleger:in ebenfalls durch Beschluss des Familiengerichts erfolgt, vgl. §1773 BGB, und das Familiengericht auch für Auswahl (§§1778, 1779 BGB), Beratung und Aufsicht (§§1802ff. BGB) zuständig ist.

Aufhebung (durch Beschluss des Familiengerichts) und Ende einer Pflegschaft sind in §1812 BGB geregelt.

b) Sonstige Pflegschaft i.S.d. §§1882ff. BGB

Bei der sonstigen Pflegschaft (§§1882–1888 BGB), die im BGB nach dem Betreuungsrecht eingeordnet wurde, stehen Vermögensinteressen im Vordergrund. Es existieren als Fälle der sonstigen Pflegschaft:

- die Pflegschaft für unbekannte Beteiligte, § 1882 BGB,
- die Pflegschaft für gesammeltes Vermögen, § 1883 BGB, sowie
- die Abwesenheitspflegschaft, § 1884 BGB.

In Bezug auf die sonstige Pflegschaft wird grundsätzlich auf die Regelungen zum Betreuungsrecht i.S.d. §§ 1814 ff. BGB verwiesen. Für die Bestellung eines **sonstigen Pflegers** einer **sonstigen Pflegerin** ist entsprechend dieser Systematik auch das **Betreuungsgericht** (oder im Fall der **Nachlasspflegschaft** nach den §§ 1960 ff. BGB) das **Nachlassgericht** zuständig, vgl. § 1885 BGB. Zum Ende einer sonstigen Pflegschaft, vgl. § 1887 BGB.

4 Fragen zur Wiederholung und Vertiefung mit Lösungshinweisen

Arbeitshinweis:
Bei der Beantwortung der Fragen, die sich auf konkrete Fälle beziehen, ist es stets wichtig, dass Sie Ihre Antwort kurz begründen und die jeweils maßgebliche(n) Norm(en) nennen.

1. Nicola und Ole, die nie verheiratet waren, haben gemeinsam eine Tochter: die inzwischen 4-jährige Taylor. Ole hat noch vorgeburtlich vor dem Jugendamt die Vaterschaft anerkannt und mit Nicolas Zustimmung eine Sorgeerklärung abgegeben. Ole, der alkoholkrank ist und aufgrund dessen bestimmte Vermögensangelegenheit nicht mehr selbst regeln kann, soll einen rechtlichen Betreuer erhalten.
   a) Kann Ole die elterliche Sorge auch weiter ausüben, wenn für ihn ein rechtlicher Betreuer bestellt ist?
   b) Wie hat die Auswahl eines rechtlichen Betreuers für Ole zu erfolgen, wenn er niemanden vorschlägt und sowohl ein Berufsbetreuer in Frage kommt als auch Oles Bruder Tom, der in einer Grundschule als Sozialpädagoge arbeitet und im Familienkreis bereits eine rechtliche Betreuung übernommen hat?
   Könnten auch mehrere Betreuer:innen bestellt werden?

   Da Ole unter Alkoholeinfluss auch zu Gewalttätigkeit neigt, hat er Nicola und Taylor bereits mehrfach schwer misshandelt. Ihm wird schließlich durch das Familiengericht die elterliche Sorge für Taylor entzogen und

Nicola zieht mit Taylor zu ihren Eltern. Wenige Monate später kommt Nicola bei einem Zugunglück ums Leben.
In ihrem Nachlass findet sich ein wirksames Testament, in dem sie bestimmt, dass ihr Bruder Mattheo die Vormundschaft für Taylor übernehmen solle. Mattheo hat jedoch gerade erst für mindestens 5 Jahre eine feste Anstellung als Projektmanager für Hochbau in Shanghai angetreten. Taylors (verheiratete) Großeltern, die beide Frührentner, finanziell abgesichert und gesundheitlich fit sind, haben sich mit ihrem Sohn Mattheo verständigt, dass er aufgrund seiner beruflichen Situation kein geeigneter Vormund ist und möchten gern selbst die Vormundschaft für Taylor übernehmen. Gegenüber dem Jugendamt erklären sie auch, dass Mattheo die Übernahme der Vormundschaft ablehnen würde.

c) Wie ist die Rechtslage in Bezug auf die elterliche Sorge nach Nicolas Tod?
d) Wäre es grundsätzlich möglich, Taylors Großeltern die Vormundschaft für sie zu übertragen oder ist zwingend Mattheo zum Vormund zu ernennen?

2. Bei einem Autounfall kommen Jessica und Viktor Schneider ums Leben, ihr 9-jähriger Sohn Oli überlebt schwer verletzt. Er wird ins Krankenhaus gebracht, wo festgestellt wird, dass er innerhalb der nächsten 24 Stunden operiert werden muss. Das Ärzte-Team nimmt umgehend Kontakt mit dem Jugendamt auf. Würde das Jugendamt hier als gesetzlicher Vertreter des Kindes fungieren können?
3. Was versteht man unter einer Vorsorgevollmacht und wieso kann sie im Zusammenhang mit rechtlicher Betreuung relevant werden? (→ **Seite 194**)
4. Jennifer und Elias sind verheiratet. Als Jennifer nach einer Operation in ein künstliches Koma versetzt werden muss, sind Entscheidungen zu treffen, die die Gesundheitssorge betreffen. Jennifer hat keine Patientenverfügung errichtet und Elias auch keine Vorsorgevollmacht erteilt. Muss sich Elias schnellstmöglich darum kümmern, dass eine rechtliche Betreuung installiert wird?
5. Die nicht verheiratete, alleinerziehende Mutter Marie möchte ihrer 16-jährigen Tochter Tabea ein Grundstück in Lörrach-Tüllingen, das sie selbst geerbt hat, zu einem für den Grundstücksmarkt sehr günstigen Preis verkaufen. Tabea, die ihrerseits Vermögenswerte geerbt hat, könnte sich dies auch leisten. Wäre ein solcher Grundstückskauf ohne Weiteres möglich bzw. was wäre dabei zu beachten?

Wie wäre die Rechtslage, wenn Marie ihrer Tochter das Grundstück schenken möchte?

6. Sie haben u.a. die Institute der Beistandschaft, Kindesannahme, Vormundschaft und Pflegschaft kennengelernt und wissen (ggf. aus der systematischen Einordnung des Familienrechts unter A), dass sich inhaltliche Regelungen jeweils im BGB (als Teil des Privatrechts) finden lassen, während die Rechts- und Handlungsgrundlagen für das Jugendamt im SGB VIII (als Teil des öffentlichen Rechts) normiert sind.
   Gucken Sie bitte einmal im SGB VIII nach und eruieren, welche Paragrafen auf Beistandschaft, Kindesannahme, Vormundschaft und Pflegschaft Bezug nehmen und überlegen Sie, welche Rechtsgrundlage für das Jugendamt mit § 1666 BGB korrespondiert.
   Ist Ihnen auch klar, was der zentrale Anknüpfungspunkt bei allen Fragen der elterlichen Sorge sowie in der Kinder- und Jugendhilfe ist?

Exkurs/Vertiefung

Wie finde ich mich im SGB VIII zurecht?

Die Systematik des SGB VIII entspricht derjenigen vieler anderer Gesetze (wie auch der des BGB):

- Ganz vorn befinden sich **allgemeine Regelungen**, die von grundsätzlicher Bedeutung und für die darauffolgenden Normen relevant sind, wie z.B. die Zielrichtung in § 1 SGB VIII (in Abs. 2 wird wörtlich Art. 6 II GG zitiert) sowie Aufgaben in § 2 SGB VIII, Definitionen in § 7 SGB VIII oder auch der Schutzauftrag bei Kindeswohlgefährdung in § 8a SGB VIII (als eine der Konkretisierungen des staatlichen Wächteramtes aus Art. 6 GG).
- Sodann werden die **Leistungen der Jugendhilfe**, wozu u.a. die Hilfen zur Erziehung, vgl. §§ 27 ff. SGB VIII, die Eingliederungshilfe seelisch behinderter Kinder in § 35a SGB VIII sowie die Inobhutnahme eines Kindes gemäß § 42 SGB VIII gehören, geregelt, darauf folgend
- **andere Aufgaben der Jugendhilfe**.
- Hieran schließen sich Regelungen zum **Datenschutz**, zur **Organisation** der öffentlichen Jugendhilfeträger, **Zusammenarbeit mit freien Trägern, Verantwortlichkeiten und Zuständigkeiten, Kostenregelungen** etc.

Lösungshinweise zu:

1.

a) Ja, denn die Anordnung der rechtlichen Betreuung nach § 1814 BGB ließe die elterliche Sorge unberührt. Auch ein etwaig bestehender Einwilligungsvorbehalt nach § 1825 BGB hätte keine Auswirkungen auf die elterliche Sorge. Erst, wenn das Familiengericht feststellen würde, dass Ole erziehungsunfähig ist und über § 1666 BGB entsprechende Maßnahmen angeordnet worden wären, würde Oles elterliche Sorge enden.

b) Das Betreuungsgericht (als Abteilung des Amtsgerichts i.S.d. §§ 23a, 23c GVG) hat i.S.d. § 1816 I BGB ein:e – in Bezug auf den angeordneten Aufgabenkreis – geeignete:n Betreuer:in zu wählen, wobei es dabei die Wünsche der zu betreuenden Person zu berücksichtigen hat, vgl. § 1816 II BGB. Ole hat keine Wünsche geäußert (und auch keine Betreuungsverfügung errichtet), sodass das Betreuungsgericht eruieren muss, ob Oles Bruder Tom geeignet sein könnte. Da Tom bereits eine Betreuung übernommen hat und im Rahmen seines Studiums ebenfalls schon mit betreuungsrechtlichen Fragen in Berührung gekommen ist, spricht Vieles dafür, dass er als rechtlicher Betreuer seines Bruders geeignet wäre. In jedem Fall wäre er einzusetzen, bevor ein Berufsbetreuer i.S.d. §§ 1816 V BGB, 19 II BtOG bestellt werden dürfte. Zunächst muss im persönlichen Umfeld gesucht werden, sodann wäre ein:e ehrenamtliche:r Betreuer:in anzufragen und erst subsidiär käme ein:e berufliche:r Betreuer:in in Betracht, vgl. § 1816 V BGB. Der hier ebenfalls zur Verfügung stehende Berufsbetreuer darf also nicht bestellt werden.
Grundsätzlich gilt das Prinzip der Einzelbetreuung, es kann jedoch im Ausnahmefall durchbrochen werden, wie § 1817 BGB zeigt, wobei mehrere Betreuer:innen nur dann zu bestellen sind, wenn die Angelegenheiten des Betreuten dadurch besser besorgt werden können, z.B. wenn sich Eltern die Betreuung ihres volljährig gewordenen Kindes teilen möchten.
Hier wäre mithin die Betreuung durch Tom ausreichend.

c) Nach Nicolas Tod steht zunächst niemandem die elterliche Sorge für Taylor zu. Da Ole die elterliche Sorge für seine Tochter Taylor aufgrund seiner Erziehungsunfähigkeit nach § 1666 III Nr. 6 BGB entzogen worden war, wurde die elterliche Sorge vor Nicolas Tod von ihr allein ausgeübt, vgl.

§ 1680 III BGB. Da Oles Gewaltbereitschaft (auch weiterhin) kindeswohlgefährdend für Taylor ist, wird das Familiengericht ihm die elterliche Sorge nicht wieder übertragen, vgl. § 1680 II BGB. Das Familiengericht hat daher nach § 1773 I Nr. 1 BGB für Taylor einen Vormund zu bestellen.

d) Nicola konnte als sorgeberechtigte Mutter i.S.v. § 1782 BGB eine natürliche Person als Vormund in ihrem Testament benennen. Sie hat hier ihren Bruder Mattheo als gewünschten Vormund gewählt, der dann ein grundsätzliches Recht auf Bestellung hätte. Nach § 1783 I Nr. 4 BGB stehen der Bestellung Mattheos als Vormund jedoch tatsächliche Gründe entgegen, da er sich für mehrere Jahre im Ausland aufhalten wird.
Selbst wenn das Familiengericht darüber nicht informiert gewesen wäre und Mattheo versehentlich als Vormund ausgewählt hätte, wäre er trotz der grundsätzlichen Übernahmeverpflichtung insofern berechtigt, die Übernahme abzulehnen, als sie ihm unter Berücksichtigung seiner beruflichen Verhältnisse nicht zugemutet werden kann, vgl. § 1785 BGB.
Das Familiengericht hat hier i.S.d. § 1778 BGB als Vormund diejenige Person auszuwählen, die am besten geeignet ist, für das Mündel die Personen- und Vermögenssorge zu übernehmen. Die insoweit erforderlichen Ermittlungen hat das Familiengericht i.S.d. § 26 FamFG von Amts wegen in Zusammenarbeit mit dem Jugendamt durchzuführen, wobei das Jugendamt i.S.d. § 53 SGB VIII dem Familiengericht geeignete Personen vorzuschlagen und den Vorschlag (in einem Bericht) zu begründen hat.
Da gemäß § 1778 II BGB bei der Auswahl des Vormunds die persönlichen Belange des Mündels und damit insbesondere seine/ihre familiären Beziehungen zu berücksichtigen sind, kommen die Großeltern der Taylor als Vormünder an erster Stelle in Betracht, zumal Taylor bereits bei ihnen wohnt.
Wenngleich die Verantwortung für ein Mündel grundsätzlich bei einem Vormund liegen soll, können Ehegatten nach § 1775 I BGB auch gemeinschaftlich zu Vormündern bestellt werden, sodass der gemeinsamen Übernahme der Vormundschaft durch Taylors Großeltern für ihre Enkelin nichts im Wege stehen sollte, zumal sie finanziell abgesichert sind, zeitlich flexibel und gesundheitlich fit.

2. Hier kommt eine gesetzliche Amtsvormundschaft für Oli in Betracht. Anders als bei der bestellten Amtsvormundschaft übernimmt das Jugendamt seine Aufgabe als Vormund i.S.d. §§ 1786, 1787 BGB qua Gesetz und

wird nicht erst durch das Familiengericht bestellt. Das Jugendamt, das aufgrund seiner Stellung als gesetzlicher Amtsvormund gesetzlicher Vertreter des Kindes ist, wird dem Ärzteteam umgehend die erforderliche Einwilligung in die Operation erteilen.

4. Nein, das müsste Elias nicht, da er mit Jennifer verheiratet ist und keine Ausschlussgründe i.S.d. § 1358 III BGB bestehen, wie z.B. Getrenntleben. Elias kann sich auf das Notvertretungsrecht berufen, das seit dem 1.1.2023 existiert, in § 1358 BGB normiert ist und Ehegatt:innen in Angelegenheiten der Gesundheitssorge grundsätzlich eine gegenseitige Vertretung ermöglicht, wenn Eine:r aufgrund von Bewusstlosigkeit oder Krankheit ihre/seine Angelegenheiten der Gesundheitssorge zeitweise rechtlich nicht besorgen kann. Da Jennifer keine Vorsorgevollmacht gemäß § 167 BGB erteilt hat, die dem Notvertretungsrecht vorgehen würde, wodurch die in der Vollmacht niedergelegten Regelungen Geltung hätten, steht Elias die Vertretung seiner Frau für die in § 1358 BGB beschriebenen Angelegenheiten für sechs Monate ab entsprechender ärztlicher Bescheinigung zu.

5. Problematisch ist, dass Maries Tochter Tabea noch minderjährig und damit i.S.d. §§ 106 ff. BGB beschränkt geschäftsfähig ist. Sie benötigt daher nach § 107 BGB für die Abgabe einer Willenserklärung, die für sie nicht lediglich rechtlich vorteilhaft ist, die Zustimmung ihrer alleinsorgeberechtigten Mutter Marie als gesetzliche Vertreterin nach §§ 1626a III, 1629 BGB.
   Ein Kaufvertrag bringt die Verpflichtung zur Zahlung mit sich und ist daher niemals lediglich rechtlich vorteilhaft. Daran ändert sich auch nichts, wenn es sich um einen verhältnismäßig günstigen Preis handelt.
   Marie würde sicherlich zustimmen, da von ihr ja gerade die Idee zum Verkauf ausgeht, damit würde sie jedoch sowohl als Verkäuferin als auch auf Seiten der Käuferin als Vertreterin ihrer Tochter auftreten, sodass sie auf beiden Seiten desselben Rechtsgeschäfts aktiv werden müsste.
   Solch ein Insichgeschäft ist jedoch nach §§ 1629 II, 1824 II, 181 BGB grundsätzlich verboten.
   Um solch ein Rechtsgeschäft abschließen zu können, müsste für Tabea ein Ergänzungspfleger nach § 1809 I 1 BGB bestellt werden. Dass ein Pfleger benötigt wird, müsste Marie dem Familiengericht nach § 1809 II BGB unverzüglich anzeigen.
   Der Pfleger wäre dann im Rahmen der übertragenen Angelegenheit der gesetzliche Vertreter der Tabea nach §§ 1813 I, 1789 II 1 BGB.

Etwas anderes gilt, wenn Marie ihrer Tochter das Grundstück schenken möchte. Sowohl das Verpflichtungsgeschäft der Schenkung als auch das daraus resultierende Verfügungsgeschäft, durch das sich die Eigentumsübertragung am Grundstück von Marie auf Tabea vollzieht, sind lediglich rechtlich vorteilhafte Geschäfte für Tabea, sodass sie nicht zustimmungsbedürftig sind.

Da Tabea weder für das Verpflichtungsgeschäft der Schenkung noch für das Verfügungsgeschäft der Eigentumsübertragung die Zustimmung ihrer gesetzlichen Vertreterin benötigt, ist Marie nicht gleichzeitig auf beiden Seiten des Rechtsgeschäfts beteiligt und es wird kein Ergänzungspfleger i.S.d. § 1809 BGB benötigt.

6. In dem folgenden Schaubild sind die korrespondierenden Normen des SGB VIII zu den Regelungen des BGB aufgeführt. Letztlich werden (auch) durch diese Regelungen des BGB und SGB VIII die Grundrechte und Vorgaben des Art. 6 GG konkretisiert.

Abbildung 12: Kindeswohl als zentraler Anknüpfungspunkt

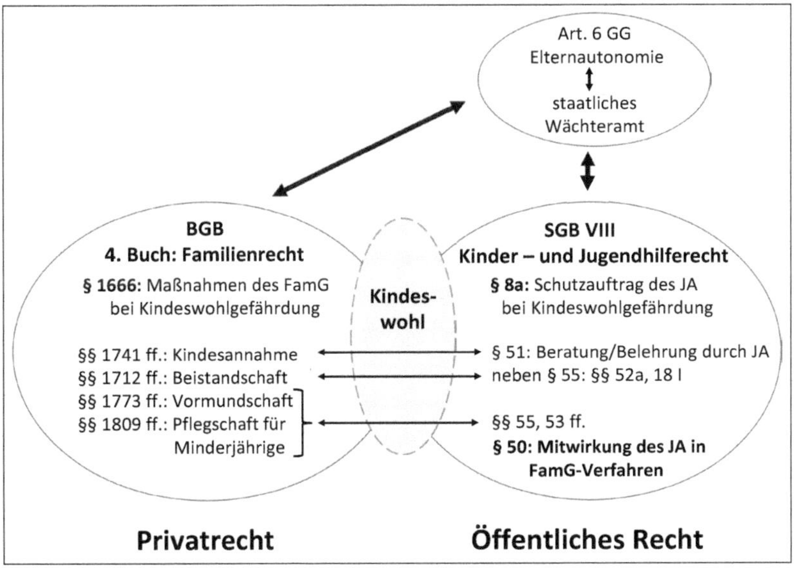

Zentraler Anknüpfungspunkt ist bei allen Fragen der elterlichen Sorge sowie in der Kinder- und Jugendhilfe das **Kindeswohl**, das hier eine Schnittstelle zwischen dem privatrechtlichen Familienrecht, vgl. auch § 1697a BGB, und dem Kinder- und Jugendhilferecht als Teil des öffentlichen Rechts bildet.

Als **unbestimmter Rechtsbegriff** bedarf der Terminus des Kindeswohls der Konkretisierung durch die Gerichte, wobei hier bereits entwickelte Kindeswohlkriterien sowie objektive Entwicklungsstandards, die z.B. in § 1 I SGB VIII zum Ausdruck kommen, zu berücksichtigen sind[305].

Rechtsgrundlage für die Zusammenarbeit des Jugendamtes mit dem Familiengericht in allen Fragen, die die Personensorge eines Kindes betreffen, ist § 50 SGB VIII. Hierin wird die Mitwirkung des Jugendamtes bei

1. Kindschaftssachen,
2. Abstammungssachen,
3. Adoptionssachen,
4. Ehewohnungssachen und
5. Gewaltschutzsachen explizit aufgeführt.

Exkurs/Vertiefung

Die Tatsache, dass das Jugendamt auch in strafrechtlichen Verfahren nach dem Jugendgerichtsgesetz (JGG) mitzuwirken hat, ergibt sich aus: § 52 SGB VIII.

305 Dazu: Grüneberg/Götz, § 1666 Rn. 7.

C Das Verfahren in Familiensachen

Die verfahrensrechtlichen Regelungen, die für das materielle Familienrecht maßgeblich sind, finden sich v.a. im FamFG (Gesetz über das Verfahren in Familiensachen und in den Angelegenheiten der freiwilligen Gerichtsbarkeit), das mit Wirkung zum 1.9.2009 eingeführt wurde. Ergänzt wird es durch das Gesetz über Gerichtskosten in Familiensachen (FamGKG), das alle Gebühren für Familiensachen zusammenfasst.

Exkurs/Vertiefung

Der Terminus der **freiwilligen Gerichtsbarkeit** stellt einen **Gegenbegriff zum streitigen Verfahren** dar. Er wurde bereits im FGG verwendet das (gemeinsam mit dem BGB) am 1.1.1900 in Kraft getreten ist und dann durch das FamFG abgelöst wurde. Zur freiwilligen Gerichtsbarkeit gehören bestimmte (vorwiegend) privatrechtliche Angelegenheiten, für die auch die sog. *ordentlichen Gerichte* (also z.B. Amtsgerichte) zuständig sind. Einzuordnen sind hier z.B. Betreuungs- und Unterbringungssachen, die Erteilung eines Erbscheins oder Eintragungen ins Vereinsregister oder Grundbuch.

Das FamFG ist in neun Bücher aufgeteilt, wobei auch dieses Gesetz wieder so aufgebaut ist, dass das FamFG mit einem **allgemeinen Teil** beginnt, der für alle weiteren Bücher maßgeblich ist, soweit in den **besonderen Teilen** keine abweichenden Regelungen enthalten sind.

Im Einzelnen ist das FamFG folgendermaßen aufgebaut:

1. Allgemeiner Teil (§§ 1–110 FamFG)
2. Verfahren in Familiensachen (§§ 111–270 FamFG)
3. Verfahren in Betreuungs- und Unterbringungssachen (§§ 271–341 FamFG)
4. Verfahren in Nachlass- und Teilungssachen (§§ 342–373 FamFG)

5. Verfahren in Registersachen, unternehmensrechtliche Verfahren (§§ 374–409 FamFG)
6. Verfahren in weiteren Angelegenheiten der freiwilligen Gerichtsbarkeit (§§ 410–414 FamFG)
7. Verfahren in Freiheitsentziehungssachen (§§ 415–432 FamFG)
8. Verfahren in Aufgebotssachen (§§ 433–484 FamFG)
9. Schlussvorschriften (§§ 485–493)

Das GVG hat auch für die im FamFG aufgeführten Verfahren Geltung, sodass der in § 12 GVG bestimmte Gerichtsaufbau für Familiensachen und Angelegenheiten der freiwilligen Gerichtsbarkeit Anwendung findet, vgl. § 13 GVG.

Die sachliche Gerichtszuständigkeit ist für Familiensachen in §§ 23a I 1 Nr. 1, 23b I GVG geregelt. Danach sind für **Familiensachen** die **Familiengerichte als Abteilungen der Amtsgerichte** (als Eingangsinstanz) ausschließlich zuständig.

Exkurs/Vertiefung

Auch die **Betreuungsgerichte** sind **Abteilungen der Amtsgerichte**, vgl. §§ 23a II Nr. 1, 23c GVG.

Zudem finden sich im GVG Besonderheiten, die sich auf Verfahren in Familiensachen und in den Angelegenheiten der freiwilligen Gerichtsbarkeit beziehen, wie z.B. der Ausschluss der **Öffentlichkeit nach § 170 GVG** oder die **Hinzuziehung von Dolmetscher:innen** nach § 185 GVG, vgl. aber § 185 III GVG.

Nahezu **alle Angelegenheiten**, die **in irgendeinem sachlichen Zusammenhang mit Familiensachen** stehen, die ihrerseits in § 111 FamFG konkret aufgeführt sind, fallen in den **Zuständigkeitsbereich des Familiengerichts**.

In § 112 FamFG werden dann bestimmte Familiensachen noch als **Familienstreitsachen** qualifiziert (z.B. Streitigkeiten über Unterhalt), wobei diese Differenzierung in Bezug auf die anzuwendenden Verfahrensgrundsätze relevant ist, da in § 113 FamFG für **Familienstreitsachen** und **Ehesachen** (also insbesondere Scheidungsverfahren) auf **Vorschriften der ZPO** verwiesen wird.

I Verfahrensgrundsätze

Das Verfahren in Familiensachen unterscheidet sich in grundlegenden Punkten vom allgemeinen Zivilprozessrecht. Während im Zivilprozess grundsätzlich die Parteien »das Sagen haben« und der **Verhandlungs- oder auch Beibringungsgrundsatz** sowie die **Dispositionsmaxime** gilt, ist in FamFG-Verfahren, also auch **in Familiensachen** grundsätzlich gemäß § 26 FamFG der **Amtsermittlungsgrundsatz** (oder Untersuchungsgrundsatz) anzuwenden (abweichend nach § 113 IV Nr. 1, 5, 7, 8 i.V.m. §§ 127, 170, 270 FamFG)[1].

Nach dem **Verhandlungsgrundsatz** ist es **Aufgabe der Parteien**, den **Tatsachen**stoff, der zur Grundlage der richterlichen Entscheidung werden soll, **beizubringen**, wobei sie aufgrund der Dispositionsmaxime über Gang und Inhalt des Verfahrens bestimmen können. D.h., dass die Parteien es im Rahmen eines ZPO-Verfahrens grundsätzlich in der Hand haben, eine Klage einzureichen, darauf zu reagieren, eine Instanz z.B. durch Vergleich zu beenden oder eine weitere Instanz zu eröffnen, wobei für die Entscheidung nur diejenigen Tatsachen zugrunde gelegt werden dürfen, die sie dargelegt haben und ggf. beweisen können.

Bei **Entscheidungen zur elterlichen Sorge**, des Umgangs oder zur Herausgabe eines Kindes, **muss** der **Schutz Minderjähriger** jedoch **vorgehen**, sodass hier der **Grundsatz der Amtsermittlung** gemäß § 26 FamFG herrscht. Das **Gericht muss** also **dafür sorgen**, **dass die entscheidungserheblichen Tatsachen vorliegen**. Entsprechend hat es z.B. in Unterhaltssachen Anordnungsbefugnisse in Bezug auf die Erteilung von Auskünften, vgl. §§ 235, 236 FamFG.

In **Abweichung zur ZPO** verwendet das **FamFG** auch **andere Termini**, die die etwaig gegebene Kontrahentenstellung der Parteien nicht so sehr in den Vordergrund rücken bzw. dem nicht streitigen Charakter einiger Verfahren eher gerecht werden. Statt **Klage** wird der Begriff **Antrag** verwendet, die **Kläger:innen/Beklagten** sind nach dem FamFG **Antragsteller:innen/Antragsgegner:innen** und statt **Prozesskostenhilfe** existiert die sog. **Verfahrenskostenhilfe**.

Die Entscheidung des Gerichts ergeht in FamFG-Verfahren grundsätzlich durch **Beschluss** (und nicht durch Urteil), vgl. § 38 FamFG, **für Familiensachen: § 116 I FamFG**.

---

1 Dazu: Thomas/Putzo/Seiler, ZPO, Einl. I Rn. 1, 5, 6 f.; zur Ermittlung von Amts wegen im Einzelnen vgl.: Prütting/Helms/Prüttung, FamFG, § 26 Rn. 11 ff.

Anders als in einem Zivilprozess können **durch** das **Gericht** weitere **Beteiligte** zum Verfahren **hinzugezogen werden**, vgl. dazu § 7 FamFG. Den Beteiligten können **zum einen Verfahrensrechte** zustehen (z.B. **Akteneinsicht** nach § 13 FamFG oder die Möglichkeit der **Stellungnahme** zum Ergebnis der förmlichen Beweisaufnahme gemäß § 30 IV FamFG), **zum anderen** aber auch **Pflichten** obliegen, wie z.B. **Mitwirkungspflichten** i.S.d. § 27 FamFG.

Das Jugendamt ist nicht in allen Kindschaftssachen automatisch Beteiligter i.S.d. § 7 FamFG, selbst wenn das Familiengericht verpflichtet ist, es nach § 162 FamFG anzuhören und es nach § 50 SGB VIII auch zur Mitwirkung im familiengerichtlichen Verfahren verpflichtet ist, vgl. § 7 VI FamFG.

Beteiligt i.S.d. § 7 FamFG ist das Jugendamt nach § 162 II FamFG in Verfahren nach §§ 1666, 1666a BGB sowie, wenn das Jugendamt einen entsprechenden Antrag auf Beteiligung stellt oder z.B., wenn es als Amtsvormund in eigenen Rechten betroffen ist, vgl. § 7 II Nr. 1 i.V.m. § 7 VI FamFG. Durch die Beteiligten-Stellung ist das Jugendamt dann noch stärker in das Verfahren involviert als ohnehin schon. So sind ihm z.B. aufgrund des Anspruches auf Akteneinsicht nach § 13 I FamFG alle Schriftsätze und gerichtlichen Dokumente zu übersenden und es muss ihm Gelegenheit zur Stellungnahme zu gerichtlich eingeholten Sachverständigengutachten gegeben werden, vgl. §§ 30 IV, 37 II FamFG.

Weitere Besonderheiten in familienrechtlichen Verfahren sind u.a. folgende:

- **Es besteht ein Vorrangs- und Beschleunigungsgebot** in **Umgangs- und Sorgeverfahren:** Der erste Termin muss zwingend binnen eines Monats nach Beginn des Verfahrens stattfinden, § 155 FamFG.
- Die **außergerichtliche Streitbeilegung** wird explizit **gefördert**, vgl. z.B. § 36a und § 135 FamFG, der dem Gericht u.a. die Möglichkeit einräumt, anzuordnen, dass die Ehegatten einzeln oder gemeinsam an einem kostenfreien Informationsgespräch über **Mediation** teilnehmen und eine Bestätigung hierüber vorlegen.
- Die **gütliche Einigung** der Eltern über **Sorge- und Umgangsrecht** wird **gefördert**, indem das Gericht die Beteiligten auf Möglichkeiten der **Mediation** und **Beratung** durch Beratungsstellen der Kinder- und Jugendhilfe hinweist, § 156 FamFG.

Exkurs/Vertiefung

Einer **Mediation** ist der Gedanke immanent, dass die Beteiligten ihren Konflikt selbst am besten kennen und folglich auch am ehesten in der Lage sind, eine für alle Teile zufriedenstellende Lösung zu finden, die dann ggf. auch tragfähiger ist als eine durch das Gericht »verordnete« Entscheidung.

Bei einer Mediation (lat. mediare – vermitteln) unterstützt der/die Mediator:in als allparteiliche Person ohne Entscheidungsbefugnis die Beteiligten auf dem Weg zu einer von allen Seiten akzeptierten und als gewinnbringend angesehenen Einigung. Auf dem Weg dorthin werden die durch die Beteiligten vorgetragenen Positionen durch die Mediatorin/den Mediator nicht bewertet und es sollten durch den/die Mediator:in grundsätzlich auch keine Lösungsvorschläge unterbreitet werden. Vielmehr sollte es Aufgabe der Mediatorin/des Mediators sein, den Prozess zwischen den Beteiligten zu strukturieren und die Kommunikation und Interessensklärung zwischen ihnen zu fördern, mit dem Ziel, eine von ihnen selbst verantwortete Lösung des Problems zu ermöglichen, vgl. auch § 1 Mediationsgesetz (MediationsG).

Eingeflossen in das Mediations-Verfahren sind Ideen des Konstruktivismus der Transaktionsanalyse sowie weitere Analysemethoden und Erkenntnisse unterschiedlicher Professionen.

II Verfahrensbeistand

Gemäß § 158 FamFG hat das Familiengericht für minderjährige Kinder in bestimmten Kindschaftssachen (vgl. § 151 FamFG), insbesondere in Sorge- und Umgangsverfahren, einen i.S.d. § 158a FamFG fachlich und persönlich **geeigneten Verfahrensbeistand** zu bestellen. **Aufgabe** des Verfahrensbeistandes ist es, die **Interessen des Kindes festzustellen und im gerichtlichen Verfahren** adäquat zu **vertreten**, vgl. § 158b FamFG.

Entsprechend muss er u.a. überprüfen, ob der durch das Kind geäußerte Wille tatsächlich vom Kind herrührt, nicht auf die Beeinflussung durch einen Elternteil zurückzuführen ist und mit den objektiven Interessen des Kindes vereinbar ist.

Die **Bestellung eines Verfahrensbeistands** ist nach § 158 II FamFG **stets erforderlich**, wenn eine Entscheidung über:

- die teilweise oder vollständige **Entziehung der Personensorge** nach den §§ 1666 und 1666a BGB,
- der **Ausschluss des Umgangsrechts** nach § 1684 BGB oder
- eine **Verbleibensanordnung** nach § 1632 IV BGB oder § 1682 BGB

in Rede steht.

Sie kann darüber hinaus aber auch in weiteren Fällen erforderlich werden, vgl. § 158 III FamFG, z.B. wenn zwischen Eltern und Kind erhebliche Interessengegensätze bestehen.

Um zu gewährleisten, dass die Verfahrensbeistände in einen guten Kontakt mit dem Kind treten können, dessen Willen, Neigungen und Bindungen erkennen und diese dem Gericht auch vermitteln können sowie um den Kindesschutz insgesamt zu verbessern[2], wurden durch das Gesetz zur Bekämpfung sexualisierter Gewalt gegen Kinder mit Wirkung zum 1.1.2022 in § 158a FamFG konkrete **Qualifikationsanforderungen für Verfahrensbeistände** eingeführt, wobei diese Norm zum 1.7.2022 noch leicht angepasst wurde[3].

Zur **Eignung in fachlicher Hinsicht** sind nachweisbare Grundkenntnisse auf den Gebieten des Familienrechts, insbesondere des Kindschaftsrechts (einschließlich des Verfahrens) sowie des Kinder- und Jugendhilferechts erforderlich. Des Weiteren müssen Kenntnisse der Entwicklungspsychologie des Kindes vorhanden und kindgerechte Gesprächstechniken bekannt sein. Sofern eine sozialpädagogische, pädagogische, juristische oder psychologische Berufsqualifikation vorliegt und/oder eine für die Tätigkeit als Verfahrensbeistand spezifische Zusatzqualifikation erbracht wurde, besteht nach § 158a I 3 FamFG eine entsprechende fachliche Eignung. Verfahrensbeistand:innen müssen sich aber nach § 158a I 4 FamFG regelmäßig, mindestens alle zwei Jahre, fortbilden und dies dem Gericht auf Verlangen nachweisen.

Persönlich geeignet ist i.S.d. § 158a II FamFG **eine Person**, die die Gewähr bietet, die **Interessen des Kindes gewissenhaft, unvoreingenommen und unabhängig wahrzunehmen**.

---

2 Prütting/Helms/Hammer, FamFG, § 158a Rn. 1 m.w.N.

3 Vgl. BGBl. 2021 I Nr. 33 S. 1810 sowie BGBl. 2022 Teil I Nr. 22 S. 959 (in § 158a II FamFG wurde noch § 184l StGB aufgenommen und das Wort »stets« durch das Wort »insbesondere« ersetzt).

§158a II FamFG statuiert auch ausdrücklich, welche Personen persönlich ungeeignet sind, nämlich insbesondere jene, die sich wegen Verletzung der Fürsorge- und Erziehungspflicht strafbar gemacht oder Straftaten gegen die sexuelle Selbstbestimmung Minderjähriger begangen haben, weshalb sich das Gericht ein erweitertes Führungszeugnis der betreffenden Person (§30a des Bundeszentralregistergesetzes) vorlegen lassen oder im Einverständnis mit der betreffenden Person anderweitig Einsicht in ein bereits vorliegendes erweitertes Führungszeugnis nehmen soll, das nicht älter sein darf als drei Jahre.

Der **Verfahrensbeistand** ist nach §158b III 1 FamFG **Beteiligter** des Verfahrens i.S.d. §7 FamFG. Die Vergütung des Verfahrensbeistands ist in §158c FamFG geregelt.

III Verfahrenskostenhilfe

Personen, die sich die Durchführung eines gerichtlichen Verfahrens finanziell nicht (oder nur teilweise) leisten können, kann in FamFG-Verfahren die sog. **Verfahrenskostenhilfe** (VKH) – mit oder ohne Ratenzahlungsanordnung – gewährt werden, wobei §76 FamFG auf die Vorschriften über die **Prozesskostenhilfe** (PKH) nach der ZPO verweist, vgl. §§114 ff. ZPO.

Bei bewilligter Prozess- oder Verfahrenskostenhilfe wird der Anteil der Verfahrenskosten derjenigen Person übernommen, die PKH bzw. VKH beantragt hat. Es **bleibt** also insofern ein **Kostenrisiko**, als bei Obsiegen der Gegenseite ggf. die gegnerischen Kosten zu bezahlen sind.

Möglich ist auch, auf Antrag – oder wenn das Gesetz eine anwaltliche Vertretung vorschreibt – eine Rechtsanwältin/einen Rechtsanwalt beigeordnet zu bekommen, vgl. §78 FamFG.

Materielle Voraussetzungen für eine PKH oder VKH sind nach §114 I ZPO, dass

- eine Partei nach ihren **persönlichen und wirtschaftlichen Verhältnissen** die **Kosten der Prozessführung nicht, nur zum Teil oder nur in Raten** aufbringen kann und
- die **beabsichtigte Rechtsverfolgung oder Rechtsverteidigung hinreichende Aussicht auf Erfolg** bietet und **nicht mutwillig** erscheint.

Die **persönlichen und wirtschaftlichen Verhältnisse** des Antragsstellers sind nach § 115 ZPO zu beurteilen, wobei zum zu berücksichtigenden Einkommen und Vermögen auch Ansprüche gegen Dritte gehören. D.h., dass ein Anspruch auf PKH oder VKH insbesondere dann nicht besteht, wenn der:die Antragssteller:in eine Rechtsschutzversicherung abgeschlossen hat, die im in Rede stehenden Fall zu leisten hat oder eine andere Person (Ehepartner:in/ Elternteil/Kind) aufgrund einer gesetzlichen Unterhaltspflicht für die Kosten aufkommen muss.

Die **hinreichende Aussicht auf Erfolg** besteht, wenn das Gericht nach einer summarischen (vereinfachten) Prüfung den Rechtsstandpunkt der PKH/ VKH begehrenden Partei aufgrund ihrer Sachdarstellung und der vorhandenen Unterlagen für vertretbar hält und von der Möglichkeit einer etwaigen Beweisführung überzeugt ist[4].

Maßstab der in § 114 II ZPO definierten **Mutwilligkeit** ist das hypothetische Verhalten einer selbstzahlenden Partei in der Situation des Antragsstellers[5], sodass von einer Mutwilligkeit auszugehen wäre, wenn jene in der konkreten Situation von der Rechtsverfolgung oder Rechtsverteidigung absehen würde.

Letztlich kommt es daher darauf an, ob tatsächlich eine Veranlassung zur Einleitung eines Verfahrens besteht oder nicht. Ein Unterhaltsverfahren wäre z.B. mutwillig eingeleitet, wenn der Unterhaltsschuldner den begehrten Unterhalt zahlt. Selbst wenn die unterhaltsberechtigte Person Anspruch auf *Titulierung des Unterhalts* hat, um bei Einstellung der Zahlung entsprechend geschützt zu sein, müsste der Berechtigte den Verpflichteten dazu zunächst außergerichtlich auffordern[6].

Exkurs/Vertiefung

Während die **PKH/VKH** die **Kostenübernahme** im Rahmen von **gerichtlichen Verfahren** betrifft, kann **Beratungshilfe** auf Antrag gewährt werden, wenn eine **außergerichtliche Vertretung bzw. Rechtsberatung** gewünscht wird und keine ausreichenden finanziellen Mittel dafür vorhanden sind.

4 Zöller/Schultzky, ZPO, § 114 Rn. 22 m.w.N.

5 Vgl.: Zöller/Schultzky, ZPO, § 114 Rn. 43.

6 Zöller/Feskorn, ZPO, § 76 FamFG Rn. 14 m.w.N.

Sofern die persönlichen und wirtschaftlichen Voraussetzungen vorliegen, stellt das **zuständige Amtsgericht** einen sog. **Berechtigungsschein** für eine Beratungshilfe durch eine Rechtsanwältin/einen Rechtsanwalt aus. Die Beratungshilfegebühr, die an die Rechtsanwältin/den Rechtsanwalt nach § 8 II 1 BerHG i.V.m. § 44 S. 2 RVG und Nr. 2500 VV RVG zu zahlen ist, beträgt (derzeit) 15 Euro, kann aber erlassen werden.

IV Instanzenzug und vorläufiger Rechtsschutz

Wer in einer familienrechtlichen Angelegenheit ein Gerichtsverfahren einleiten möchte, sei es z.B., weil eine Scheidung beantragt, Unterhalt eingeklagt oder Unterstützung in einer Sorgerechtsangelegenheit begehrt wird, wendet sich in **1. Instanz an das Familiengericht als Abteilung des Amtsgerichts**, das nach §§ 23a I 1 Nr. 1, 23b I **GVG sachlich zuständig** ist. Da, wie oben bereits erwähnt, die FamFG-Verfahren in den sachlichen Geltungsbereich des GVG einbezogen wurden, finden sich im GVG die für die FamFG-Verfahren anzuwendenden Regelungen zur **Gerichtszuständigkeit**.

Regelungen zur **örtlichen Zuständigkeit** finden sich im **FamFG**. Die örtliche Zuständigkeit betrifft die Frage, an welches Amtsgericht sich die antragstellende Person wenden muss, wenn z.B., wie in Berlin, mehrere Amtsgerichte existieren oder die Beteiligten unterschiedliche Wohnsitze aufweisen. Für die Frage der örtlichen Zuständigkeit differenziert das FamFG danach, um welche Art von Verfahren es geht; für Kindschaftssachen, vgl. z.B. § 152 FamFG. (Weitere Regelungen zur örtlichen Zuständigkeit enthalten z.B. §§ 2, 122, 267 FamFG.) Darüber hinaus spricht man auch noch von der sog. **funktionellen Zuständigkeit**, die u.a. darauf abzielt, wer sich bei Gericht konkret mit der Sache befasst, also z.B. Richter:innen oder Rechtspfleger:innen.

In § 10 FamFG ist normiert, dass die Beteiligten FamFG-Verfahren selbst betreiben können, soweit keine Vertretung durch Rechtsanwälte geboten ist. Tatsächlich besteht jedoch für zahlreiche Verfahren ein **Anwaltszwang**, sodass die Beteiligten nicht ohne anwaltliche Vertretung postulationsfähig sind. D.h., dass sie ihre Interessen nicht selbst vor Gericht vertreten können. So besteht nicht nur für die Vertretung vor bestimmten Gerichten wie dem BGH Anwaltszwang, vgl. § 10 IV FamFG, sondern auch für bestimmte Verfahren wie z.B. in Ehesachen und Familienstreitsachen, vgl. § 113 I FamFG i.V.m. § 78 ZPO; § 114 I FamFG.

Sofern die Entscheidung der 1. Instanz nicht gebilligt wird und der ergangene Beschluss angegriffen werden soll, können ggf. *Rechtsmittel* dagegen eingelegt werden.

Rechtsmittel des FamFG sind in der 2. Instanz die **Beschwerde** (mit der **Berufung** vergleichbar), aufgrund derer die Ausgangsentscheidung in sachlicher und rechtlicher Hinsicht überprüft wird sowie in der 3. Instanz die **Rechtsbeschwerde** (mit der Revision vergleichbar), mit der eine Entscheidung des Beschwerdegerichts angegriffen werden kann, wobei hier lediglich Rechtsfehler überprüft werden. Möglich ist es auch, dass sich die Beteiligten im Wege der **Sprungrechtsbeschwerde** unmittelbar an den BGH wenden.

In der folgenden Übersicht wird das soeben Aufgeführte noch einmal zusammengefasst und die maßgeblichen Normen aufgeführt:

1. Instanz:	**AG** (Richter:in oder Rechtspfleger:in, vgl. RPflG) nach: §§ 23a I 1 Nr. 1, 23b I GVG
2. Instanz:	Rechtsmittel der **Beschwerde** an das **OLG** (in Berlin: Kammergericht) nach: §§ 119 I Nr. 1a GVG, 58 ff. FamFG
3. Instanz:	**Rechtsbeschwerde** an den **BGH** nach §§ 133 GVG, 70 ff. FamFG oder: **Sprungrechtsbeschwerde** an den BGH nach §§ 133 GVG, 75 FamFG.

Wenn ein **dringendes Rechtsschutzbedürfnis** besteht, kann eine einstweilige Anordnung i.S.d. §§ 49 ff. FamFG beantragt werden, durch die ein vereinfachtes, beschleunigtes Verfahren durchgeführt wird (z.B. aus Kinderschutzgründen). Durch eine **einstweilige Anordnung** sollen die rechtlichen Beziehungen der Beteiligten vorläufig geregelt und geschlichtet sowie aktuelle Bedürfnisse in einem summarischen Verfahren i.d.R. durch vorläufige Maßnahmen befriedigt werden[7]. Neben den allgemeinen Regelungen über einstweilige Anordnungen in den §§ 49 ff. FamFG sind die Sonderregelungen zu beachten, z.B. in § 119 FamFG für Familienstreitsachen, § 214 FamFG für Gewaltschutzsachen oder §§ 246 ff. FamFG für Unterhaltssachen.

---

7 Prütting/Helms/Dürbeck, FamFG, § 49 Rn. 3.

V Fragen zur Wiederholung und Vertiefung mit Lösungshinweisen

Arbeitshinweis:
Bei der Beantwortung der Fragen, die sich auf konkrete Fälle beziehen, ist es stets wichtig, dass Sie Ihre Antwort kurz begründen und die jeweils maßgebliche(n) Norm(en) nennen.

1. Der 8-jährige Julius, der mit seiner Mutter Melanie in der Maaßenstraße in Berlin-Schöneberg wohnt, möchte, vertreten durch die alleinsorgeberechtigte Melanie gemäß §§ 1626a II, 1629 I BGB, feststellen lassen, dass Finn sein Vater ist. Welches Gericht wäre zuständig?
2. Aus welcher Norm folgt, dass das Familiengericht für Gewaltschutzsachen zuständig ist?
3. Das Familiengericht hat zu entscheiden, ob Jans Vater Valentin das Umgangsrecht nach § 1684 BGB zu entziehen ist, nachdem Jans Mutter Marita vorgetragen hat, dass Valentin pädokriminelle Neigungen aufweise. Jan, der sich den Umgang mit seinem Vater wünscht, möchte wissen, wer in dieser Sache vor dem Familiengericht seine rechtlichen Interessen vertreten kann.
4. Edgar möchte sich von seiner Frau Ramona scheiden lassen, verfügt jedoch nicht über ausreichend finanzielle Mittel, um die erforderlichen Gerichtskosten aufbringen zu können. Welche Möglichkeiten hat er?
5. Lisann ist für ihren 8-jährigen Sohn Salvador nach § 1626a II BGB alleinsorgeberechtigt. Bisher konnte sie sich mit Felipe, dem Vater ihres Sohnes, stets unproblematisch über Salvadors Aufenthalte bei ihm einigen. Salvador genießt auch den Kontakt zu seinem Vater und war mit ihm schon einige Male für bis zu 5 Tage innerhalb Deutschlands unterwegs. Als Felipe, der mit Salvador in Chile Verwandte besuchen möchte, Lisann im Zuge der Reisevorbereitung nach Salvadors Pass fragt, ist sie nicht bereit, ihn herauszugeben und möchte in keinem Fall, dass Salvador mit Felipe nach Südamerika fliegt, obwohl sie zugestimmt hatte, dass beide im Sommer für drei Wochen verreisen könnten.
   Welche Möglichkeiten hat Felipe, wenn die Reise in wenigen Wochen starten soll und Lisann nicht mehr bereit ist, Salvadors Umgang mit Felipe zu ermöglichen?

Lösungshinweise zu:

1. Für das von Julius, nach §§ 1626a II, 1629 BGB vertreten durch seine Mutter, in Gang gesetzte Vaterschaftsfeststellungsverfahren ist das Familiengericht als Abteilung des Amtsgerichts i.S.d. §§ 23a I 1 Nr. 1, 23b I GVG sachlich zuständig.
   Da es sich hier um eine Abstammungssache nach § 111 Nr. 3 FamFG handelt, ist nach § 170 I FamFG örtlich zunächst das Gericht zuständig, in dessen Bezirk das Kind seinen gewöhnlichen Aufenthalt hat.
   Unter dem gewöhnlichen Aufenthalt versteht man den Ort, der (unabhängig von einer etwaig abweichenden Meldeanschrift) den tatsächlichen, also faktischen Lebensmittelpunkt des Kindes darstellt, also der Ort, an dem in erster Linie familiäre und schulische Bindungen bestehen[8].
   Dies ist hier Berlin-Schöneberg, sodass das Familiengericht in Schöneberg zuständig ist.

Exkurs/Vertiefung

Sollte das Kind seinen gewöhnlichen Aufenthalt im Ausland haben, greift § 170 I FamFG nicht ein und es käme nach § 170 II FamFG auf den gewöhnlichen Aufenthalt der Mutter an. Sofern auch danach keine örtliche Zuständigkeit eines deutschen Gerichts bestimmt werden könnte, wäre der gewöhnliche Aufenthalt des (ggf. auch nur möglichen, noch festzustellenden) Vaters maßgeblich.
Hilfsweise wäre dann nach § 170 III FamFG das AG Berlin-Schöneberg zuständig.

2. Aus § 111 Nr. 6 FamFG folgt, dass Gewaltschutzsachen nach § 1 und § 2 GewSchG (vgl. § 210 FamFG) als Familiensachen zu qualifizieren sind.
   (Die örtliche Zuständigkeit ergibt sich aus § 211 FamFG.)
3. Für den minderjährigen Jan muss in dieser Familiensache nach § 158 I i.V.m. II Nr. 2 FamFG ein Verfahrensbeistand bestellt werden, da über den Ausschluss des Umgangsrechts seines Vaters mit ihm zu entscheiden ist. Der Verfahrensbeistand muss i.S.d. § 158a FamFG fachlich und persönlich geeignet sein und hat die Aufgabe, Jans Interessen festzustellen und im gerichtlichen Verfahren adäquat zu vertreten, vgl. § 158b FamFG.

8 Prütting/Helms/Dürbeck, FamFG, § 170 Rn. 3 m.w.N.

4. Für Edgar kommt die Verfahrenskostenhilfe (VKH) in Betracht. Personen, die sich die Durchführung eines gerichtlichen Verfahrens finanziell nicht (oder nur teilweise) leisten können, kann in FamFG-Verfahren die sog. Verfahrenskostenhilfe (VKH) – mit oder ohne Ratenzahlungsanordnung – gewährt werden, wobei § 76 FamFG auf die Vorschriften über die Prozesskostenhilfe (PKH) nach der ZPO verweist, vgl. §§ 114 ff. ZPO.
Bei bewilligter Verfahrenskostenhilfe würde Edgars Anteil der Verfahrenskosten (eigene Anwaltskosten sowie Gerichtskosten) übernommen.
Zu beachten ist, dass sich Edgar, wenn er einen Scheidungsantrag einreichen möchte, **anwaltlich vertreten lassen muss**, da vor dem Familiengericht Anwaltszwang herrscht, vgl. § 114 I FamFG.

Exkurs/Vertiefung

Ein Scheidungsantrag wird durch Einreichung der Antragsschrift bei Gericht **anhängig**, vgl. § 124 FamFG, und mit Zustellung der Antragsschrift an den Antragsgegner **rechtshängig**, vgl. § 124 FamFG i.V.m. § 261 ZPO, wobei die Zustellung der Scheidungsantragsschrift nach § 14 FamGKG in der Praxis grundsätzlich erst erfolgt, wenn der Gerichtskostenvorschuss eingezahlt wurde: Dies sind in Ehesachen nach § 9 FamGKG i.V.m. Nr. 1110 KV FamGKG: 2 Gebühren, wobei sich die Höhe der Gebühren i.d.R. nach dem Verfahrenswert richtet (in Scheidungsverfahren üblicherweise: zusammengerechnetes monatliches Nettoeinkommen beider Ehegatten mit 3 multipliziert).
Sofern der/die Antragsteller:in Verfahrenskostenhilfe erhält, muss nicht erst ein Gerichtskostenvorschuss entrichtet werden, damit die Antragsschrift an den/die Antragsgegner:in zugestellt wird, vgl. § 15 FamFGK.

5. Felipe könnte in Bezug auf sein ihm als Vater des Salvador nach § 1684 BGB zustehendes Recht auf Umgang mit seinem Sohn beim Familiengericht einen Antrag auf Erlass einer einstweiligen Anordnung i.S.d. §§ 49 ff. FamFG stellen.
Durch eine **einstweilige Anordnung** sollen die rechtlichen Beziehungen der Beteiligten vorläufig geregelt sowie aktuelle Bedürfnisse in einem summarischen Verfahren i.d.R. durch vorläufige Maßnahmen befriedigt werden.
Voraussetzung hierfür ist, dass ein **dringendes Rechtsschutzbedürfnis** besteht. Die Notwendigkeit einer sofortigen Regelung bzw. die beson-

dere Eilbedürftigkeit kann sich hier aufgrund der Weigerung Lisanns, den Ferienaufenthalt in Chile zu ermöglichen, ergeben, da die Reise in wenigen Wochen starten soll. Zudem kann Felipe vortragen, dass durch einen generell verweigerten Umgang der Verlust seines bislang guten Verhältnisses zu Salvador droht. Im Antrag würde er dann ganz konkret die gewünschten Umgangszeiten aufführen (also z.B. jedes erste und dritte Wochenende im Monat von Freitagnachmittag 17:00 Uhr bis Sonntagabend 18:00 Uhr, an bestimmten Feiertagen sowie in den Sommerferien für drei Wochen).
Dieses Sachvorbringen würde er dann z.B. durch *eidesstattliche Versicherung* glaubhaft machen.

Glossar

Analoge Anwendung/Analogie Analogie bedeutet, dass eine Norm für einen bisher nicht gesetzlich geregelten Sachverhalt entsprechend herangezogen wird. Voraussetzung dafür ist, dass im Gesetz eine planwidrige Regelungslücke besteht und die ungeregelte Interessenlage mit der geregelten vergleichbar ist.

Anhängig ↔ rechtshängig Mit der Anhängigkeit wird derjenige Zeitpunkt bezeichnet, zu dem ein Antrag/eine Klage bei Gericht eingeht. Rechtshängigkeit liegt vor, wenn sie dem/der Antragsgegner:in bzw. der/dem Beklagten zugestellt wird.
Konsequenzen hat die Rechtshängigkeit z.B. für bestimmte Fristen oder die Entstehung von Verzinsungsansprüchen, vgl. § 291 BGB, nachdem eine Geldschuld durch den Schuldner grundsätzlich von dem Eintritt der Rechtshängigkeit an zu verzinsen ist.

Argumentum e contrario Damit ist der sog. Umkehrschluss gemeint. Man schlussfolgert also z.B., dass ein Rechtssatz, der bestimmte Fälle explizit regelt, für die darin nicht genannten nicht anwendbar ist.

Berufung Die Berufung ist ebenso wie die Revision ein *Rechtsmittel.* Mit der Berufung kann ein erstinstanzliches Urteil angegriffen werden. Das Berufungsgericht überprüft dann das vorinstanzliche Urteil auf tatsächliche und rechtliche Fehler. Bei der Revision überprüft das Revisionsgericht die vorinstanzliche(n) Entscheidung(en) dann nur noch auf Rechtsfehler.

Betreuungsverfügung Eine Betreuungsverfügung ist ein Dokument, aus dem hervorgeht, welche Wünsche eine volljährige Person für den Fall getroffen hat, dass es zu einer rechtlichen Betreuung kommen sollte, also Wünsche zur Auswahl der Betreuungsperson bzw. zur Wahrnehmung der Betreuung, vgl. § 1816 II 4 BGB.

Cessio legis Unter der cessio legis oder auch Legalzession versteht man einen aufgrund Gesetzes vonstattengehenden Forderungsübergang von dem/der bisherigen Gläubiger:in (Zedent:in) auf eine:n neue:n Gläubiger:in (Zessionar:in). Dieser Wechsel vollzieht sich kraft Gesetzes automatisch, ohne dass die Parteien dazu tätig werden müssen. Ein Beispiel dafür ist in § 7 I UhVorschG enthalten. Wenn das Jugendamt als Vertreter des dahinterstehenden Landes für ein Kind Unterhalt vorstreckt, geht der Unterhaltsanspruch, der gegen den/die Unterhaltsschuldnerin besteht, auf das jeweilige Land über, sodass der Unterhaltspflichtige ihm gegenüber erstattungspflichtig ist.

Darlegungs- und Beweislast Darunter versteht man die Pflicht der Parteien diejenigen Tatsachen vorzutragen, die Grundlage der rechtlichen Prüfung des Gerichts werden sollen und sie auch beweisen zu können. Nur wenn ihnen dies gelingt, können sie in einem Zivilprozess erfolgreich sein.

Deliktisch Deliktisch (von delinquere: sich vergehen/verschulden) handelt im Sinne des Zivilrechts gemäß den §§ 823 ff. BGB, wer durch eine Handlung (Tun oder Unterlassen) eine Rechtsgutsverletzung herbeiführt.

Devolutiveffekt siehe *Rechtsmittel.*

dingliche Surrogation Bei einer dinglichen Surrogation tritt z.B. bei Zerstörung oder Beschädigung einer Sache an ihre Stelle der Gegenstand, der als Ausgleich für die beschädigte Sache erworben wurde.

Duldungs-/Anscheinsvollmacht Während eine Vollmacht grundsätzlich durch eine Willenserklärung erteilt wird, vgl. § 167 I BGB, kann sie sich auch aufgrund Rechtsscheins ergeben. Bei der Duldungs- und der Anscheinsvollmacht handelt es sich um zwei ungeschriebene, gewohnheitsrechtlich anerkannte Rechtsscheintatbestände.

Eidesstattliche Versicherung Die eidesstattlichen Versicherung ist ein Mittel der Beweisführung bzw. eine Form der »Glaubhaftmachung« vor Gericht, mit der eine Person unter Eid bestätigt, dass ein bestimmter Tatsachenvortrag der Wahrheit entspricht.

Einstweilige Anordnung Die einstweilige Anordnung wird beantragt, um aufgrund von Dringlichkeit (z.B. aus Gründen des Kinderschutzes) eine vorläufige gerichtliche Entscheidung herbeizuführen.

Erforderlichkeit Die Erforderlichkeit beschreibt das Verhältnis eines eingesetzten Mittels zum zu erreichenden Zweck. Als erforderlich wird ein

Mittel dann angesehen, wenn es zum einen geeignet ist, den erstrebten Zweck zu erreichen und unter mehreren geeigneten Maßnahmen das mildeste darstellt.

Erwerbsobliegenheit Eine Obliegenheit ist eine bestehende Pflicht bzw. Aufgabe; d.h. konkret, dass jemand, den eine Erwerbsobliegenheit trifft, verpflichtet ist, eine berufliche Tätigkeit, die zum »Broterwerb« führt, auszuüben.

Ex nunc von nun an.

Ex tunc rückwirkend.

Fahrlässig Fahrlässig handelt nach § 276 BGB, wer die »erforderliche Sorgfalt außer Acht lässt«.

Folgesache (bei Ehescheidung) Familienrechtliche Folgesachen sind alle Angelegenheiten, die im Zusammenhang mit einer Ehescheidung mitgeregelt werden (z.B. u.U. Unterhalts- oder Sorgerechtsfragen).

Garantenstellung Sofern jemand eine Garantenstellung innehat (z.B. über §§ 1353, 1626 oder 1773 BGB), ist er/sie für eine andere Person in besonderer Weise verantwortlich und hat quasi das Wohl und Wehe der anderen Person zu garantieren. Tut er dies nicht, so kann dies zivilrechtliche und strafrechtliche Folgen haben.

Generalklausel Als Generalklausel bezeichnet man eine Norm, deren Wortlaut allgemein gehalten (generalisiert) ist und einen Grundsatzgedanken beinhaltet. Die im BGB enthaltenen Generalklauseln und damit auch ihr Anwendungsbereich werden bzw. wurden durch Rechtsprechung und Lehrmeinungen präzisiert.

Gesamtschuldner Gesamtschuldnerschaft besteht, wenn mehrere Personen eine Leistung schulden und der/die Gläubiger:in – je nach Wunsch – von jeder die gesamte Leistung oder aber einen Teil verlangen darf, bis der Anspruch in voller Höhe befriedigt ist. Den Ausgleich untereinander müssen dann die Schuldner:innen unter sich im Innenverhältnis vornehmen.

Gesetzliche Verfahrensstandschaft Unter der gesetzlichen Verfahrensstandschaft versteht man die Durchführung eines Verfahrens durch eine:n Dritte:n, die/der im eigenen Namen ein fremdes Recht geltend macht.

Gläubiger und Schuldner Ein:e Gläubiger:in ist z.B. im Rahmen eines Vertrages diejenige Person, der eine bestimmte Leistung geschuldet wird, die also etwas erhält. Währenddessen ist der/die Schuldner:in diejenige Person, die die Leistung zu erbringen hat.

Informationelle Selbstbestimmung (Recht auf…) Das Recht auf informationelle Selbstbestimmung, das durch das BVerfG aus dem allgemeinen Persönlichkeitsrecht i.S.d. Art. 1 i.V.m. Art. 2 I GG hergeleitet wurde, beinhaltet die Entscheidungsbefugnis jedes/jeder Einzelnen darüber, welche personenbezogenen Daten er/sie von sich preisgeben möchte und wer sie (wozu) verwenden darf.

Inzident Bei der inzidenten Prüfung einer Rechtsfrage, wird jene innerhalb der Untersuchung einer »Haupt-Rechtsfrage« mitgeklärt.

Konkludent Unter konkludentem Verhalten versteht man, in Abgrenzung zur expliziten Erklärung, ein schlüssiges (stillschweigendes) Handeln.

Legaldefinition/legaldefiniert Wenn sich unmittelbar im Gesetz die Definition eines Begriffes findet, nennt man dies Legaldefinition. Der Terminus ist dabei im Gesetz oft in Klammern gesetzt, vgl. z.B. »Betreuungsverfügung« in § 1816 II 4 BGB oder »unverzüglich« in § 121 I 1 BGB.

Ordentliche Gerichte/Gerichtsbarkeit Die Bezeichnung ordentliche Gerichtsbarkeit in Abgrenzung zur besonderen Gerichtsbarkeit stammt noch aus einer Zeit, in der lediglich Zivil- und Strafgerichte mit »ordentlichen« Richtern und nicht z.B. mit Verwaltungsbeamten besetzt waren. Heutzutage hat die Rechtsprechung in allen Gerichtszweigen, also nicht nur im Rahmen der ordentlichen, sondern auch für die besondere Gerichtsbarkeit (Verwaltungs-, Finanz-, Arbeits- oder Sozialgerichtsbarkeit i.S.d. Art. 95 GG) durch sachlich unabhängige – nur dem Gesetz unterworfene – Richter:innen zu erfolgen, vgl. Art. 92, 97 GG.
Vor die sog. ordentlichen Gerichte gehören nach § 13 GVG allgemeine zivilrechtliche Verfahren, FamFG- Verfahren sowie die Strafgerichtsbarkeit.

Ratio legis Unter der ratio legis ist der Sinn und Zweck eines Gesetzes zu verstehen.

Recht auf informationelle Selbstbestimmung siehe *informationelle Selbstbestimmung*.

Rechtsbehelf Mit einem Rechtsbehelf kann gegen eine behördliche oder gerichtliche Entscheidung vorgegangen werden. Siehe auch *Rechtsmittel.*

Rechtshängig siehe *anhängig ↔ rechtshängig.*

Rechtsinstitut Als Rechtsinstitut wird (u.a.) eine »Rechtsfigur« bezeichnet, die zur rechtlichen Beurteilung eines bestimmten Lebenssachverhaltes heranzuziehen ist.
In diesem Sinne ist z.B. mit dem Rechtsinstitut der Betreuung die Zusammenfassung all jener sich aus dem Gesetz/der Rechtsprechung bzw. Rechtswissenschaft ergebenden Rechtsgrundsätze gemeint, die im Rahmen einer rechtlichen Betreuung i.S.d. §§ 1814 ff. BGB Anwendung finden.

Rechtsmittel Mit einem Rechtsmittel kann eine gerichtliche Entscheidung angegriffen werden. Während der Begriff Rechtsbehelf als Oberbegriff zu verstehen ist, spricht man von einem Rechtsmittel nur, wenn die Einreichung desselben sowohl

- einen Suspensiveffekt aufweist (also Hemmungswirkung hat, d.h. z.B., dass ein erstinstanzliches Urteil nicht vollstreckt werden darf, solange nicht über die Berufung dagegen entschieden ist) als auch
- einen Devolutiveffekt mit sich bringt (die Sache wird von der nächsthöheren Instanz entschieden und nicht von der Ausgangsinstanz).

Revision siehe *Berufung*.

Revokationsrecht Wer ein Revokationsrecht innehat, darf Rechte einer anderen Person gegen Dritte selbst gerichtlich geltend machen.

Schuldner siehe *Gläubiger und Schuldner*.

Spezieller/Spezialität Wenn in Bezug auf einen bestimmten Sachverhalt mehrere Rechtsnormen Anwendung finden könnten, geht die speziellere der allgemeineren vor.
Spezieller ist eine Rechtsnorm dann, wenn sie gegenüber der allgemeineren Norm (ein) weitere(s) Merkmal(e) enthält. So sind bei Vorliegen eines Verlöbnisses die in §§ 1298, 1299 BGB enthaltenen Regelungen spezieller als die allgemeinen Rücktrittsregelungen in §§ 346 ff. BGB, sodass auf jene im Rahmen eines Verlöbnisses nicht zurückgegriffen werden kann.

Subsidiarität Die Subsidiarität (von lateinisch subsidium: Hilfe, Reserve) bedeutet, dass in einem konkreten Fall, in dem mehrere Tatbestände eingreifen können, die allgemeinere Rechtsnorm, die quasi nur als Reserve dient, zurücktritt und nur die speziellere zur Anwendung kommt (siehe auch *Spezialität*). Aber nicht nur bei der Konkurrenz verschiedener Rechtsnormen ist der Begriff relevant, sondern z.B. auch, wenn es darum geht, ob eine staatliche Stelle, wie z.B. das Jugendamt, i.S.e. Hilfe/Reserve eingreifen soll oder nicht. So findet sich das Subsidiaritätsprinzip beispielsweise in § 4 II SGB VIII, in dem geregelt ist, dass die öffentliche Jugendhilfe keine eigenen Maßnahmen ergreifen soll, soweit geeignete Einrichtungen, Dienste und Veranstaltungen von anerkannten Trägern der freien Jugendhilfe betrieben werden oder rechtzeitig geschaffen werden können.

Subsumieren/Subsumtion Bei der Subsumtion überprüft man, ob ein konkreter Sachverhalt sich einem gesetzlichen (abstraktem) Tatbestand unterordnen lässt.

Substantiiert Ein Tatsachenvortrag vor Gericht muss substantiiert, d.h. präzise und ausreichend detailreich erfolgen, um den Richter:innen zu ermöglichen, einschätzen zu können, ob sich ein Sachverhalt tatsächlich – wie behauptet – zugetragen haben kann.

Suspensiveffekt siehe *Rechtsmittel.*

Titulierung des Unterhalts siehe *Unterhaltstitel.*

Treu und Glauben Im Sinne dieses Rechtsgrundsatzes haben die Beteiligten aufeinander Rücksicht zu nehmen und dürfen auf die Aufrichtigkeit und Zuverlässigkeit ihres Gegenübers vertrauen. Die Generalklausel für das Privatrecht findet sich in § 242 BGB.

Unbestimmter Rechtsbegriff Aufgrund der Komplexität der Lebenssachverhalte enthalten manche Normen in ihrem Wortlaut auch sog. unbestimmte Rechtsbegriffe (dazu gehört z.B. der Begriff Kindeswohl). Bei unbestimmten Rechtsbegriffen ist der Inhalt durch den Gesetzgeber nicht abschließend festgelegt, so dass es der Auslegung und Konkretisierung durch die Rechtsprechung bedarf.

Unterhaltstitel Ein Unterhaltstitel ist ein amtlich festgeschriebenes Dokument bzw. eine öffentliche Urkunde über die Unterhaltsverpflichtung des Unterhaltsschuldners gegenüber dem Unterhaltsgläubiger. Sofern ein Anspruch z.B. durch ein Gericht, das Jugendamt oder notariell festgeschrieben, also tituliert ist, kann aus diesem Titel unmittelbar vollstreckt werden. D.h., dass mit solch einem Titel der Gerichtsvollzieher beauftragt werden kann, das ausstehende Geld vom Schuldner einzutreiben. Zudem verjähren solche titulierten Ansprüche nach § 197 I Nr. 3 und 4 BGB in dreißig Jahren und nicht in drei Jahren (regelmäßige Verjährungsfrist nach § 195 BGB).

Verhältnismäßigkeitsgrundsatz/verhältnismäßig Der Verhältnismäßigkeitsgrundsatz legt fest, dass bei einem Handeln des Staates, z.B. vertreten durch das Jugendamt oder das Familiengericht, das jeweils eingesetzte Mittel in einem angemessenem Verhältnis zum verfolgten Zweck stehen muss.

Vorsätzlich Vorsätzlich handelt, wer willentlich eine Pflichtverletzung begeht, also weiß, dass er/sie durch seine Handlung einen Tatbestand (wie z.B. eine Körperverletzung nach § 823 BGB und/oder § 223 StGB verübt) und dies auch will.

Zwingendes Recht Im Privatrecht wird zwischen dispositivem, d.h. frei gestaltbarem (frei zur Disposition stehenden) Recht und zwingendem Recht differenziert. Während grundsätzlich Vertragsfreiheit herrscht und die Beteiligten ihre Rechtsbeziehung gestalten können, kennt das BGB auch zwingendes Recht, das nicht abänderbar ist.

Literatur

Benner, Susanne: Klausurenkurs im Familien- und Erbrecht, 6. Auflage 2021, Heidelberg: C. F. Müller, zit.: Benner, Klausurenkurs im Familien- und Erbrecht.

Benner, Susanne: Referendarklausurenkurs Zivilrecht, 2. Auflage 2014, Heidelberg u.a.: C. F. Müller, zit.: Benner, Referendarklausurenkurs.

Dethloff, Nina: Familienrecht, 33. Auflage 2022, München: C. H. Beck, zit.: Dethloff, FamR.

Erman, Walter u.a.: Bürgerliches Gesetzbuch, Handkommentar, 16. Auflage 2020, Köln: Dr. Otto Schmidt, zit.: Erman/Bearbeiter:in.

Fischer, Thomas: Strafgesetzbuch mit Nebengesetzen, 70. Auflage 2023, München: C. H. Beck, zit.: Fischer, StGB.

Gernhuber, Joachim; Coester-Waltjen, Dagmar: Lehrbuch des Familienrechts, 7. Auflage 2020, München: C. H. Beck, zit.: Gernhuber/Coester-Waltjen, FamR.

Grüneberg, Christian: Bürgerliches Gesetzbuch mit Nebengesetzen, Kommentar, 82. Auflage 2023, München: C. H. Beck, zit.: Grüneberg/Bearbeiter:in.

Herberger, Maximilian u.a.: juris Praxiskommentar BGB Band 4, 10. Auflage 2023, Online-Kommentar, zit.: jurisPK-BGB/Bearbeiter:in.

Hoppenz, Rainer: Familiensachen, 9. Auflage 2009, Heidelberg: C. F. Müller, zit.: Hoppenz/Bearbeiter:in.

Jauernig, Othmar (Hrsg.): Bürgerliches Gesetzbuch, Kommentar, 19. Auflage 2023, München: C. H. Beck, zit.: Jauernig/Bearbeiter:in.

Johannsen, Kurt; Henrich, Dieter; Althammer, Kurt: Familienrecht, Kommentar, 7. Auflage 2020, München: C. H. Beck, zit.: Johannsen/Henrich/Bearbeiter:in.

Larenz, Karl; Canaris, Claus-Wilhelm: Methodenlehre der Rechtswissenschaft, 3. Auflage 1995, Berlin u.a.: Springer, zit.: Larenz/Canaris, Methodenlehre.

Münchener Kommentar zum Bürgerlichen Gesetzbuch,
Band 9, Familienrecht I, §§ 1297–1588, 9. Auflage 2022,
Band 10, Familienrecht II, §§ 1589–1921, 8. Auflage 2020,
München: C. H. Beck, zit.: MüKo/Bearbeiter:in.

Prütting, Hanns; Helms, Tobias: FamFG Kommentar, 6. Auflage 2023, Köln: Dr. Otto Schmidt, zit.: Prütting/Helms/Bearbeiter:in, FamFG.

Schlüter, Wilfried: BGB-Familienrecht, 14. Auflage 2012, Heidelberg: C. F. Müller, zit.: Schlüter, FamR.

Schwab, Dieter: Familienrecht, 30. Auflage 2022, München: C. H. Beck, zit.: Schwab, FamR.

Staudinger, Julius von: Kommentar zum Bürgerlichen Gesetzbuch mit Einführungsgesetz und Nebengesetzen:
Buch 4: Familienrecht: §§ 1601–1615n (Unterhaltspflicht), Neubearbeitung 2022, München, Berlin: Otto Schmidt – De Gruyter.
Buch 4: Familienrecht: §§ 1741–1772 (Adoption), Neubearbeitung 2019, München, Berlin: Sellier/de Gruyter, zit.: Staudinger/Bearbeiter:in.

Thalmann, Wolfgang; May, Günther; Benner, Susanne: Praktikum des Familienrechts, 5. Auflage 2006, Karlsruhe: C. F. Müller, zit.: Thalmann/May/Benner, Praktikum des FamR.

Thomas, Heinz; Putzo, Hans u.a.: Zivilprozessordnung FamFG, Verfahren in Familiensachen GVG, Einführungsgesetz, EU Zivilverfahrensrecht Kommentar, 44. Auflage 2023, München: C. H. Beck, zit.: Thomas/Putzo/Bearbeiter:in, ZPO.

Ziegler, Eberhard; Mäuerle, Karl-Heinz: Familienrecht, 2. Auflage 2000, Baden-Baden: Nomos, zit.: Ziegler/Mäuerle, FamR.

Zöller, Richard: Zivilprozessordnung, 34. Auflage 2022, Köln: Dr. Otto Schmidt, zit.: Zöller/Bearbeiter:in, ZPO.

Abkürzungsverzeichnis

a.A.	anderer Ansicht
a.a.O.	am angegebenen Ort
Abs.	Absatz
AcP	Archiv für die civilistische Praxis
AdWirkG	Adoptionswirkungsgesetz
AdVermG	Adoptionsvermittlungsgesetz
a.E.	am Ende
a.F.	alte Fassung
AG	Amtsgericht
AGB	Allgemeine Geschäftsbedingungen
AGG	Allgemeines Gleichbehandlungsgesetz
Alt.	Alternative
Anh.	Anhang
Anm.	Anmerkung(en)
Arg.	Argument
arg.	argumentum (z.B.: arg. e contrario = Umkehrschluss)
Art.	Artikel
AT	Allgemeiner Teil (des BGB)
BayObLG	Bayerisches Oberstes Landesgericht
BerHG	Beratungshilfegesetz
Beschl.	Beschluss
BetreuungsG	Betreuungsgesetz
BeurkG	Beurkundungsgesetz
BFH	Bundesfinanzhof
BGB	Bürgerliches Gesetzbuch
BGBl.	Bundesgesetzblatt

BGH	Bundesgerichtshof
BGHZ	Entscheidungssammlung des BGH in Zivilsachen
BNotO	Bundesnotarordnung
BR-Drs.	Bundesratsdrucksache
BT	Besonderer Teil
BT-Drs.	Bundestagsdrucksache
BtBG	Betreuungsbehördengesetz
BtOG	Betreuungsorganisationsgesetz
BVerfG	Bundesverfassungsgericht
ders.	derselbe
d.h.	das heißt
DNotZ	Deutsche Notar-Zeitschrift
E	Entwurf, Entscheidung in der amtlichen Sammlung
EG	Einführungsgesetz
EGBGB	Einführungsgesetz zum Bürgerlichen Gesetzbuch
EheG	Ehegesetz
Einf. (v.)	Einführung (vor)
Einl. (v.)	Einleitung (vor)
EMRK	Europäische Menschenrechtskonvention
ESchG	Embryonenschutzgesetz
EuGHMR	Europäischer Gerichtshof für Menschenrechte
evtl.	eventuell
FamFG	Gesetz über das Verfahren in Familiensachen und in den Angelegenheiten der freiwilligen Gerichtsbarkeit
FamG	Familiengericht
FamGKG	Gesetz über Gerichtskosten in Familiensachen
FamR	Familienrecht
FamRB	Familienrechts-Berater
FamRZ	Zeitschrift für das gesamte Familienrecht
ff.	folgende
Ffm	Frankfurt a.M.
FGG	Gesetz über die freiwillige Gerichtsbarkeit
Fn.	Fußnote

GBO	Grundbuchordnung
gem.	gemäß
GG	Grundgesetz
ggf.	gegebenenfalls
GKG	Gerichtskostengesetz
GVG	Gerichtsverfassungsgesetz
HAÜ	Haager Adoptionsübereinkommen
HausratsVO	Verordnung über die Behandlung der Ehewohnung und des Hausrats
HGB	Handelsgesetzbuch
h.L.	herrschende Lehre
h.M.	herrschende Meinung
Hg.	Herausgeber:in
Hs.	Halbsatz
i.d.F.	in der Fassung
i.d.R.	in der Regel
i.H.d.	in Höhe der/des
i.H.v.	in Höhe von
insbes.	insbesondere
i.R.d.	im Rahmen der
i.R.v.	im Rahmen von
i.S.d.	im Sinne des/der
i.S.e.	im Sinne eines/einer
i.S.v.	im Sinne von
i.Ü.	im Übrigen
i.V.m.	in Verbindung mit
JA	Jugendamt
JArbSchG	Jugendarbeitsschutzgesetz
JZ	Juristenzeitung
Kap.	Kapitel
KG	Kammergericht (nimmt in Berlin die OLG-Aufgaben wahr)
KindRG	Kindschaftsrechtsreformgesetz

KindUG	Gesetz zur Vereinheitlichung des Unterhaltsrechts minderjähriger Kinder
KJHG	Kinder- und Jugendhilfegesetz
KV FamGKG	Kostenverzeichnis zum Gesetz über Gerichtskosten in Familiensachen
KV GKG	Kostenverzeichnis zum Gerichtskostengesetz
LG	Landgericht
LPartG	Lebenspartnerschaftsgesetz
m.E.	meines Erachtens
MM	Mindermeinung
MüKo	Münchener Kommentar
m.w.N.	mit weiteren Nachweisen/mit weiterem Nachweis
m.W.v.	mit Wirkung vom
m.W.z.	mit Wirkung zum
ne.L.	nichteheliche (oder faktische) Lebensgemeinschaft
n.F.	neue Fassung
NJW	Neue Juristische Wochenschrift
NJW-RR	NJW-Rechtsprechungs-Report Zivilrecht
Nr.	Nummer
NZFam	Neue Zeitschrift für Familienrecht
OLG	Oberlandesgericht
PKH	Prozesskostenhilfe
PStG	Personenstandsrecht
RDG	Rechtsdienstleistungsgesetz
RelKErzG	Gesetz über die religiöse Kindererziehung
RG	Reichsgericht
RGZ	Entscheidungen des Reichsgerichts in Zivilsachen
Rn.	Randnummer bzw. Randnummern
RPflG	Rechtspflegergesetz

Rspr.	Rechtsprechung
RVG	Rechtsanwaltsvergütungsgesetz
S.	Satz, Seite
SaRegG	Samenspenderegistergesetz
SBGG	Selbstbestimmungsgesetz
SchKG	Gesetz zur Vermeidung und Bewältigung von Schwangerschaftskonflikten
SGB	Sozialgesetzbuch
sog.	so genannt
Sp.	Spalte
StGB	Strafgesetzbuch
StPO	Strafprozessordnung
str.	streitig
st. Rspr.	ständige Rechtssprechung
TSG	Transsexuellengesetz
u.a.	unter anderem
UhVorschG	Unterhaltsvorschussgesetz
UN-KRK	UN-Kinderrechtskonvention (UN = United Nations = Vereinte Nationen)
Urt.	Urteil(e)
u.U.	unter Umständen
u.w.	und weitere
v	vom/vor/von
VA	Versorgungsausgleich
VAHRG	Gesetz zur Regelung von Härten im Versorgungsausgleich
VBVG	Vormünder- und Betreuervergütungsgesetz
VersAusglG	Versorgungsausgleichsgesetz
vgl.	vergleiche
VKH	Verfahrenskostenhilfe
VO	Verordnung
Vor/Vorb	Vorbemerkung(en)
VV RVG	Vergütungsverzeichnis zum Rechtsanwaltsvergütungsgesetz

z.B.	zum Beispiel
zit.	zitiert
ZPO	Zivilprozessordnung
z.T.	zum Teil
zw.	zwischen

Stichwortverzeichnis